127 [COLECCIÓN TRÓPICOS]

Edición exclusiva impresa bajo demanda por CreateSpace, Charleston SC.

1.ª edición: Fundación Bigott, 2006
1.ª edición: Editorial Alfa, 2017

© alfadigital.es, 2017

Editorial Alfa
Apartado postal 50304. Caracas 1050, Venezuela
Telf.: [+58-212] 762.30.36 / Fax: [+58-212] 762.02.10
e-mail: contacto@editorial-alfa.com
www.editorial-alfa.com

ISBN: 978-84-17014-27-8

Diseño de colección
Ulises Milla Lacurcia

Corrección
Sol Miguez Bellan

Diagramación
Sara Núñez Casanova

Fotografía de autor
Efrén Hernández

Imagen de portada

Printed by CreateSpace, An Amazon.com Company

INÉS QUINTERO

El último marqués
Francisco Rodríguez del Toro
1761-1851

EDITORIAL
ALFA

Índice

Introducción 9

I Parte
Marqués 21

Títulos y condecoraciones 23
   El marquesado del Toro 23
   El fundador de la Merced 26
   Otros títulos en la provincia 29
   Un segundo título para la Casa Rodríguez del Toro 31
   Las diligencias del IV marqués 33
   «Virtuti et merito» 36

Poder y preeminencias 43
   Regidor perpetuo del Cabildo de Caracas 43
   Los mantuanos y el control del cuerpo capitular 45
   Mantuanos *vs.* peninsulares 48
   Sobre prerrogativas y tratamientos 54
   Contra la odiosa rivalidad del cura de Guacara 57

En defensa de la igualdad 61
   El ejemplo de sus mayores 61
   Por la exclusión de Miranda de las Milicias del Rey 64
   Matrimonios entre mantuanos 69

Opuesto a la boda de Rosalía 74

Enemigo de trastornos y fermentaciones sociales 79
Reacios a la subordinación y a la obediencia 79
La peor de las especies 83
«... Total separación en el trato y comercio con
los mulatos o pardos» 88
Una catástrofe pavorosa 91

Fiel y leal servidor de Su Majestad 97
En defensa del rey y del orden monárquico 97
En armas contra el «traidor Francisco de Miranda» 103
Por la unión de los pueblos españoles y la integridad
de la Monarquía 106
Promotor de la Junta de 1808 109
Por la Independencia: ¡Jamás! 112

II Parte
Patriota 117

Iniciador de la «Gloriosa Revolución de Abril» 119
Enemigo del despotismo 119
¿Qué pasó el 19 de abril de 1810? 123
Una acotación necesaria 127
La Junta de Caracas 129

Comandante del Ejército del Poniente 133
Las instrucciones de la Junta Suprema 133
Negociaciones infructuosas 135
La primera derrota del marqués 140

Fundador de la República 147
Miembro de las primeras cortes americanas 147

Por la independencia absoluta de España 148
¿Y qué hacemos con los pardos? 152
Ni fueros, ni distinciones, ni privilegios 156

La pérdida de la I República 161
Los enemigos de la revolución 161
El terremoto de Caracas 165
Discordias contra Miranda 168
El descalabro final de la República 170

El viraje del marqués 175
La última misión del marqués 175
Deserción y huida 177
Víctima inocente de las circunstancias 181
Los errores de la Corona 183
Los desmanes de Monteverde 187

Las súplicas de Toro 189
Por la intervención de Inglaterra 189
Para evitar males mayores 192
Ajeno por completo a la insurgencia de Venezuela 195
En auxilio del desvalido marqués 198

III Parte
Prócer 207

Entre la patria y el rey 209
Requerido por el Libertador 209
El ansiado perdón del rey 214
El difícil regreso a Venezuela: un panorama
desalentador 220

La vida en el orden republicano 225
   El reencuentro con Bolívar 225
   Amigo cercano de El Catire Páez 232
   Alto funcionario de la República de Colombia 235

En el ojo del huracán 245
   Las denuncias contra el marqués 245
   En defensa de su honor mancillado 252
   Un hombre probo y de trayectoria intachable 256

Patriota sin mancha 261
   Iniciador indiscutible de la Revolución de Abril 261
   Entrañable amigo del Libertador 266
   ¡Viva el general Toro, viva, viva! 270

Prócer de la Independencia 277
   General pensionado del Ejército Libertador 277
   Acaudalado propietario 280
   Decano de los próceres de la Independencia 285

Comentario final 291

Fuentes 293

Introducción

Francisco Rodríguez del Toro, IV marqués del Toro, aparece en el extremo izquierdo del conocido cuadro de Juan Lovera que recoge la firma de la Declaración de la Independencia, el 5 de julio de 1811. Está elegantemente vestido con una casaca bordada azul y verde; solamente él y Miranda tienen peluca empolvada a la *catogan*. El cuadro está expuesto en el Concejo Municipal de Caracas. En el diagrama inferior, Toro está identificado con el número 17; sus dos hermanos, Juan y Fernando, se encuentran junto a él; los tres eran diputados del Congreso Constituyente y firmaron la Declaración de la Independencia y la primera Constitución de Venezuela. El marqués del Toro, además, fue general de división del primer ejército republicano, amigo del Libertador y dueño de la Quinta de Anauco, lugar en el cual se encuentra actualmente el Museo de Arte Colonial de Venezuela. Una placa en la entrada del Museo reza así: «El general Francisco Rodríguez del Toro, IV marqués del Toro, primer general de los ejércitos patriotas, ilustre y esclarecido ciudadano que firmó el Acta de la Independencia, habitó esta casa desde 1825 hasta el 7 de mayo de 1851, día de su muerte». Sus restos reposan en el Panteón Nacional.

La historia que aquí se ofrece presenta al lector la biografía de un hombre que gozó de una longevidad poco común –nació el 11 de diciembre de 1761 y murió 89 años después, el 7 de mayo de 1851– y fue testigo y protagonista del proceso más contradictorio, confuso, veloz y problemático de nuestra historia: el de nuestra

Independencia. Período que, por lo demás, ha sido estudiado de manera plana, lineal, apologética y poco esclarecedora, aun cuando constituye la etapa más rica y controversial de nuestro pasado.

Durante esos turbulentos años se llevó a cabo la más drástica mudanza de nuestra historia: Venezuela dejó de ser una provincia fiel y leal a la Monarquía y se convirtió en una República independiente. El rey dejó de ser la expresión terrenal del mandato Divino y se convirtió en símbolo del despotismo; España ya no fue el origen y basamento de nuestra civilización y pasó a ser la única responsable de nuestra ignorancia y miserias; fueron abolidos los valores y principios de la sociedad de Antiguo Régimen y sancionados los fundamentos doctrinarios del liberalismo; se consagró el principio de la igualdad y se derogaron fueros y privilegios; desapareció el Tribunal de la Inquisición, se eliminó la censura y se sancionó la libertad de expresión y pensamiento; dejamos de ser súbditos de la Corona y nos convertimos en ciudadanos. Todo ello en apenas dos décadas.

¿Cómo vivió esta drástica mudanza el marqués del Toro, conspicuo representante de la nobleza, defensor irrestricto del orden antiguo y, al mismo tiempo, iniciador de la revolución y protagonista de primera línea en la creación de República?

Dar respuesta a esta y otras interrogantes es el propósito de este libro. Qué pasó con el marqués antes, durante y después de la Independencia. Cuál era la vida que llevaba, cuáles eran sus valores, en qué creía, cómo defendía sus pareceres antes de que ocurriese la Independencia; cómo se involucró en los hechos de la emancipación, cuál fue su compromiso con el movimiento independentista, hasta dónde estuvo dispuesto a llegar y cuál fue su parecer respecto a la orientación y el desenlace final de la revolución. Cómo sobrevivió a ella y de qué manera se insertó en el orden republicano. Sus ambiciones, sus pesares, los conflictos que enfrenta, sus miserias, sus logros, sus incongruencias, padecimientos, achaques e innumerables trámites, son el contenido de esta biografía.

Se trata de la historia de un hombre que vivió en una época de cambios profundos y frente a los cuales no se mantuvo indiferente. Mi intención no es juzgar si lo hizo bien o mal, tampoco confirmar ni contrariar las versiones existentes sobre su vida. Me interesa, más bien, transportar al lector a lo que fueron esos cruciales años de nuestro pasado para conocer cómo los vivió uno de sus protagonistas estelares y también para insistir, una vez más, en la necesidad de que nos apropiemos de nuestra historia despojada de los mitos y estiramientos broncíneos y entendamos que sus protagonistas, seres humanos al fin, actuaron movidos por intereses y pasiones absolutamente terrenales.

Si bien no existe una obra dedicada expresamente a narrarnos la vida del marqués del Toro, en la mayoría de los libros que tratan de la época de la emancipación se hace mención a su participación en la conducción de la primera campaña militar de la Independencia, a su condición de diputado del Congreso Constituyente y a su figuración en el proceso fundacional de la República.

En general, no hay mayores disensiones respecto a su trayectoria. Aun cuando algunos autores lo descalifican por su torpe desempeño militar en aquella primera campaña, ninguno pone en duda su compromiso con la Independencia. La versión establecida sobre el marqués del Toro, hasta el presente, es uniforme respecto a su condición de patriota y se limita a presentarnos su participación en los días iniciales de la emancipación y a destacar sus virtudes y heroísmo sin par. Ni una palabra sobre su vida antes ni después de la Independencia.

Rafael María Baralt en su *Resumen de la historia de Venezuela* (1841); Francisco González Guinán en la *Historia contemporánea de Venezuela* (1891-1915), Manuel Landaeta Rosales en artículos de prensa publicados a comienzos del siglo xx y Vicente Dávila en su *Diccionario biográfico de ilustres próceres de la Independencia* (1926) exaltan las virtudes patrióticas del marqués.

Baralt decía que era un hombre «de valor personal, extenso y merecido crédito, de amor puro a su patria y un apoyo precioso para toda causa de orden y justicia». González Guinán destaca que fue el primero en desenvainar la espada en defensa de la República y uno de los que consagró «... salud, sangre, alcurnia, títulos nobiliarios, riquezas y esfuerzos de todo género en la lucha por la Independencia». Fue además «un hombre moderado, humanitario, caritativo, demócrata, virtuoso, afable en su trato, espléndido en sus acciones y verdaderamente noble en sus sentimientos». Landaeta lo califica como «patriota eminente» y de «abnegación admirable», y saluda el enorme desprendimiento del marqués al sacrificar resueltamente por la causa de la Independencia todos los grandes títulos, honores y privilegios de que disfrutaba bajo el gobierno español, prestando a la nación importantes servicios militares y civiles ofrendando parte de su cuantiosa fortuna para fundar la República. Dávila, por su parte, señala que solamente tendrán cabida en ella aquellos ciudadanos que fieles a su patria prestaron sus servicios a la causa de la emancipación americana, los próceres de la Independencia, insignes varones quienes a costa de sus bienes, de sus familias y de sacrificios personales lucharon sin descanso por la Independencia. Entre ellos figura el general Toro.

La mejor apología sobre el marqués la realiza Vicente Lecuna al conmemorarse el primer centenario de su muerte en el año 1951. Lecuna era el presidente honorario y consejero general de la Sociedad Bolivariana, institución principalísima del culto a Bolívar y de la exégesis de la gesta emancipadora. La nota salió publicada ese mismo año en el número 32 del *Boletín de la Sociedad Bolivariana*.

Se ocupa Lecuna de reafirmar, una vez más, las virtudes extraordinarias del general Toro y el desprendimiento sin par de todos aquellos héroes, civiles y militares que hicieron posible la Independencia de Venezuela, entre los cuales el marqués del

Toro ocupaba lugar de primer orden: por la patria había sufrido cuantiosas pérdidas en sus intereses, persecuciones y destierro.

Un hecho fundamental destaca el autor del panegírico, la singular combinación que ofrecía el personaje: miembro conspicuo de la nobleza caraqueña y fundador del régimen que abolió fueros y privilegios. Saluda Lecuna al marqués del Toro por ser el último en ostentar el título y el que le dio mayor honra y fama, perpetuándolo con la gloria de haber iniciado la gesta de la Independencia.

No podía faltar en la semblanza de Lecuna el dato que le daba especial relevancia y significación a la biografía del marqués: su estrecha amistad con el Libertador. Para Lecuna, el hecho de que Bolívar fuese amigo de Rodríguez del Toro constituía la consagración de sus méritos y una de sus mayores glorias. La «excepcional estimación que le profesó Simón Bolívar» era la demostración palmaria de las virtudes del marqués. En opinión del máximo exégeta de Bolívar, se necesitaba tener cualidades excepcionales para que un carácter, a su vez excepcional, como el de Bolívar amara –o mejor– venerara tanto a un hombre. Este, precisamente, era el caso del marqués del Toro.

Concluye Lecuna su exaltación de la amistad entre ambos héroes con un párrafo particularmente rebuscado por su estilo y por la combinación de elementos disyuntas, cuya finalidad es enaltecer el imperecedero valor de aquel vínculo fraterno:

> Como lo esencial es creer, probablemente se compaginen el paraíso cristiano y la pradera de Asfódelos de los campos elíseos: allá estarán nuestro señor Simón Bolívar, su padrino el Marqués y hasta nuestro señor Don Quijote, dando paseos a caballo por prados que se parecen a los de Anauco y San Mateo[1].

---

1   Vicente Lecuna. «El marqués del Toro. Centenarios de bolivarianos ilustres», *Revista de la Sociedad Bolivariana*, Caracas, 28 de octubre de 1951, N° 32, p. 378.

También Salvador de Madariaga hace mención a la amistad que unía a Bolívar y los Toro, pero obviamente, no llega a los extremos exaltados de Lecuna. Simplemente se limita a señalar que eran amigos y para ello trae a colación el comentario hecho por Luis Perú de la Croix en el conocido *Diario de Bucaramanga*; allí Bolívar afirmó que el marqués del Toro era uno de sus mejores amigos, merecedor de toda su confianza, prototipo de la franqueza,de la amenidad y jovialidad de nuestros buenos antepasados; verdaderamente noble en sus sentimientos y en su conducta, como lo era por el nacimiento[2].

Un solo dato perturba la memoria uniforme y apologética del marqués. El episodio ocurrido en 1808, cuando hizo entrega a las autoridades españolas de una correspondencia que le envió Francisco de Miranda, en la cual lo llamaba a soliviantar a los criollos para que promovieran una Junta y se independizaran de España. El hecho lo mencionan Caracciolo Parra Pérez en su *Historia de la Primera República*, Salvador de Madariaga en su biografía de Bolívar ya citada. Sin embargo, ninguno de los dos le reprocha esta infidencia contra el precursor, tampoco es un aspecto que permita poner en duda el compromiso político del marqués con la causa emancipadora. Ambos coinciden al afirmar que, en virtud de la complejidad del momento, era comprensible que el marqués fuese suspicaz respecto a las verdaderas intenciones de Miranda por su cercanía y estrechas conexiones con el imperio británico. Madariaga, por su parte, no duda ni por un momento que el marqués conspiraba contra la Monarquía y que el asunto no era nuevo.

Distinto ocurre con los biógrafos de Miranda, quienes fustigan la infidencia del marqués y lo condenan por su traición. Pero igual sucede con estos mismos biógrafos cuando se ocupan del polémico episodio de la entrega de Miranda por parte de Simón Bolívar, al concluir la i República, a quien acusan de traidor y

---

2   Cita tomada de Perú de Lacroix. *El diario de Bucaramanga*, p. 104. Citado por Salvador de Madariaga, *Bolívar*, tomo i, p. 159.

14

oportunista. De manera, pues, que el episodio de la entrega de las cartas de Miranda no afectó la apreciación uniforme acerca de la trayectoria impoluta e inobjetable del marqués como un patriota sin tacha.

Sin embargo, no todo es perfecto. Un solitario autor disiente del general parecer sobre el marqués del Toro. Se trata de Ángel Grisanti, autor de numerosas obras sobre diferentes personajes y episodios de nuestra historia. Para Grisanti el marqués del Toro era un hombre ambicioso, falaz y traidor. Estos fuertes epítetos los emite en su obra *Emparan y el golpe de Estado de 1810*.

El caso es que, finalizando el año de 1959, había reunido Grisanti un copioso número de documentos inéditos sobre el último capitán general de Venezuela, el brigadier Vicente Emparan, con la ilusión de que la Academia Nacional de la Historia los publicase con un estudio introductorio elaborado por él mismo en la colección prevista para la conmemoración del Sesquicentenario de la Independencia.

La obra ofrecía una versión de los hechos del 19 de abril de 1810 en la cual Vicente Emparan no aparecía como el villano de la historia ni como la encarnación del despotismo español sino como un hombre probo, ilustrado y buen administrador, en síntesis, un gobernante lleno de buenas intenciones, promotor de «fecundas y audaces reformas». El problema está en que Grisanti no se limita a valorar positivamente a Emparan sino que, en su versión de los hechos, los villanos de la historia son los hermanos Toro: Fernando y Francisco, quienes de acuerdo con lo asentado por la versión canónica de la historia patria eran patriotas intachables y protagonistas insoslayables e incuestionables de los hechos de la emancipación, hombres virtuosos que sacrificaron privilegios y fortuna por la causa de la Independencia.

Grisanti disiente de este parecer historiográfico. En su obra afirma que lo peor que pudo ocurrirle a Emparan fue depositar su confianza en los hermanos Toro. Allí estuvo el origen de todos sus desaciertos y de su suicidio político. Emparan había sido una víctima de estos pérfidos individuos, a quienes Grisanti describe en los peores términos. No escatima epítetos para referirse al marqués del Toro y a su hermano Fernando: «el egoísmo y la ambición eran los polos sobre los que giraba la vida regalona de los Rodríguez del Toro»[3].

La obra se remite a demostrar que ni el uno ni el otro son dignos del reconocimiento que la historia les ha otorgado y que, en el caso de Emparan, los historiadores que lo han tildado de hombre poco culto, inepto y déspota no se han compenetrado con los acontecimientos del momento, no han visto la complicada urdimbre de aquellas intrigas. Había una revolución en marcha, Emparan era el obstáculo que había que suprimir y, naturalmente, los improperios y calumnias cayeron sobre su propia humanidad.

No tuvo buen destino la obra de Grisanti. Resultaba un tanto inoportuna su pretensión de que el libro formase parte de la Colección Sesquicentenario de la Independencia, cuyo propósito era celebrar el fin de la dominación española en Venezuela, iniciada precisamente el día en que había sido destituido de su cargo el «probo e ilustrado» capitán general don Vicente Emparan, último representante del gobierno español en estas tierras.

La Academia Nacional de la Historia le sugirió que hiciera entrega de los originales para evaluarlos, pero Grisanti se negó a ello: de ninguna manera aceptaría que una comisión viese sus papeles sin que él estuviese presente y así se lo comunicó al ministro de Educación. Ni el ministro ni la Academia estuvieron dispuestos a aceptar las condiciones de Grisanti. La obra, finalmente, salió por cuenta del autor.

Sin embargo, las opiniones emitidas por Grisanti a favor de Emparan ni sus juicios contra el marqués del Toro modificaron la apreciación historiográfica que todavía existe sobre ambos.

---

3   Ángel Grisanti. *Emparan y el golpe de Estado de 1810*, Caracas, Tipografía Lux, 1960.

El primero sigue siendo el villano del 19 de abril, mientras que el segundo reposa en el Panteón Nacional.

Este libro es el resultado de una investigación exhaustiva que he adelantado en los últimos años sobre los nobles de Caracas, uno de cuyos representantes más notables fue, sin duda, el marqués del Toro. Los datos que se ofrecen están todos refrendados por documentación original y bibliográfica. Cuanto se afirma y se cuenta sobre el marqués y su tiempo tiene un acucioso respaldo empírico. No obstante, para hacer más fácil su lectura, suprimí gran parte de las citas y referencias a pie de página, aun cuando conservamos algunas que nos parecieron fundamentales.

En el transcurso de los años que me tomó hacer esta investigación visité diferentes archivos y bibliotecas; en cada uno de ellos pude recuperar distintos aspectos de la vida pública del marqués. Las posiciones que mantuvo cuando fue regidor del Cabildo de Caracas; las diferentes representaciones dirigidas por el marqués y sus ascendientes a la Corona con el fin de obtener condecoraciones y distinciones nobiliarias; su desenvolvimiento en los diferentes conflictos por los cuales atravesó la provincia en los años finales del siglo XVIII; su participación en los sucesos de la Independencia; sus oficios y partes de guerra durante la Campaña de Coro; sus intervenciones en el Congreso Constituyente; sus proclamas y correspondencia; su desempeño al frente de la Intendencia del Departamento de Venezuela; así como los últimos trámites que realiza antes de su muerte.

En Caracas revisé el Archivo del Concejo Municipal de Caracas, el Archivo Arquidiocesano, el de la Academia Nacional de la Historia, el Archivo General de la Nación, el de la Asamblea Nacional y la Colección Arcaya de la Biblioteca Nacional. En España, el Archivo General de Indias, el Archivo Nacional de Madrid y las bibliotecas de la Escuela de Estudios Hispanoamericanos de Sevilla y la Biblioteca Nacional de Madrid. En Inglaterra, el Public Record Office, el más importante archivo inglés en el cual reposan todos los documentos del imperio británico. Allí pude descubrir, finalmente, información sobre un período de la vida del marqués sobre el cual no se tenía la menor noticia, el de los años en que vivió en la isla de Trinidad.

También fueron consultados numerosos periódicos de la época: *La Gaceta de Caracas, El Publicista de Venezuela, El Patriota, El Correo del Orinoco, La Gaceta de Venezuela* y *El Diario de Avisos*; los más diversos testimonios de quienes conocieron al marqués y dieron cuenta de sus actuaciones; numerosos documentos impresos publicados en las *Memorias de O'Leary*, los *Documentos para la vida Pública del Libertador* compilados por José Félix Blanco y Ramón Azpúrua, las *Obras Completas del Libertador* y las *Actas del Congreso Constituyente*. Se hizo, igualmente, una exhaustiva revisión bibliográfica, no solamente sobre el período de la Independencia sino sobre los años anteriores y posteriores, tanto para la historia de España como para la historia de Venezuela e Hispanoamérica, así como aquellas obras que ofrecen información sobre la nobleza caraqueña, en general, y sobre el marqués del Toro, en particular.

En el transcurso de la investigación tuve la enorme fortuna de disfrutar por un año la Cátedra Andrés Bello en el Centro de Estudios Latinoamericanos de la Universidad de Oxford. Allí pude escribir la mayor parte de este trabajo que, en su versión original, es la tesis doctoral que bajo el título *Nobleza y sociedad en la Provincia de Venezuela* presenté y aprobé en la Universidad Central de Venezuela, mi centro de operaciones académicas durante toda mi carrera universitaria. Este libro fue publicado en la Colección Bicentenario de la Independencia, por la Facultad de Humanidades y Educación de la UCV y por la Academia Nacional de la Historia, en el 2009.

En la realización de la investigación conté con la asistencia de Ángel Almarza, solidario y eficiente auxiliar en la búsqueda de información y transcripción de datos, quien en la actualidad es doctor en Historia y profesor en el Instituto de Investigaciones Históricas de la Universidad Michoacana de San Nicolás de Hidalgo, en México. Debo mencionar también a la colega Mercedes Vera, quien desde Sevilla hizo una excelente y utilísima primera pesquisa sobre el marqués del Toro en el Archivo General de Indias. También fue de gran apoyo en Sevilla el amigo e historiador Robinzon Meza, no solamente por su hospitalidad y la de su esposa, sino por sus respuestas siempre útiles sobre el Cabildo de Caracas. En Caracas conté también con el auxilio de Fabricio Vivas y Ramón Aizpurúa para los asuntos relacionados con la vida económica de la provincia en el siglo XVIII.

Debo expresar mi agradecimiento al Consejo de Desarrollo Científico y Humanístico de la Universidad Central de Venezuela por el apoyo financiero e institucional otorgado durante los últimos años a mis investigaciones sobre la nobleza criolla de la provincia de Caracas y por facilitarme los recursos que me permitieron viajar a los archivos españoles.

Mis dos hijos, Luis y Alejandro, mi familia, mis colegas, amistades y un sinfín de personas que me apoyaron en cada uno de los archivos, bibliotecas, y periplos realizados para conseguir la información sobre el marqués, fueron grandes aliados en esta larga búsqueda. Infinitas veces escucharon con paciencia e interés las historias y peripecias de este particular personaje, en el transcurso de lo que fue, sin la menor duda, un apasionante espionaje histórico. A todos ellos mi más sincero agradecimiento.

La primera edición de este libro estuvo a cargo de la Fundación Bigott. Mi querida amiga Miriam Ardizzone se encargó de la coordinación editorial con absoluto esmero y dedicación; también Antonio López Ortega, director ejecutivo de la fundación en aquel tiempo, fue entusiasta y solidario promotor del proyecto.

En esta oportunidad, como en muchas otras ocasiones, el equipo de Editorial Alfa ha tenido en sus manos la impecable conducción editorial de esta nueva edición, gracias al apoyo permanente del gran amigo Ulises Milla, incansable en su afán de seguir promoviendo el conocimiento y difusión de nuestra historia. Mi esposo Rogelio, con quien comparto la pasión y el frenesí por la Historia, es el compañero perfecto para estas y otras travesías. Gracias a todos por hacerlo posible.

I Parte
Marqués

Títulos y condecoraciones

El marquesado del Toro

La vida pública de Francisco Rodríguez del Toro comienza en 1787, mucho antes del estallido de la Independencia, cuando fallece su padre y, como primogénito, hereda el marquesado del Toro. Tenía 25 años de edad. A partir de ese momento interviene directa y activamente en los más importantes episodios de la vida política de la provincia. Su existencia, desde el mismo instante en que se convirtió en IV marqués del Toro, cambió radicalmente: tenía bajo su responsabilidad dar continuidad a la tradición familiar de lealtad y fidelidad a la monarquía y responder a las demandas y exigencias que se desprendían de su altísima condición.

Para la sociedad venezolana de entonces, la posesión de un título nobiliario no era un asunto baladí. La condición de noble titulado colocaba a su poseedor en el lugar más encumbrado de la sociedad provincial, constituía un símbolo de prestigio y distinción que dejaba en claro para el conjunto de la sociedad la hidalguía, prosapia y linajes notorios de su dueño y, al mismo tiempo, obligaba al titulado a cumplir con los deberes y obligaciones inherentes a su alta investidura.

En Venezuela y en el resto de América Latina, los hidalgos eran los descendientes directos de los conquistadores a quienes la Corona les había otorgado el privilegio de la hidalguía como premio a sus acciones de armas en el proceso de la conquista. Ello había quedado establecido en las Ordenanzas sobre Descubrimientos y Poblaciones firmadas por el rey el 13 de julio de 1573, en las cuales se ordenaba que los conquistadores y sus descendientes fuesen honrados como personas nobles de linaje y solar conocido, y que por tales fuesen habidos y tenidos, gozando de todas las honras y preeminencias de los hidalgos y caballeros de los reinos de Castilla, según fueros, usos y costumbres de España.

Este hecho determinó que las sociedades americanas se organizaran y funcionaran de acuerdo con los principios y fundamentos que normaban la sociedad española del siglo XVI, fijándose una fórmula de organización social jerarquizada y desigual, en la cual los hidalgos y sus descendientes constituían el estamento privilegiado de la nobleza y como tales ocupaban el lugar más elevado y prestigioso de la sociedad.

Según establecían los manuales nobiliarios españoles y así debía cumplirse en la provincias de ultramar, los nobles no podían ser sometidos a tormento, ni condenados a prisión por deudas; no tenían obligación de ir a la guerra, tampoco tenían que aceptar oficios que no fuesen de su categoría; en las ceremonias y actos públicos les correspondía ocupar los sitios más distinguidos y tenían el derecho de contestar físicamente a las ofensas contra su honor en el caso de que fuesen afrentados.

Al mismo tiempo, tenían una serie de responsabilidades. Los nobles estaban obligados a comportarse y a actuar en correspondencia con el privilegio que les otorgaba pertenecer al estamento más elevado de la sociedad. Los nobles eran el soporte fundamental de la Monarquía y del orden jerárquico de la sociedad. Lealtad al monarca, defensa de la religión y sostenimiento de la desigualdad eran las obligaciones del noble y la garantía de su predominio político y social. Estaban obligados, pues, a sostener y a defender la institucionalidad monárquica, ya que cualquier desajuste o alteración del equilibrio existente entre nobleza y monarquía, pondría en peligro su propia supervivencia.

La hidalguía como elemento distintivo de la nobleza solo se transmitía por vía hereditaria, de padres a hijos: se nacía noble y el nacimiento condicionaba para siempre la existencia de los individuos. De acuerdo con lo que estaba estipulado en las Trece Partidas de Alfonso el Sabio, sólo la nobleza de sangre era la que se consideraba hidalguía: «Hidalguía es nobleza que viene a los hombres por linaje».

Pero todos los hidalgos no eran iguales. Dentro de la nobleza de sangre había diferencias entre unos hidalgos y otros, lo cual permitía distinguir al que era simplemente hidalgo del que era caballero y al que era caballero del que había ingresado a una orden nobiliaria y a estos últimos de quienes detentaban un título de Castilla.

Esta escala ascendente dentro del estamento nobiliario no estaba determinaba por la hidalguía, ya que todos eran igualmente hidalgos, sino por la posesión de riquezas. Los más ricos entre los nobles eran los que podían obtener títulos nobiliarios y otras distinciones especiales, para de esta manera diferenciarse del resto de la nobleza. La riqueza, por tanto, no era condición para acceder a la nobleza, pero sí una cualidad adjetiva para ascender dentro de ella.

En el caso específico de Venezuela, existía una nobleza criolla descendiente directa de los conquistadores y de los hidalgos españoles que vinieron en los años posteriores a la conquista, se asentaron en Venezuela y fundaron nuevos linajes de prosapia e hidalguía reconocidas. A todos ellos se les conocía comúnmente con el nombre de mantuanos y, de la misma manera que ocurría en España, unos se habían enriquecido más que otros, y progresivamente se habían ido diferenciando de los demás adquiriendo una Corona de Castilla y otras distinciones nobiliarias. Este, precisamente, era el caso de los Rodríguez del Toro.

El fundador de la Merced

El primero de la estirpe, don Juan Bernardo Rodríguez del Toro, llegó a Venezuela a comienzos del siglo XVIII, procedente de la Villa de Teror, provincia de Las Palmas, en la Gran Canaria. El 30 de mayo de 1712 se casó en la Catedral de Caracas con doña Paula-Graciosa de Istúriz y Ezquier de la Guerra Azpeitia y Santiago, criolla, hija de don Íñigo de Istúriz y Azpeitia, original de Navarra, tesorero de la Real Hacienda en la ciudad de Caracas y miembro del Cabildo capitalino.

Hidalgo de reconocido y notorio linaje y dueño de una considerable fortuna, realizó todos los trámites para adquirir un título nobiliario. El 26 de septiembre de 1732, el rey Felipe V le concede el título de marqués del Toro y vizconde de Altagracia, luego de que la Cámara de Castilla diera el visto bueno a los documentos probatorios de su hidalguía.

El despacho de concesión del título nobiliario firmado por el rey certificaba la calidad de don Juan Bernardo y de sus ascendientes, todos ellos habidos, reputados y tenidos por cristianos viejos y nobles de sangre; también hacía mención a la calidad de su esposa, doña Paula de Istúriz y a la de sus ascendientes, quienes eran tenidos por pobladores de las Indias y se les reconocía como buenos y fieles vasallos de Su Majestad. Destacaba igualmente, los crecidos caudales, muchas haciendas y competente renta que distinguían al agraciado, lo cual garantizaba que podría mantener la dignidad del título de Castilla con el decoro y la decencia que exigía esta alta distinción. El documento también fijaba los alcances de la gracia real. Decía así el Real Despacho del título de marqués del Toro:

> ...por honrar y sublimar vuestra persona, mi voluntad es que vos, el expresado Don Bernardo Rodríguez del Toro, y vuestros hijos, herederos y sucesores cada uno en su tiempo, perpetuamente para siempre jamás os

podáis llamar e intitular, llaméis e intituléis, llamen o intitulen y os hayo e intitulo Marqués del Toro. Y por esta mi Carta encargo al Serenísimo Príncipe Don Fernando, mi muy caro y amado hijo, mando a los Infantes, Prelados, Duques, Marqueses, Condes, Ricos hombres, Priores de las Ordenes, Comendadores y Subcomendadores, Alcaldes de los Castillos y casas fuertes y llanas, y a los de mi Consejo, Presidentes y Oidores de mis Audiencias, Alcaldes, Alguaciles de mi Casa y Corte y Cancillerías y a todos los Consejos, Corregidores, Asistentes, Gobernadores, Alcaldes Numerarios y Ordinarios, Alguaciles, Merinos, Prebostes y otros cualesquier, mis Jueces y Justicias y personas de cualquier estado, condición, preeminencia o dignidad que sean mis vasallos, súbditos y naturales, así a los que ahora son como a los que adelante fueren y a cada uno y a cualquiera de ellos que os hagan y tengan, llamen e intitulen así, a vos el referido Don Bernardo Rodríguez del Toro, como a cada uno de los dichos vuestros hijos, herederos y sucesores Marqueses del Toro, y os guarden y hagan guardar todas las honras, franquezas, libertades, exenciones, preeminencias, prerrogativas, gracias, mercedes y demás ceremonias que se guardan y deban guardar a los otros Marqueses de estos mis Reinos todo bien y cumplidamente, sin faltaros cosa alguna[4].

Para obtener esta gracia real, don Bernardo Rodríguez del Toro hizo un importante desembolso, lo cual dejaba ver no solamente el inmenso patrimonio que poseía, sino también la importancia que se le otorgaba a este tipo de distinciones.

Al momento de adquirir el título don Bernardo depositó en las Arcas Reales 562 000 maravedíes por la media annata –impuesto que gravaba a este tipo de distinciones honoríficas– y 22 000 ducados de vellón como donación al Monasterio de Nuestra Señora de Montserrate, ya que Felipe vi había breado el mencionado título para contribuir con la edificación del citado monasterio. Ambas sumas equivalían aproximadamente a una cantidad

---

4   Real Despacho de Concesión del Marquesado del Toro, 26 de septiembre de 1732, Archivo Histórico Nacional, Madrid, Sección de Consejos, Legajo L-8977, Nº 758.

cercana a los 30 000 pesos. Un monto definitivamente enorme, si se tiene en cuenta que con una cifra inferior a esa cantidad se podía adquirir una excelente hacienda de cacao, en plena producción, contadas sus matas, sus aperos y sus esclavos. Como elemento de comparación se puede decir que el capitán general de la provincia de Venezuela gozaba de una remuneración anual de 4000 pesos, o sea que don Bernardo, para adquirir el título había gastado una suma siete veces superior al salario más alto de la provincia. Si se hace la traslación de ese monto a lo que equivaldría a comienzos del siglo XXI, estamos hablando de una suma cercana a 1 500 000 dólares de 2002[5]. Una cifra, sin duda, inmensa, para esa época y para el presente también.

El crecido caudal de don Bernardo era tal y la importancia que le concedía a este tipo de distinciones era de tal envergadura que, ocho años más tarde, decide hacer una nueva y considerable erogación. En esta ocasión la suma depositada en las arcas reales fue de 188 582 reales y 33 maravedíes, 23 000 pesos aproximadamente, o si se prefiere, a precio del año 2002, la cantidad de 765 000 dólares.

Este monto tenía como propósito cubrir dos aspectos diferentes: uno, abonar los pagos anuales y las deudas pendientes por el Servicio de Lanzas[6] que le correspondía entregar a la Corona

---

5   Esta conversión la hemos hecho recurriendo a varias páginas Web que se ocupan de estos asuntos. Primero, convertimos los maravedíes a pesos, utilizando las tablas de equivalencia comúnmente aceptadas; de allí, por recomendación del colega Ramón Aizpurúa, consultamos la página http://www.hudsonrivervalley.net.AMERICANBOOK/18.html con el fin de identificar cuál era la relación entre el peso español y la libra esterlina. Para llegar al último monto utilicé la página Web que me recomendó el economista Iván Martínez, cuando estaba escribiendo *La criolla principal,* a fin de conocer a cuánto ascendía ese monto en libras para el año 2002, y de allí convertí las libras en dólares de ese mismo año. Naturalmente son cifras aproximadas pero nos permiten darnos una idea de cuánto ascendía la fortuna de un noble titulado en la Venezuela de entonces a dólares de comienzos del siglo XXI.

6   El Servicio de Lanzas era una cantidad de dinero entregada por los Grandes de España y los Títulos para contribuir con la protección de la Corona. Se llamaba así por haberse reducido a maravedíes el número de soldados con que tenían obligación de servir a los reyes, en las ocasiones que lo necesitaban. *Diccionario de Autoridades*, Madrid, Editorial Gredos, 1976. [Edición original de 1726].

por la posesión del título, y dos, beneficiar a la merced con el atributo de «perpetuidad». Esto significaba que, a partir de aquel pago, todos los poseedores del marquesado del Toro se verían eximidos y relevados «perpetuamente y para siempre jamás» de pagar el Servicio de Lanzas, sin que se les pudiese solicitar pago alguno por este concepto.

En total, el fundador del marquesado del Toro estuvo dispuesto a pagarle a la Corona la enorme suma de 53 000 pesos con el propósito de hacer visible y notoria su calidad, hidalguía y caudal, y así diferenciarse de los demás nobles de la provincia que no estaban en condiciones de hacer una erogación semejante para ostentar una Corona de Castilla y colocar el escudo correspondiente en la parte superior del portal de su casa de habitación. Es como si en tiempo actual se erogase la suma de dos millones de dólares para un gasto que tenía visibles consecuencias en todos los órdenes de la sociedad.

Otros títulos en la provincia

Para el momento en que el rey concede el marquesado del Toro a don Bernardo, solo existían dos títulos nobiliarios en la provincia de Caracas, el de marqués de Mijares otorgado en 1691 a don Juan Mijares de Solórzano, primer titulado criollo de la provincia y el de marqués del Valle de Santiago concedido al maestre de campo don Francisco Aranaz de Berroterán en 1702, quien se casó con una criolla perteneciente a la estirpe de los Mijares de Solórzano y cuya bisnieta contraería matrimonio muchos años más tarde con el bisnieto del primer marqués del Toro.

En 1728, don Juan Vicente Bolívar y Villegas, abuelo de Simón Bolívar, había iniciado los trámites para que se le concediera a él y a sus descendientes una distinción nobiliaria: el marquesado de San Luis. Con ese propósito donó 22 000 ducados de vellón a favor del Monasterio de Montserrat, pero al año siguiente falleció y los sucesores no se encargaron de dar continuidad a la solicitud. Años más tarde le fueron reclamadas a Juan Vicente Bolívar, el padre de Simón Bolívar, las deudas que había acumulado el título desde su concesión en 1728, pero este se negó a pagar la elevada suma y solicitó la nulidad de la merced. No obstante, después de su muerte, su viuda, doña Concepción Palacios y Blanco, intentó adelantar las diligencias para recuperar el título y beneficiar al primogénito de la familia Bolívar Palacios, el joven Juan Vicente, hermano del futuro Libertador. Con ese fin fue enviado a la Corte Esteban Palacios, hermano de la viuda, pero las gestiones iban con demasiada lentitud y sin ningún resultado. Falleció entonces doña Concepción y quedó a cargo del trámite don Feliciano Palacios, el abuelo de los muchachos. Sin embargo, transcurridos casi 6 años del viaje de Esteban a la Corte, este había consumido una suma superior a las deudas acumuladas por el título que, en su momento, Juan Vicente Bolívar se había negado a pagar. La decisión fue dejar el asunto de ese tamaño y olvidarse del marquesado de San Luis. Terminaron allí los trámites nobiliarios de la familia Bolívar.

En 1732, el mismo año de otorgamiento del marquesado del Toro, el rey distinguió a don Antonio Pacheco y Tovar con el título de conde de San Javier y vizconde de Santa Rosalía.

Poco tiempo después se concedió un nuevo título. Esta vez el beneficiario de la merced fue don Casimiro Manuel de Ustáriz, quien en 1739 fundó el marquesado de Ustáriz. Varios años más tarde, en 1771, don Martín Tovar y Blanco fue distinguido con el título de conde de Tovar y en 1785, Fernando Ignacio Ascanio de Monasterios, reclamó para sí el título de conde de la Granja, el cual finalmente le fue otorgado en 1796, luego de que concluyera todos los trámites demostrativos de su legítima sucesión. Después de esta fecha ninguno de los mantuanos caraqueños obtuvo nuevas titulaciones nobiliarias.

De manera pues que, en la Caracas de finales del siglo XVIII, apenas unas pocas familias ostentaban un título nobiliario y, una de ellas, era la de Francisco Rodríguez del Toro.

Un segundo título para la Casa Rodríguez del Toro

No obstante, al comenzar el año de 1786, don Sebastián Rodríguez del Toro, III marqués del Toro y padre de Francisco Rodríguez del Toro, decide adelantar una diligencia ante la Corona con la finalidad de distinguir a su familia con un segundo título nobiliario. Si lograba su propósito los Rodríguez del Toro se convertirían en la única familia de la provincia que ostentaría dos Coronas de Castilla.

El 8 de febrero le escribe al rey y le suplica rendidamente que le conceda el título de conde de la Real Casa y vizconde del Toro para su segundo hijo, don Pedro Rodríguez del Toro, quien se encontraba en España al servicio del rey[7].

La solicitud la apoyaba en la tradición de lealtad y servicios a la Corona que había distinguido desde siempre a la familia Rodríguez del Toro. Don Sebastián, al igual que todos sus ascendientes, había defendido al reino contra las invasiones y ataques de sus enemigos, habían contribuido con donativos a la Corona cuando así se les había requerido y habían dado fehacientes demostraciones del mayor celo, amor y fidelidad por la conservación de los derechos y dominios del rey en estas remotas regiones. Bien merecían verse distinguidos con una segunda merced nobiliaria.

Adicionalmente y por vía reservada enviaba al rey otra comunicación en la cual le suplicaba que tomase bajo su protección la merced que le tenía pedida ofreciéndole un donativo

---

7 El marqués del Toro a su Majestad, 8 de febrero de 1786. Todos los documentos relativos a la solicitud de este segundo título están recogidos en el expediente que reposa en el Archivo General de Indias (AGI), Caracas, 399.

de 20 000 pesos. En la misma comunicación sugería que de esta cantidad se tomasen los montos correspondientes a la redención de Lanzas y Media Annata y el resto quedaría a disposición del Monarca, según lo pidiesen las urgencias de la Corona.

La solicitud, en primera instancia, no fue rechazada. Decía el informe de la Cámara que don Sebastián acreditaba suficientemente los requisitos que le permitirían obtener esta segunda merced: no había la menor duda acerca de la hidalguía y calidad que distinguían al solicitante, sus ascendientes eran todos ellos de comprobada prosapia y distinción, fieles servidores de Su Majestad, cristianos viejos y limpios de toda mala raza. Tampoco había dudas respecto al inmenso caudal que poseía el III marqués del Toro. Según se desprendía de las certificaciones que acompañaban la petición, don Sebastián Rodríguez del Toro era el hombre más rico de la provincia de Venezuela, con una renta anual superior a los 30 000 pesos. De manera que bien podría mantener con toda decencia y dignidad el nuevo título que solicitaba, además del que ya poseía. El reparo, por tanto, no estaba relacionado ni con la calidad ni con el caudal del solicitante, sino más bien con el monto de los 20 000 pesos ofrecidos por el marqués como donativo a la Corona para que se aviniese a otorgarle la segunda merced. El informe dejaba saber que la mencionada cantidad resultaba insuficiente ya que al deducir los aranceles de la media annata y del servicio de lanzas, el Monarca solo se vería beneficiado con la suma de 17 000 pesos, lo cual era un monto inferior al que había entregado el primer marqués en 1732, cuando se le había concedido el marquesado del Toro. En síntesis, lo que se desprendía de este primer informe era que si don Sebastián efectivamente estaba interesado en aquel segundo título, debía mejorar la oferta.

Al año siguiente, el capitán general y gobernador de Venezuela recibe una comunicación de la Cámara de Castilla en la cual se le solicitaba que rindiese información acerca de a cuánto ascendía el caudal del marqués del Toro, cuántos hijos tenía y la legitimidad de cada uno de ellos. La misma comunicación establecía que debía dejarle saber al marqués que para afianzar la decorosa subsistencia de un nuevo título a favor del segundogénito de la familia, era necesario fundar una vinculación o mayorazgo con la competente suma y las formalidades previstas en las leyes.

No pudo don Sebastián atender estos requerimientos ya que cuando llegaron los pliegos provenientes de España, hacia unos pocos meses que había fallecido. De no haber ocurrido este inesperado desenlace es muy probable que don Sebastián hubiese cumplido con los requisitos exigidos por la Corona para beneficiar a su segundo hijo y convertir a su familia en la única Casa poseedora de dos títulos nobiliarios. Sin embargo, no puede afirmarse lo mismo respecto al heredero de la merced, don Francisco Rodríguez del Toro.

Las diligencias del IV marqués

Luego del fallecimiento de su padre, Francisco; como primogénito y heredero del título nobiliario, no manifestó el menor interés en promover o dar continuidad a las gestiones adelantadas por su padre para beneficiar al segundogénito de la familia. Ni en esos días ni en los meses siguientes hizo ninguna diligencia en esa dirección. Se ocupó más bien de atender los trámites para la obtención de la Carta de Sucesión del título de marqués a su nombre. No estaba dentro de las prioridades del nuevo marqués erogar la enorme suma que representaba la solicitud hecha por su padre, mucho menos a fundar un mayorazgo para convertir a su hermano en el I conde de la Real Casa.

Quince días después de la muerte de don Sebastián Rodríguez del Toro, ocurrida el 26 de mayo de 1787, Francisco inicia el papeleo. Debía demostrar su condición de primogénito e hijo legítimo de su padre, cancelar los aranceles que generaba el trámite sucesor al y solicitar a la Corona la expedición del título a su nombre.

Para cumplir con el primer requisito le escribe una comunicación al gobernador y capitán general de la provincia de Venezuela, don Juan Guillelmi, y le solicita dar inicio al procedimiento que le permitiría certificar su condición de primogénito e hijo legítimo del difunto a fin de que pudiese recaer en él el título de marqués y el mayorazgo que lo acompañaba[8].

Para ello debía interrogarse a un conjunto de testigos de acuerdo con el siguiente cuestionario:

1. Si les constaba el fallecimiento de don Sebastián Rodríguez del Toro, su padre;

2. Si conocían al solicitante de vista, trato y comunicación y si sabían que era el primogénito habido y procreado en legítimo matrimonio de don Sebastián Rodríguez del Toro y doña Brígida Martina de Ibarra e Ibarra y que por tal había sido tenido, conocido y reputado de dichos sus padres, viviendo en su compañía hasta el presente;

3. Si en virtud de lo precedente, era el legítimo sucesor al título de Castilla, sin disputa alguna y

4. Si todo lo dicho era público y notorio en la ciudad de Caracas.

La petición fue atendida en los días siguientes. Se interrogó a doña Brígida Ibarra, marquesa del Toro, su madre, de 38 años; a Miguel del Toro y a Francisco Rodríguez del Toro, sus tíos, de 36 y 35 años, y a Félix Pacheco, de más de 30 años, vecino principal de la ciudad y amigo de la familia. Todos respondieron afirmativamente a cada una de las preguntas quedando así establecida la legítima filiación de Francisco Rodríguez del Toro con su padre y su condición de primogénito. Al expediente le fue añadida la fe de bautismo del solicitante.

Para solventar el asunto de los aranceles, Francisco Rodríguez del Toro dirigió otra comunicación al intendente del

---

8   Francisco Rodríguez del Toro a Juan Guillelmi, 6 de junio de 1787. Esta y todas las comunicaciones relacionadas con la carta de sucesión fueron tomadas del AGI, Caracas 298.

Ejército y Real Hacienda, a fin de conocer el monto que debía satisfacer a la tesorería del reino. El informe del intendente dejaba saber que por el impuesto de la media annata debía cancelar la suma de 1034 pesos y 2 maravedíes por la sucesión en línea directa de su padre; a ello se añadían 186 pesos y 1 real, equivalente al 18 % del arancel por la conducción de aquella suma a España. En total eran 1220 pesos y 1 real. A esta cantidad debían añadirse 188 pesos y 7 reales que adeudaba su padre, el III marqués del Toro, desde el 18 de febrero de 1762, ya que no había cancelado la totalidad del monto de la media annata al momento de entrar en el goce de su marquesado y tampoco había satisfecho el 18 % correspondiente al envío a España. Inmediatamente el heredero del título hizo llegar al tesoro real la cantidad de 1408 pesos y 8 reales, saldando así ambas deudas. En el mismo acto solicitó que se le diese un recibo de lo pagado.

Escribe una nueva comunicación al capitán general para enviarle el recibo emitido por la tesorería, los pliegos notariados del interrogatorio que demostraban su filiación y primogenitura y su fe de bautismo, a fin de que el expediente completo fuese enviado a España. El 30 de junio de 1787 le escribe al rey de España para informarle que había cumplido cabalmente con todas las diligencias requeridas para el goce y continuación en el uso de la gracia, honor y preeminencias del título de Castilla perteneciente a su padre, motivo por el cual solicitaba, muy respetuosamente, que ordenase la expedición de la carta de sucesión. Era la primera vez que le dirigía una comunicación al rey y también la primera vez que firmaba con el título de marqués del Toro.

Al poco tiempo de obtener el documento que lo acreditaba como marqués del Toro, el nuevo titulado se ocupaba de realizar otra engorrosa gestión ante la Corona.

«Virtuti et merito»

Comenzando el año de 1790, el nuevo marqués del Toro inicia los trámites que le permitirían convertirse en el primer mantuano caraqueño distinguido con la Cruz de la Orden Española de Carlos III. Las diligencias para la obtención de la importante condecoración real las lleva a cabo su tío don Bernardo Rodríguez del Toro y Ascanio directamente en Madrid.

La distinción honorífica que aspiraba obtener el IV marqués había sido creada por el rey de España el 19 de septiembre de 1771 con la finalidad de eternizar la memoria de su feliz reinado y celebrar el nacimiento del primer hijo varón de los Serenísimos Príncipes de Asturias, con lo cual se aseguraba la sucesión de la Corona[9].

Bajo el lema «Virtuti et merito» la Orden Carlos III honraba y premiaba los altos servicios prestados al rey y a la patria por los súbditos distinguidos de la Corona. En sus constituciones estaba contemplado que los agraciados tendrían que hacer pruebas de nobleza; sin embargo, como la Orden estaba orientada a la honra, utilidad y ventajas de los vasallos de la monarquía, el rey había dispuesto que estas se harían sin dispendio alguno: bastaba con presentar los documentos necesarios a la Asamblea de la Orden para que sus miembros los reconociesen y examinasen. Las mismas constituciones señalaban que, por orden del rey, la Orden contaría con el auspicio de la Purísima Concepción.

A fin de cumplir con los requisitos de la Asamblea de la Orden, el marqués del Toro le escribe al capitán general para que se llevasen a cabo las diligencias demostrativas de su cristiandad, buenas costumbres, legitimidad, limpieza de sangre y oficios, las de sus padres, abuelos y bisabuelos paternos y maternos en primera

---

9   *Índice de pruebas de los Caballeros de la Real y Distinguida Orden Española de Carlos III desde su institución hasta el año de 1847 publicado por el Archivo Histórico Nacional*, Madrid, 1904. El vástago al que alude la cédula de creación, con el tiempo, se convertiría en el rey Fernando VII.

y segunda líneas, y las de nobleza de sangre de su padre y abuelo paterno y del padre de su abuela paterna[10].

Para ello debía entregar testimonio compulsado de todos los documentos exigidos por el Reglamento de la Orden. La lista era numerosa. Debía enviar a Madrid debidamente certificadas y autenticadas:

Las partidas de bautismo suya, la de sus hermanos don Pedro, don Tomás y don Fernando; la de su padre, la de su madre, las de sus abuelos paternos, la de su tío don Bernardo Rodríguez de Toro y Ascanio, las de sus abuelos maternos y la de don José Rodríguez de Toro, hijo de sus bisabuelos.

Las partidas de casamiento de sus padres, de sus abuelos paternos y maternos y las de sus bisabuelos paternos y maternos.

Los testamentos y las cláusulas donde se declaraban los matrimonios de los testadores y los hijos habidos en ellos, como también la cláusula en la que estos fueron instituidos por herederos con su cabeza y conclusión respectiva. Esto debía cumplirse con el testamento de su padre, de su madre, de su abuelo paterno y en su defecto el de su legítima mujer, el de sus bisabuelos paternos o el de su legítima mujer, e igual para los bisabuelos maternos.

En su caso, como su padre había fallecido sin dejar testamento, debía compulsar testimonio de ello, y como su madre todavía no había otorgado testamento ya que se encontraba con vida, debía también darse declaración de ello.

A todos estos documentos debían añadirse justificaciones de las pruebas de legitimidad, limpieza de sangre e hidalguía de sus ascendientes, así como de los empleos políticos y militares que los reputaban como nobles y notoriamente hidalgos, y de los cargos y empleos públicos desempeñados por el solicitante y sus ascendientes y, finalmente, testimonio jurado sobre la vida y

---

10 Todos los documentos relativos a la obtención de la Orden de Carlos III fueron tomados de las «Pruebas del marqués del Toro, 1790», Orden Española de Carlos III, Archivo Histórico Nacional (AHN), Madrid.

conducta cristianas del solicitante; todo esto mediante información de testigos.

De acuerdo con la Real Instrucción, el interrogatorio debía realizarse cumpliendo el requisito de citación previa por el síndico procurador del Cabildo de la ciudad. En este caso, como el marqués del Toro se desempeñaba como síndico del Cabildo, tuvo que inhibirse y solicitar al Cabildo que nombrase a alguien que lo sustituyese, ya que constituía un impedimento que las citaciones las ejecutase la parte interesada.

No era poca cosa lo que tenía que atender el marqués para ingresar a la mencionada Orden. De todo ello se ocupa con rigurosa escrupulosidad.

En el mes de abril comienzan los interrogatorios, todos ellos se realizan en la casa de habitación de los testigos. Dan testimonio de la noble ascendencia del aspirante y de su vida arreglada distinguidos representantes de la jerarquía eclesiástica de la provincia y connotados miembros de la nobleza local: don Domingo Hermoso de Mendoza, maestre dignidad de la Santa Iglesia Catedral y comisario calificado del Santo Oficio; don Bartolomé de Bargas, examinador sinodal del Obispado y canónigo penitenciario de la Iglesia Catedral; don Feliciano Palacios y Sojo, alférez real del Cabildo de Caracas; don Santiago de Ponte y Mijares, teniente coronel del batallón de Milicias de Blancos de la Ciudad de Caracas y caballero de la Orden de Santiago; don Martín Tovar y Blanco, conde de Tovar y coronel del batallón de Milicias de Blancos de la Ciudad de Valencia.

Cumplidos los requisitos, el expediente completo fue enviado a España y aprobado por la Asamblea de la Orden el 29 de noviembre de 1790. El juramento que debían hacer los miembros de la Orden al momento de recibirse en la Corporación era de absoluta y completa lealtad a la Monarquía. El día de la ceremonia el marqués del Toro juró solemnemente cumplir con el mandato de la Orden:

Yo, Francisco Rodríguez del Toro, juro y prometo a Dios sobre mi fe y honor de vivir y morir en nuestra sagrada religión católica, apostólica y romana; de no emplearme jamás directa ni indirectamente contra la persona de Su Majestad, ni contra su real familia y Estados, de servirle fiel y lealmente en cuanto sea su voluntad destinarme, de reconocerle por único jefe y soberano de esta orden, y de cumplir exactamente todos sus estatutos y ordenanzas en que se comprende la defensa del misterio de la inmaculada concepción de la Virgen María, su patrona, Amen[11].

Francisco Rodríguez del Toro, IV marqués del Toro y miembro de la Real Orden de Carlos III era, en 1790, inequívoca y visiblemente un leal vasallo de Su Majestad, un irrestricto defensor de la Monarquía y un ferviente practicante de la religión católica. Ese mismo año adquiere el cargo de regidor perpetuo del Cabildo de Caracas y pasa a formar parte del gobierno de la ciudad, espacio político controlado y dirigido de manera exclusiva y excluyente por los mantuanos caraqueños.

---

11   Juramento de la Orden de Carlos III, reproducido por Domingo Amunátegui Solar, *La Sociedad Chilena del siglo XVIII. Mayorazgos y Títulos de Castilla*, Santiago de Chile, Imprenta, Litografía i Encuadernación Barcelona, 1901, tomo I, p. 460.

Árbol genealógico de la familia Rodríguez del Toro

Don Blas Rodríguez
del Río Mayor Martínez
(Nació en Gran Canarias)

««««««»»»»»»

Doña Catalina del Toro y Heredia

Don Bernardo Rodríguez
del Toro y Heredia
I Marqués del Toro
(N. Gran Canarias el 18/05/1675 / M. 23/08/1742)

««««««»»»»»»

Doña Paula Graciosa de
Istúriz y Ezquier de la Guerra

Don Francisco de Paula Rodríguez
del Toro e Istúriz
II Marqués del Toro
(N. Gran Canarias el 01/03/1713 / M. 08/05/1753)

««««««»»»»»»

Doña María Teresa de Jesús de Ascanio
y Sarmiento de Herrera

Don Sebastián José Antonio Rodríguez
del Toro y Ascanio
III Marqués del Toro
(N. Caracas el 05/06/1739 / M. 26/03/1787)

««««««»»»»»»

Doña Brígida Martina de Ibarra
e Ibarra

Don Francisco José Rodríguez
del Toro e Ibarra
IV Marqués del Toro
(N. Caracas el 05/12/1761 / M. 07/05/1851)

««««««»»»»»»

Doña María del Socorro
de Berrotarán y Gedler

Doña Catalina Rodríguez del Toro e Istúriz	Doña Josefa María Rodríguez del Toro e Istúriz
Doña María Rodríguez del Toro e Istúriz	Don Sebastián José Rodríguez del Toro e Istúriz
Don Bernardo Nicolás Rodríguez del Toro y Ascanio	Doña María Margarita Rodríguez del Toro y Ascanio
Doña Josefa Rodríguez del Toro y Ascanio	Don Miguel Rodríguez del Toro y Ascanio
Don Juan Vicente Rodríguez del Toro y Ascanio	Don Francisco Nicolás Rodríguez del Toro y Ascanio
Don Pedro Pablo Rodríguez del Toro e Ibarra	Don Tomás José Antonio Rodríguez del Toro e Ibarra
Doña Sebastiana Rodríguez del Toro e Ibarra	Don Fernando Rodríguez del Toro e Ibarra
Don Bernardo Rodríguez del Toro e Ibarra	Don Diego Antonio Rodríguez del Toro e Ibarra

Don Bernardo José Nicolás Rodríguez del Toro e Istúriz	Don Bernardo Rodríguez del Toro e Istúriz	Doña María Teresa Rodríguez del Toro e Istúriz	
Don Matías Rodríguez del Toro e Istúriz	Don Antonio Rodríguez del Toro e Istúriz	Doña Josefa Rodríguez del Toro e Istúriz	
Don José Nicolás Rodríguez del Toro y Ascanio	Don José Antonio Rodríguez del Toro y Ascanio		
Don Manuel Rodríguez del Toro y Ascanio	Doña Francisca Rodríguez del Toro y Ascanio		
Don Francisco Rodríguez del Toro y Ascanio	Don Matías Rodríguez del Toro y Ascanio		
Doña Gertrudis Rodríguez del Toro e Ibarra	Doña Ana Teresa Rodríguez del Toro e Ibarra	Doña Petronila Rodríguez del Toro e Ibarra	Don Beltrán Rodríguez del Toro e Ibarra
Don José Antonio Rodríguez del Toro e Ibarra	Don José Ignacio Rodríguez del Toro e Ibarra	Don José María Rodríguez del Toro e Ibarra	
Don Juan José Rodríguez del Toro e Ibarra	Doña María Teresa Rodríguez del Toro e Ibarra	Doña María de los Dolores Rodríguez del Toro e Ibarra	

Poder y preeminencias

Regidor perpetuo del Cabildo de Caracas

En efecto, al mismo tiempo que se está ocupando del papeleo para su admisión en la Real Orden de Carlos III, Francisco Rodríguez del Toro realiza los trámites para ingresar al Cuerpo Capitular de su ciudad natal. Con esa finalidad se dirige al superintendente general de la ciudad de Caracas para comunicarle que estaba en disposición de adquirir uno de los cargos de regidor que se encontraban disponibles en el Ayuntamiento de la capital. Decía así el oficio del marqués:

> El Marqués del Toro, vecino de esta ciudad en la forma que más haya lugar de derecho y sin perjuicio de cuantos me competan parezco ante V.S. y digo que: há muchos tiempos que se hallan vacantes en cabeza de algunos de los regimientos llanos de esta ciudad por haberlos renunciado o muerto sus últimos poseedores y porque después de avaluados y pregonados no se han presentado postores: Es bien notoria la falta que hacen al público semejantes plazas y la necesidad que hay de sujetos que puedan servirlas y desempeñarlas. Yo por solo servir al común y contribuir en cuanto dependa de mi arbitrio sin mayor utilidad deseo ocupar una de aquellas entrando a su posesión por medios legítimos, con cuyo designio hago desde luego postura a una de las que se hallan pregonadas por el precio en que esté avaluada que ofrezco entregar en cajas reales en el día a beneficio de su Majestad, y por tanto a V.S. suplico que habiendo

hecho esta postura se sirva admitirla mandando que para que se verifique el remate se señale día competente con asignación de hora y lugar que así es de hacerse en justicia que pido con él juramento necesario. El Marqués del Toro[12].

Se señaló el día 9 de febrero para la realización del remate en presencia de los señores de la Junta de Almonedas. Ese día en la mañana, en el sitio designado, el pregonero dijo en alta e inteligible voz «... a la almoneda, a la almoneda, a la almoneda, que se hace del oficio de Regidor Llano del Ilustre Cabildo de esta ciudad vacante en cabeza de S.M. por renuncia que de él hizo don Diego Moreno y Piñango, avaluado en la cantidad de 200 pesos».

Hecho el pregón se presentó don Manuel Martínez, apoderado del marqués del Toro y dijo que hacía postura del oficio por la cantidad de 200 pesos; no presentándose otro postor se remató al marqués por la cantidad señalada.

Se convirtió así el IV marqués del Toro en regidor llano del Cabildo de Caracas. El título que lo acreditaba estaba firmado por el rey y estipulaba las prerrogativas y obligaciones del nuevo regidor:

...de ahora en adelante durante vuestra vida, vos el enunciado marqués del Toro, precedido el Juramento que se requiere, seáis Regidor de la citada ciudad de Caracas, con voz, voto, asiento y lugar en el Cabildo de ella y le podáis usar y ejercer en todos los casos y cosas a él anexas y concernientes según lo han hecho vuestros antecesores y lo hacen y pueden y deben hacer otros Regidores llanos de las demás ciudades villa y lugares de esos mis Reinos y Señoríos y por este mi Real Título mando al Concejo, Justicia y Regimiento de la propia ciudad y a todos los Caballeros, Escuderos, Oficiales y hombres buenos y a todas cualesquiera personas del estado, calidad y condición que sean os hayan y tengan por tal Regidor Llano del Cabildo de la enunciada ciudad y usen con vos este oficio guardandoos y

12   El marqués del Toro al superintendente general de Caracas, 2 de enero de 1790, AGI, Caracas, 327.

haciendo se os guarden las honras, gracias, mercedes, franquezas, exenciones, preeminencias, inmunidades, prerrogativas, y todas las demás cosas que por razón de él debéis haber y gozar y os deben ser guardadas bien y cumplidamente sin que os falte alguna de ellas...[13]

Un despacho idéntico habían obtenido varios de sus ancestros: su papá don Sebastián Rodríguez del Toro, había sido regidor, síndico general y alcalde ordinario del Cabildo de Caracas, al igual que su abuelo Francisco de Paula Rodríguez del Toro y sus bisabuelos don Juan Bernardo Rodríguez del Toro y Juan Primo Ascanio. Por la línea materna, su bisabuelo Gabriel Remigio de Ibarra y su abuelo Diego de Ibarra habían sido, igualmente, regidores y alcaldes ordinarios de la ciudad.

Pertenecer al Cabildo de la ciudad, además de un símbolo de distinción, jerarquía y prestigio social, constituía una importante cuota de poder político, la más importante a la cual podía acceder de manera directa y sin ningún tipo de obstáculos un criollo principal. De hecho, en el caso de Caracas, los mantuanos se habían convertido en los dueños exclusivos del poder local y lo utilizaban para su propio beneficio.

Los mantuanos y el control del cuerpo capitular

El Cabildo era una institución que había sido creada por los españoles desde la época del poblamiento y ocupación del territorio. Desde sus inicios solamente podían ingresar al Cabildo los vecinos de la ciudad, es decir, los propietarios con renta y oficio conocido. Inicialmente los cargos eran electivos pero muy pronto se convirtieron en venales, esto es que eran ofrecidos a la venta, de manera que los adquirían quienes, además de cumplir con el requisito de vecino, estaban dispuestos a comprarlos.

---

13 Título de regidor llano de la Ciudad de Caracas al Marqués del Toro, San Lorenzo, 17 de diciembre de 1794, AGI, Caracas, 51.

En Caracas la tendencia que terminó por imponerse fue la del control exclusivo del Cabildo por parte de los mantuanos, quienes progresivamente impusieron el principio de que para ingresar al Cuerpo Capitular no bastaba con ser vecino, sino que tenía que demostrarse hidalguía. De esta forma procuraban impedir el ingreso de cualquier otro sector de la sociedad diferente a ellos, incluyendo a los nativos de España.

El interés primordial de los mantuanos –y en eso fueron particularmente diligentes los Rodríguez del Toro– era beneficiarse de las prerrogativas y ventajas que se derivaban de pertenecer y controlar el organismo capitular. Desde el Cabildo los nobles caraqueños se ocuparon de solicitar y obtener todo tipo de privilegios en la comercialización del cacao ya que, en su gran mayoría, los regidores eran cosecheros de este producto. También desde el Cabildo los mantuanos caraqueños fueron particularmente activos en sus reparos y controversias contra la Compañía Guipuzcoana en la obtención de diferentes beneficios comerciales y en su oposición y rechazo a cualquier medida que pudiese afectar sus intereses o prerrogativas, fuesen estos económicos, políticos o sociales. En la práctica ejercían el poder como una oligarquía, beneficiándose directamente del control que alcanzaron sobre el organismo gubernativo de la ciudad.

Un episodio ilustrativo de la manera de proceder de los mantuanos para garantizar el control del Cabildo ocurrió varios años antes de que el marqués del Toro adquiriese el cargo de regidor perpetuo. El suceso tuvo lugar en 1767, cuando salió a pregón el cargo de regidor y se presentaron dos aspirantes: uno mantuano y el otro peninsular. El primero era Francisco Felipe Mijares de Solórzano, marqués de Mijares, y el segundo don Joaquín del Castillo y Veitia, un particular.

El argumento que opuso el marqués de Mijares ante la Junta de la Almoneda para que se privilegiara su oferta sobre el cargo era que debía ser preferido en el remate del oficio y por menor precio, pues concurrían en su persona mayor lustre y distinción, en atención al título nobiliario que lo distinguía, por los empleos públicos que habían desempeñado sus ascendientes y por ser descendiente por ambas líneas de pobladores y conquistadores de estas tierras a quienes Su Majestad deseaba beneficiar con los empleos. Para dar mayor peso a su alegato argumentaba que así estaba contemplado en las Leyes de Indias y en las repetidas Reales Órdenes de Su Majestad.

Sin embargo y para sorpresa de Mijares, el otro aspirante consideró que tenía todo el derecho a presentar sus méritos, calidad, hidalguía y servicios prestados a la Corona, a fin de participar él también en la puja por el mencionado oficio.

Se presentó entonces el apoderado del marqués de Mijares, don Francisco de Ponte y Mijares, quien además de ser su pariente era uno de los alcaldes del Ayuntamiento e insistió en que debía preferirse a Mijares, ya que su calidad y linaje eran visiblemente superiores a los de Castillo Veitia. El marqués de Mijares pertenecía «por todos los costados» a las familias que se habían mantenido ocupando los puestos honrosos y de primera estimación de la provincia. Una lista de los títulos y mercedes nobiliarias de los ancestros de Mijares demostraba ampliamente la superior calidad de este frente a la de su oponente, quien ni siquiera era nativo de estas tierras. El marqués de Mirajes era nieto paterno de un caballero del hábito de Alcántara que lo había sido el señor marqués de Mijares; bisnieto del capitán don Antonio Tovar y Pacheco, caballero del hábito de Santiago; nieto materno del maestre de campo don Juan Mijares de Solórzano, caballero del hábito de Calatrava, y bisnieto materno del capitán don Juan Ascanio y Guerra, caballero del hábito de Santiago. Mientras que Castillo Veitia, su familia y la de su mujer jamás habían obtenido empleos públicos en esta ciudad y, además, ni siquiera había nacido en ella ya que era originario de la provincia de Cantabria.

A pesar de los alegatos de Mijares, el pleito se prolongó ya que Castillo Veitia se empeñó en disputarle el oficio. Finalmente el asunto se decidió a favor del marqués. No obstante, para salirse con la suya tuvo que aumentar la suma ofrecida originalmente y superar la oferta de su contendor.

El incidente es ilustrativo porque refleja el convencimiento de los mantuanos de que por su origen e hidalguía eran los llamados a ocupar los cargos concejiles, de forma tal que a la hora de un remate debían ser privilegiados sobre el resto de los pobladores y mantener así bajo su control el gobierno de la ciudad. Además, no fue esta la única vez que ocurrió algo similar. Unos años más tarde, nuevamente como consecuencia del empeño de los mantuanos de controlar el Cabildo de la capitalina, el rey se vio en la necesidad de intervenir para contener la voracidad política de los mantuanos caraqueños.

Mantuanos *vs.* peninsulares

En 1769, poco tiempo después del pugilato entre Mijares y Castillo Veitia, un grupo de peninsulares denunció ante el rey la intrincada red de relaciones familiares que caracterizaba el Cabildo caraqueño. Según dejaban saber al monarca en un largo memorial con fecha 15 de junio, todos los miembros de la corporación estaban emparentados entre sí: don Francisco de Ponte y Mijares, alcalde de primera elección y regidor, era tío carnal del regidor marqués de Mijares y de su mujer, y además era su curador, al mismo tiempo era cuñado y primo carnal del regidor don Miguel Blanco y este tío del dicho marqués y de su mujer y todos a su vez primos del alcalde provincial don Luis Blanco, pariente también del alcalde de segunda elección don Juan de Ascanio, del procurador general don Diego de Monasterios y del regidor Galindo y Tovar. A ello se agregaba que el conde de San Javier, asesor del Cabildo, era primo de todos los antes dichos, de manera tal que se encontraba la ciudad regida por así decirlo de una sola familia en lo civil[14].

Ello obedecía a que los mantuanos en la medida en que se habían adueñado del Cabildo obstaculizaban e impedían el ingreso de aquellos vecinos que no fuesen sus parientes o allegados, es decir, criollos principales, descendientes de conquistadores o hidalgos de reconocida prosapia y calidad.

El reclamo de los españoles fue atendido por la Corona. Una Real Cédula con fecha 12 de septiembre de 1770 ordenaba que los españoles y europeos avecindados en la ciudad de Caracas podían y debían entrar en igualdad de condiciones que los criollos a los empleos públicos y que una de las dos varas de Alcalde debía recaer siempre en uno de los españoles europeos. El propósito era que, efectivamente, hubiese un mayor equilibrio en el gobierno de la ciudad y que no estuviese exclusivamente en manos de los criollos, como denunciaban los peninsulares.

Leída la Real Cédula en el Cabildo de la ciudad, los mantuanos se apresuraron a contestar que cumplirían fielmente el contenido de aquel mandato. Sin embargo, muy poco tiempo después, hicieron caso omiso de esta e intentaron, nuevamente, obstaculizar la presencia de los españoles en el cuerpo capitular.

Feliciano Palacios y Sojo, alférez real del Cabildo capitalino, convocó a varios miembros del Ayuntamiento a una reunión en su casa el día 22 de septiembre de 1772. Los convocados fueron Martín Jerez de Aristeguieta, don José Francisco Landaeta, don Joseph Galindo, don Luis Blanco y Blanco y don Domingo de Monasterios, todos ellos regidores del Cabildo. En la reunión les hizo entrega de una representación redactada por él para que

---

14   Joachin de Castillo Veitia, Juan Ignacio de Lecumberry, Fermín de Echeverría, Antonio de Egaña, Esteban Antonio de Otamendi, Martín de Echeverría, Manuel de Clemente y Francia, Francisco Antonio García de Quintana, Ángel Gómez, Bernardo Vélez Cossío a V. M., Caracas, 15 de junio de 1769, AGI, Caracas, 234, reproducido en Lila Mago de Chópite y José Hernández Palomo. *El Cabildo de Caracas (1750-1821)*. Consejo Superior de Investigaciones Científicas, Universidad Pedagógica Experimental Libertador, Sevilla, 2002, p. 181.

la firmaran todos los presentes en la cual le explicaban al Monarca los motivos por los cuales resultaba dificultoso cumplir con el mandato de la Real Cédula de 1770 que mandaba alternar la vara de Alcalde con los españoles europeos y que ordenaba admitirlos en igualdad de condiciones que a los criollos. Según decía Palacios y refrendaban los capitulares, la razón era muy sencilla: los españoles europeos avecindados en Caracas eran muy pocos, estaban mal casados y no tenían bienes con que soportar la dignidad de los oficios concejiles.

Al enterarse los españoles del contenido de la representación redactada por Palacios y refrendada por los capitulares, le escribieron inmediatamente al rey para ponerlo al tanto de las maquinaciones del alférez real, de las arbitrarias disposiciones de los criollos caraqueños y para quejarse de las ofensas y agravios que se proferían contra ellos en la citada representación[15].

Denunciaban a Palacios como el instigador y promotor del movimiento, quien, ciego y deslumbrado por el poder que tenía en la ciudad, quería imponer sus designios y entorpecer la presencia de los españoles en el Cabildo capitalino. Todo lo que decía la representación no solamente era falso sino que constituía una injuria atroz contra ellos y sus mujeres. Estaba claro que el propósito político de aquel escándalo no era otro que excluir a todos los españoles de los oficios de la República y asegurar el partido de los mantuanos en el Ayuntamiento.

No les faltaba razón a los denunciantes. Para ese momento, de los 19 cargos de regidores que había en el Cabildo 15 estaban en manos de los criollos. Era esta ostensible mayoría la causa fundamental de las audaces e irreconciliables provocaciones que adelantaban los mantuanos contra los españoles.

---

15 «Los españoles europeos establecidos en Caracas representan a V.M. nuevos atentados de los Criollos coligados con el Gobernador para injuriarlos y piden a V.M. se digne mandar se les oyga en justicia proveiéndoles de Tribunal imparcial», 17 de octubre de 1774, AGI, Caracas, 234, en Mago de Chópite y Hernández Palomo. *El Cabildo de Caracas*, pp. 235-247.

No les queda más remedio que dramatizar su descontento ante el Monarca haciéndole ver la terrible situación en la que se encontraban y las injurias y atropellos de que eran objeto por el simple hecho de haber nacido en España:

... Señor: Que quien busca enemigos los halle es muy natural. Que quien por una vana presunción y por una mal formada idea de la Nobleza, pretenda ajar a otro halle en su soberbia el escarmiento es muy ordinario. Que quien no ha conocido los halagos y dulzuras de una vida civil bajo la protección de un Príncipe poderoso y bajo de unas leyes sabias y prudentes tenga su vida, su honra y su hacienda expuestas a la violencia, a la malicia y a la rapiña y aun su natural libertad a la esclavitud, como sucede a los negros de las costas de África, es muy necesario. Que quien con molestas o injustas demandas fatiga y cansa los Tribunales se haga odioso y desatendido, aún para las justas, no es extraño. Últimamente, que quien es peregrino no halle favor en el País extraño tampoco es de muy admirar. Pero, Señor, que quien vive pacífico con sus vecinos no halle paz con ellos, que quien se aprecia de Noble para ser más honrado se vea despreciado, injuriado y vilipendiado, que quien vive bajo de la protección de V.M. y de sus leyes no halle seguridad ni defensa para su vida, para su honra, para su hacienda, mujeres e hijos, que quien ni aún es conocido en los tribunales halle injurias cuando busca justicia, y por fin que quien vive en su Patria no merezca ni aún el trato que la semejanza influye hacia cualquier peregrino es lo más irregular, lo más extraño y lo más inaudito que se puede pensar. Increíble se hace y casi aún para paradoja es demasiada esta desgracia. Pero ella es real, Señor, es efectiva y patente. Los Españoles Europeos la sufren en Caracas, y la sufren porque nacieron en España, éste es su delito no otro.

Visiblemente molestos por la soberbia e intransigencia de los mantuanos, aprovechan la ocasión para burlarse y satirizar la pretendida nobleza de los criollos, sus falsos blasones, su ilusoria hidalguía y la insoportable vanidad que los distinguía. No les impresionaba la sangre ilustre de los Sojos, Blancos, Toros, Jereces, Monasterios, Galindos y Landaetas, ni la de otros tales que solo se contentaban con ilustrar a sus familias con los tres actos positivos que constituían la Nobleza de Caracas: el cargo de alcalde de primera elección, la Vara de Palio y las Andas del niño Jesús o nuestra Señora del Rosario del convento de San Jacinto de esta Ciudad.

No satisfechos con esta arbitraria cuanto ridícula nobleza, los nobles de Caracas apreciaban una mera información de limpieza de sangre como el documento más autorizado de una de las Cancillerías de España y una certificación de alcalde como la más indubitable y solemne prueba de hidalguía. Sin embargo, sus privilegios no estaban a la vista, no había vestigios de sus antiguos palacios ni los retratos de sus héroes podían advertirse en sus antecámaras, tampoco se notaban ni se leían sus lápidas sepulcrales; ninguno de estos grandes mantuanos tenía monumento alguno con que alimentar su vanidad.

Para los españoles europeos las pretensiones de los mantuanos no eran expresión sino de la maligna envidia que les despertaba el nombre español, la cual querían encubrir con su pretextada nobleza sin darse cuenta de que a cualquier español le era más fácil probar ocho abuelos conocidos por una y otra línea que a ellos tres.

La irritación de los españoles era inmensa. No estaban dispuestos a aceptar que estos «falsos hidalgos» los injuriasen afirmando que no tenían calidad. Tampoco estaban dispuestos a aceptar que infamaran a sus mujeres diciendo que estaban «mal casados» y, finalmente, rechazaban de manera categórica que se hubiese dicho que no tenían bienes de fortuna con que soportar dignamente los oficios concejiles. Además, el asunto había trascendido. Toda la ciudad, para escándalo y oprobio de los agraviados, estaba enterada de aquella bochornosa situación, las actas del Cabildo habían pasado de mano en mano y hasta las mujeres conversaban sobre la materia.

Entre una cosa y otra, y mientras los pliegos iban de Caracas a España y volvían de regreso, transcurrieron dos años. De manera que dos años después todavía el tema dividía a los oponentes. El 22 de octubre de 1774, finalmente, dispuso el Cabildo discutir los reclamos de los españoles europeos. Para sorpresa de los reclamantes, al instalarse la sesión se les solicitó a los pocos regidores españoles que formaban parte del cuerpo que se retirasen, ya que eran parte interesada en el debate y no debían estar presentes. La moción fue rechazada como inadmisible por uno de ellos, don Manuel de Clemente y Francia, pero no hubo caso: la aplastante mayoría criolla del Cabildo impuso que abandonaran el recinto capitular.

Durante los días 22, 31 de octubre y 7 de noviembre se reunieron los capitulares para discutir las quejas de los españoles. Ninguno de los reparos fue tomado en consideración y se descalificó a los quejosos llamándoles mal contentos, falaces, delincuentes, quiméricos y falsos delatores.

Insistían los mantuanos caraqueños en que desde el mismo día que habían recibido la Real Cédula del 12 de septiembre de 1770 no habían hecho otra cosa que cumplir con todo lo que ella establecía y que cuando esto no había ocurrido así era porque los españoles electos se habían inhibido de aceptar el cargo aduciendo motivos legítimos y admisibles. No había, pues, motivos para alarmar al Monarca ni para haber despertado toda aquella alharaca que había consumido ya dos años de papeleo al Cabildo de la ciudad.

El *impasse* se solventó, finalmente, con una nueva intervención del rey, quien insistió, una vez más, en que se diese cumplimiento a su Real Cédula del 12 de septiembre de 1770, reafirmando que para ejercer el oficio de regidor no se requería prueba de hidalguía. Adicionalmente ordenó el rey «silencio perpetuo» sobre el incidente mandando que se borrasen y destruyesen las actas del Cabildo en donde se había discutido la materia y así se hizo[16].

A pesar de las molestias que suscitó el largo y engorroso incidente y de las reconvenciones del Monarca, los criollos siguieron controlando el Cabildo de la ciudad. Ni la real Cédula de 1770 ni los reclamos de los españoles lograron modificar el férreo dominio que ejercieron sobre el gobierno de la ciudad hasta el 19 de abril de 1810.

Pero la pertenencia al Cabildo además de una importante cuota de poder político, otorgaba a sus miembros prestigio y consideración social, lo cual se hacía visible en las conmemoraciones y ceremonias públicas. Todo ello tenía especial significación para la sociedad de entonces, de allí que los miembros del Cabildo, criollos y peninsulares, fuesen particularmente puntillosos a la hora de hacer valer las prerrogativas del cuerpo y las consideraciones que les correspondían a sus miembros como parte del gobierno civil de la ciudad.

Sobre prerrogativas y tratamientos

A mediados del año 1792, cuando el marqués del Toro tenía apenas dos años desempeñándose como regidor del Cabildo fue víctima junto con el Cuerpo Capitular de un inusitado desaire por parte de la Real Audiencia de Caracas.

El suceso ocurrió el día 10 de mayo de aquel año. Invitados los miembros del Cabildo por el presidente de la Real Audiencia para que asistieran al acto de renovación de los Reales Sellos sucedió que al momento de llegar al lugar donde se realizaría la

---

16   Real Cédula del 3 agosto de 1776, AGI, Santo Domingo, 893. Las actas en cuestión efectivamente fueron tachadas completamente siendo imposible leer ni verificar sus contenidos, tal como pudimos comprobar cuando tratamos de consultarlas en las actas del Cabildo de Caracas que reposan en el Archivo del Concejo Municipal.

ceremonia, tomaron asiento todos los miembros de la Audiencia, dejando al marqués del Toro y a los demás miembros del Cabildo de pie y confundidos con la turba de espectadores que se encontraban en el lugar para presenciar la ceremonia[17].

La situación había sido definitivamente bochornosa, no solamente porque se habían pasado por alto todas las disposiciones reales que fijaban los tratamientos y prerrogativas que merecía el Cuerpo Capitular, sino porque además había expuesto a los capitulares a verse confundidos con la gente común, causándoles así una injuria atroz.

Al día siguiente, el Cabildo en su sesión ordinaria decidió dirigirse a la Real Audiencia para manifestarle lo enojoso y molesto que había resultado aquel incidente. Como quiera que la Audiencia no se molestó en contestar al Cuerpo Capitular, decidieron sus miembros dirigir sus quejas directamente al Monarca.

La representación del Cabildo la encabeza el marqués del Toro, lo acompañan José Ignacio de Michelena, Gerónimo Blanco y Plaza, Feliciano Palacios y Sojo, Luis Blanco y Blanco, José Escorihuela, José Hilario Mora, Francisco Antonio García de Quintana y José María Muro. La queja no se limita al episodio ocurrido el 10 de mayo cuando la renovación de los Reales Sellos, sino que se denuncia a la Real Audiencia por su recurrente actitud contra el Cabildo capitalino desde que se había instalado el Alto Tribunal en la ciudad de Caracas, en el año de 1786.

En opinión del marqués del Toro y de quienes lo acompañaban como miembros del Cuerpo Capitular, la Real Audiencia se había empeñado en ostentar su autoridad, despojando al Cabildo, privándolo de su esplendor y desairando al Cuerpo y a sus individuos en todas las funciones y concurrencias a las que les correspondía asistir. La lista de afrentas era abultada: los había privado de bancos adornados que usaban mandándoles que solo se

---

17 «El Cabildo de Caracas hace presente a V.M. el público desaire que sufrió de la Real Audiencia», Caracas, 11 de junio de 1792, AGI, Caracas, 325, folio 7.

sirvieran de una banca rasa sin respaldares ni ningún tipo de orna-
to; prohibió que a su entrada a las iglesias, en concurrencia de
la misma Audiencia, se les suministrase agua bendita por asper-
sión por medio de un capellán, como inalterablemente se les había
suministrado; en la Real Proclamación de su Majestad Carlos IV
desdeñó la Audiencia asistir con el Cuerpo del Ayuntamiento al
tablado capitular que se dispuso en la plaza y formó otro por sepa-
rado a la derecha de los Reales Retratos de Su Majestad, privando
con este motivo al reverendo obispo del lugar que le correspondía
para la expectación de esta función; también se había negado la
Real Audiencia a acompañar el Real Pendón para excusarse así de
concurrir a la Sala Capitular donde sería conducido por el Cabildo y la nobleza de la ciudad hasta la Iglesia Catedral, negándose
también a recibir al procurador general, a quien el mismo Cabildo
había diputado para representarle lo «... poco reverente y escanda-
loso que le parecía su negativa a esta concurrencia».

Cada uno de estos incidentes y otros de menor bulto, menos-
cababan el esplendor del Cabildo y eran demostración fehaciente
de los repetidos desaires que les había irrogado el alto tribunal.
En cada uno de estos casos, el Cabildo se había comportado de
manera tolerante, modesta y sumisa, sin obtener ninguna satisfacción de la Real Audiencia, sin embargo, la Audiencia, indiferente
a los reclamos del Cabildo, había continuado sus vejámenes públicos, despreciando la investidura del Cabildo. Ello era lo que había
motivado la representación al Monarca.

Consideraban los capitulares que lo sucedido el 10 de mayo,
unido a las demás ocurrencias descritas, eran la causa de que el
Cabildo se encontrase sin el competente número de regidores
para el servicio público. Once oficios vacantes tenía el Cabildo de
Caracas, lo cual no era sino el resultado de la desestimación con
que era tratado el Cuerpo Capitular inhibiéndose los vecinos honrados de ingresar a él, para no verse sometidos a estos recurrentes
«sonrojos».

Le suplicaban al Monarca que interviniese en el asunto a fin de moderar el abuso de autoridad de que hacía gala la Real Audiencia; le solicitaban que cada vez que el Ayuntamiento asistiera en Cuerpo a la Sala de la Real Audiencia se dispusieran los asientos distinguidos que se usaban en las fiestas de la Iglesia y en las funciones públicas y, finalmente, que en las funciones públicas a las cuales asistía también la Audiencia, se ubicase al Cabildo en el lugar que le correspondía y con preferencia a todos los demás cuerpos civiles de la ciudad. Distinción, preferencia y tratamiento de acuerdo al honor y prerrogativas del Cuerpo y sus individuos era lo que solicitaban el marqués del Toro y sus compañeros del Cabildo capitalino. No estaban dispuestos ni el marqués ni los hombres del Cabildo a tolerar que se les irrogasen injurias que pusiesen en entredicho el honor de la corporación y la consideración especial que merecían sus distinguidos miembros. Estaban en la obligación de hacer valer el mandato estampado por el Monarca en sus títulos de regidores en los cuales se ordenaba que se les guardasen las honras, gracias, mercedes, franquezas, exenciones, preeminencias, inmunidades y prerrogativas correspondientes al oficio que les había sido otorgado por Su Majestad.

Pero si el marqués del Toro como miembro del Cabildo no estaba dispuesto a aceptar injurias de la Real Audiencia, mucho menos estaba en condiciones de admitir que el cura de Guacara no estuviese atento a las prerrogativas y tratamientos que le correspondían como noble titulado y oficial de las Milicias del Rey.

Contra la odiosa rivalidad del cura de Guacara

De manera pues que en 1808, vemos al marqués del Toro envuelto en una querella contra el cura párroco de Guacara, don Pedro de Osío, ya que este había resuelto suprimir el tratamiento de Señoría para referirse a su persona en las representaciones dirigidas a la Real Audiencia para tratar asuntos relativos a los naturales del pueblo de Guacara y también había omitido el mismo tratamiento en las proclamas públicas de los matrimonios de sus esclavos, en las partidas de su efectiva celebración, en las de Bautismo y en las de sus entierros[18].

Al marqués del Toro le parecía muy sospechosa esta intempestiva omisión del uso de Señoría para referirse a su persona por parte del cura de Guacara, ya que con anterioridad siempre lo había distinguido con el tratamiento correspondiente. Tenía motivos para pensar que ese cambio de estilo procedía no de la ignorancia de sus prerrogativas sino de la odiosa rivalidad que había empezado a profesarle luego de que en grave perjuicio suyo se había declarado injusto protector de los individuos que se decían naturales del expresado pueblo de Guacara, turbando la buena armonía que llevaba con su persona y prolongando sus encontrados sentimientos hasta el extremo de privarlo del amor que en justicia le correspondía.

Con esa reprensible actitud, el párroco de Guacara estaba promoviendo un escándalo público. No podía el marqués desentenderse de la conducta irregular que mantenía el cura Osío, máxime cuando el agravio y desprecio hacia su persona involucraba también al de su dignidad, hacia la cual estaba de tal modo inherente el tratamiento de Señoría que el rey mandaba a todos que se la diesen dentro y fuera del cuerpo y en actos públicos y privados, tal como asentaban las Ordenanzas y Reales declaratorias sobre la materia.

Para resolver el enojoso asunto el marqués del Toro exigía que se diese orden al comandante de armas del pueblo de Guacara para que visitase al cura don Pedro de Osío y lo intimase a fin de que, en lo sucesivo, incluyese el distinguido tratamiento de Señor en las proclamas de sus esclavos, en las partidas de matrimonio

---

18 «El Señor Marqués del Toro quejándose de que el cura de Guacara don Pedro Osío, no le da el tratamiento de señoría que le corresponde», Archivo Academia Nacional de la Historia (AANH), Año 1808, letra M, N°45, folio 1.

de estos, en las de sus bautismos y entierros y en todos los actos públicos o privados de palabra o por escrito que tuviesen relación con su persona, anunciándole que en caso de incurrir en una nueva y voluntaria omisión se tomarían las providencias convenientes.

Solicitaba también que se le pasara oficio al señor provisor vicario general a fin de que ordenase al vicario de la ciudad de Valencia que, con intervención del comandante de armas de Guacara, pasaran al expresado pueblo y se registraran los documentos del Archivo Parroquial para intercalar la palabra *Señor* en todas las actas en que estuviese suprimida y se hiciese relación de su persona poniendo al margen la nota correspondiente.

Finalmente, demandaba que se corrigiese al cura y se le previniese de abstenerse de «... introducir en su Iglesia novedades odiosas e hijas de sentimientos particulares».

El marqués no estaba dispuesto a consentir que el cura de la parroquia en la cual se encontraba una de las más importantes propiedades de la familia –la hacienda Mucundo, fundada por el I marqués del Toro– saliese en defensa de los naturales en detrimento de su persona y, que además, se negase a dispensarle los tratamientos correspondientes a su dignidad militar y a su calidad nobiliaria.

La protesta del marqués y sus exigencias fueron vistas por el señor gobernador y capitán general de la provincia el 27 de mayo de 1808. La resolución fue aceptar todos sus requerimientos. En los días siguientes se emitieron las órdenes respectivas para que se le hiciese entender al venerable cura de Guacara que debía tratar con el título de *Señor* al señor coronel marqués del Toro y para que se hiciesen las correcciones solicitadas por el marqués en todos los libros parroquiales de Guacara, incluyendo el tratamiento de señor cada vez que aparecía su nombre en cualquiera de las partidas de matrimonio, bautismo o defunción de alguno de sus esclavos. Y así se hizo.

El marqués logró imponer su autoridad y prestigio ante el cura y los habitantes de Guacara, a fin de que se tuviesen presentes la estimación y la consideración que por su dignidad militar y alta investidura nobiliaria le correspondían.

El marqués del Toro, sus ascendientes y, como ellos, toda la nobleza provincial eran los garantes del orden social, los responsables directos de mantener y defender el estatuto jerárquico de la sociedad, requisito esencial para la estabilidad y tranquilidad de la provincia. De ello se ocuparon cada vez que lo consideraron conveniente, a fin de impedir cualquier perturbación que pudiese modificar el orden desigual de la sociedad, garantía fundamental de su predominio político y social.

En defensa de la igualdad

El ejemplo de sus mayores

En la ciudad de Caracas, cuando el futuro marqués no había cumplido 10 años, ocurrió un episodio en el cual estuvo involucrado de manera activa y visible su padre, don Sebastián Rodríguez del Toro, III marqués del Toro, y los más importantes mantuanos caraqueños.

El 16 de abril del año de 1769 convocó el capitán general a un acto solemne y público a realizarse en la Plaza Mayor de la ciudad, cuyo objeto era reunir y formar las Compañías de Milicias de la ciudad y organizar sus respectivos batallones.

Ocurrió entonces que al ser llamado don Juan José Tovar para ocupar el cargo de alférez de la tercera compañía de fusileros, este se negó a aceptar la distinción si antes el Cabildo no le daba su consentimiento ya que ocupaba allí el cargo de regidor.

El capitán general, visiblemente molesto por la imprevista novedad, le contestó que Su Majestad no honraba a nadie con condiciones semejantes y que no tenía el Cabildo que hacer con el capitán general y que el rey no necesitaba tales servidores; le ordenó retirarse y nombró en su lugar a don José Antonio de Bolívar. El incidente había ocurrido a la vista de más de 2000 personas que se encontraban en la ceremonia y ante la totalidad del batallón.

Al día siguiente, don Juan Nicolás Ponte y Mijares, quien había sido designado comandante del citado batallón, convocó a su casa a todos los oficiales que habían recibido nombramientos el día anterior. En la lista figuraba don Sebastián Rodríguez del Toro. Reunidos en su casa expuso a los asistentes, entre quienes se encontraban tres oficiales españoles, que ninguno de los criollos allí presentes estaba dispuesto a aceptar el nombramiento de Sebastián de Miranda como capitán del batallón de Milicias de Blancos de la ciudad de Caracas, porque Miranda era un mercader, porque en su casa se hacía pan y porque se decía entre sus paisanos que era un mulato. Sebastián de Miranda era el padre de Francisco de Miranda.

El propósito de la reunión era ponerse de acuerdo para presentar un memorial pidiendo la exclusión de Miranda del batallón y que de no ser así, no aceptarían los nombramientos hechos el día anterior. El memorial lo estaba preparando el conde de San Javier en su casa y todos los criollos estaban conformes con firmar la representación.

Se le preguntó entonces a los españoles si estarían dispuestos a sumarse a la iniciativa de los criollos y estos respondieron que, siempre que estuviesen justificadas con documentos las faltas que se expresaban, estarían dispuestos a firmar a condición de que primero lo hiciese el comandante y luego cada uno de los oficiales por orden de graduación.

Al retirarse de la casa de Ponte, los tres españoles fueron requeridos por un emisario del conde de San Javier para que se acercaran a su domicilio. Estando allí fueron informados de que ya estaba casi listo el memorial para la exclusión de Miranda y que de no hacerse así, todos dejarían sus empleos. Habían acordado, igualmente, elevar el asunto a la consideración del Cabildo de la ciudad. La respuesta de los oficiales españoles fue la misma que habían hecho en casa de Juan Nicolás Ponte y Mijares.

Ese mismo día se reunió el Cabildo de la ciudad. La opinión del Cabildo fue que, efectivamente, en la ceremonia del día 16 se habían hecho algunos nombramientos para formar parte del batallón de las Milicias de Blancos de la ciudad que habían recaído en algunos «forasteros» y que muchos de ellos, aun cuando estaban adornados de circunstancias, no las poseían con la suficiente notoriedad para hacer una total impresión en el espíritu de los individuos de aquellas milicias.

Decidió el Cabildo que era conveniente hacerle ver al gobernador y capitán general que en los nombramientos hechos el día 16 habían quedado excluidos y apartados del servicio varios sujetos de calidad notoria. Por tanto, se permitía sugerirle al alto funcionario que le permitiese al Cabildo hacer las propuestas y nombramientos referidos, ya que sus miembros tenían noticia exacta de los méritos y circunstancias de sus vecinos y que, mientras esto ocurría, diese por nulos los nombramientos hechos, ya que estaban carentes de estos requisitos[19].

Convenidos en rechazar el nombramiento de Miranda, cada uno de los oficiales escribió una comunicación al capitán general para manifestarle su desacuerdo y renunciar al nombramiento, hasta que Miranda fuese excluido del batallón.

El 18 de abril, don Sebastián Rodríguez del Toro le escribe al capitán general. El contenido de la carta es como sigue:

...la admisión de Sebastián de Miranda a uno de estos empleos no se conforma bien así al decoro y decencia que por respeto a S.M. debe tratarse, como ni tampoco a la Real Ordenanza que previene solo hayan de ser admitidas personas distinguidas a estos empleos y no siendo de esta clase el dicho Miranda ya sea por su persona que notoriamente ejerce oficio de mercader, ya sea por su calidad de la que se dice haberse dudado y litigado enjuicio, y como tal está casado con una panadera de esta ciudad. Por todo lo que no siendo decente y correspondiente a mi calidad alternar con el dicho Miranda. Suplico a V.S. excluirlo del Cuerpo de oficiales de

---

19   Reunión del Cabildo de Caracas, 17 de abril de 1769. El acta de la reunión fue eliminada, sin embargo, su contenido fue tomado de la representación hecha por los españoles al rey para quejarse de la actuación de los mantuanos caraqueños ya citada en el capítulo anterior.

este batallón y de lo contrario admitir la renuncia que para el hago de mi nombramiento y no del Real Servicio que con mis armas continuaré con la mayor exactitud pero en términos que por decentes sean conformes a mi persona e intención de S.M.

El Marqués del Toro[20].

Por la exclusión de Miranda de las Milicias del Rey

Ese mismo día recibe el capitán general cartas similares de los más representativos criollos de la capital provincial: Francisco Felipe Mijares de Solórzano, IV marqués de Mijares; Francisco Palacios y Sojo, quien había servido al rey por 12 años en la misma compañía; Martín de Tovar y Blanco, capitán y comandante de las Milicias del Rey y segundo teniente de la Noble y Distinguida Compañía de Caballeros Aventureros de la ciudad de Caracas; Gabriel y José Antonio Bolívar y Arias, nombrados alférez de la compañía en cuestión; don José Galindo y Antonio Blanco y Herrera, también miembros del Real Servicio, todos coincidían en su reclamo. Ninguno estaba dispuesto a alternar en las Milicias del Rey con el hijo de un barquero, un hombre que había sido cajonero, mercader y que compartía su existencia con una panadera. Sebastián Miranda era un hombre del común, sin calidad ni hidalguía, por tanto no merecía compartir con ellos la distinción que se le había otorgado al incluirlo con el grado de capitán en el batallón de blancos de las Milicias del Rey.

A estas cartas dirigidas a título individual remiten una de carácter colectivo cuyo propósito era manifestarle la vergonzosa situación en la cual se había colocado a toda la nobleza de la ciudad con el nombramiento hecho a Sebastián Miranda.

Alegaban los criollos que Miranda, no solamente era mercader y estaba casado con una panadera sino que, además, y esto

---

20   El marqués del Toro al señor gobernador y capitán general, Caracas, abril 18 de 1769. AGI, Caracas, 234.

revestía mayor gravedad, era un mulato. La relación era sencilla: Miranda estaba emparentado con gente de esta clase ya que uno de los capitanes del batallón de mulatos llamado Juan Custodio de Céspedes estaba casado con una tía de la mujer de Miranda, de quien Miranda era cuñado por hermano de esta y otro de los parientes de su mujer había estado casado antes, también con una mulata. En consecuencia, Sebastián Miranda era mulato, no de otra manera podría explicarse que estuviese emparentado con gente de esta condición[21].

Resultaba inadmisible, entonces, que se le hubiese nombrado con el grado de capitán para fomar parte de las Milicias de Blancos de la ciudad en la cual solo debían ser admitidos aquellos blancos notorios por su calidad, nobleza y linaje indubitables.

Vista la gravedad de la situación, el capitán general decidió convocar a una reunión social en su casa con el fin de sosegar los ánimos y procurar un entendimiento amistoso entre las partes. A la velada asistieron Juan Nicolás Ponte, comandante del Batallón de la discordia; don Martín Tovar y Blanco, teniente de la noble y distinguida compañía de caballeros aventureros y futuro conde de Tovar, quien además era el padre de José de Tovar, el joven que había molestado al gobernador en el acto del día 16 y la mayoría de los oficiales firmantes de las cartas exigiendo la expulsión de Miranda.

El convite no tuvo el resultado esperado: Juan Nicolás Ponte y Martín Tovar, en presencia del gobernador, injuriaron a Miranda e insistieron en sus reparos. Al día siguiente Sebastián de Miranda solicitó su retiro de la Compañía y abrió causa a Ponte y Tovar por injurias y calumnias contra su persona. Ese mismo día, el capitán general aceptó la solicitud de retiro de Miranda, le concedió la baja y en atención a los servicios prestados por más de 20 años

---

21 Juan Nicolás Ponte y Mixares y los demás firmantes, al capitán general, 18 de abril de 1769, AGI, Caracas, 234.

ordenó que se le conservaran las gracias, honras y preeminencias correspondientes a su investidura de capitán.

El conflicto no concluyó allí. El Cabildo que ya se había pronunciado sobre la materia, decidió elevar su queja ante el rey para exponerle los atropellos y desaires cometidos por el capitán general contra la nobleza de la ciudad. No se limita a exponer las ocurrencias del día 16 de abril sino a narrarle también otros episodios demostrativos de los recurrentes desaires del capitán general a los más elevados miembros de la nobleza capitalina. Primero, había ocurrido en la propia casa del capitán general, a la cual habían sido invitados a merendar hombres de la plebe con títulos y personas muy nobles. Luego, había ocurrido algo similar en el estrado de la gobernadora, a donde se había visto reunirse a un mismo tiempo a distinguidas matronas de la nobleza con mujeres de baja condición.

Todo aquello molestaba particularmente a los miembros del Cabildo ya que era demostración de que en la ciudad de Caracas daba lo mismo ser un plebeyo o isleño de las Canarias, un barquero allá o un cajonero aquí que ser caballero, noble, cruzado y aún titulado. Era, pues, un desdén inadmisible el que cometía el gobernador contra la gente principal de la ciudad.

En el caso particular de Sebastián Miranda, decía el Cabildo que para no escandalizar habían actuado todo el tiempo guiados por la moderación y la prudencia, colocando especial empeño en *no afirmar nunca como cosa cierta nada que no fuese visible.* No habían dicho que fuese mulato, sino que se decía en la ciudad, por sus propios paisanos que podía serlo. Y, en el caso de que efectivamente fuese blanco y no mulato como se decía, no había la menor duda respecto a que era un hombre ordinario y de bajas conexiones.

Se habían cuidado, pues, de no afirmar nada que no estuviese a la vista y también se habían inhibido de iniciar un proceso judicial con declaración de testigos, precisamente para contribuir con la armonía y la paz públicas. No podía entonces decirse que los animaba la pasión ni la animadversión contra Miranda. Todo lo contrario: solo el amor a Su Majestad, el temor de Dios y el deseo de contribuir al bienestar público motivaban la gestión que hacían ante el Monarca.

La petición era sencilla. Suplicaban al Monarca que se dirigiese al gobernador para advertirle que, en lo sucesivo le evitase «...vergonzosos sonrojos a la nobleza». Ellos, por su parte, se comprometían a colaborar con el fortalecimiento de las Milicias y a contribuir con los arbitrios necesarios ante la Real Hacienda[22].

Pero esta no fue la única diligencia adelantada por los capitulares. Don Francisco de Ponte, alcalde de primera elección, acusó a Miranda por el uso indebido del uniforme y el bastón de oficial del batallón de blancos. Alegaba don Francisco que Miranda no podía hacer uso del uniforme ni del bastón porque nunca había servido allí y no tenía patente ni documento alguno que lo autorizara. Le exigía que se presentara ante el Cabildo para que justificara el uso de ambas distinciones; de lo contrario, se castigaría su infracción con un mes de cárcel y si reincidía se le aumentaría la pena a dos meses, se le retirarían el uniforme y el bastón, se venderían por piezas y se utilizaría el producto de la venta para contribuir con la manutención de los presos.

El capitán general intervino a favor de Miranda argumentando que él mismo lo había autorizado al otorgarle el retiro con las gracias, honras y preeminencias correspondientes y les advertía que se abstuviesen de seguir molestándolo. Los españoles también intervinieron en la querella a favor de Miranda y aprovecharon la ocasión para denunciar las arbitrariedades y excesos cometidos por los criollos desde el Cabildo. Miranda, por su parte, solicitó que se diese inicio a los autos y testimonios que le permitiesen demostrar su limpieza de sangre y la de su mujer. Todos los papeles de esta

---

22 *Ibidem*, p. 175.

prolongada y engorrosa trifulca fueron a parar a España y sometidos a la consideración del Consejo de Indias.

Transcurrido más de un año, el rey se pronunció sobre los acontecimientos de Caracas. La respuesta del Monarca desautorizó de manera contundente todas las actuaciones de los mantuanos del Cabildo capitalino. Sus órdenes eran terminantes:

> ...bajo de graves penas y de privación perpetua de oficios, ordeno os abstengáis en adelante deformar acuerdo alguno acerca de los asuntos de milicia, y que se tilde y se borre de vuestro libro capitular el del día diez y siete de abril del año próximo antecedente, para que no quede ejemplar de él; y al propio tiempo os advierto que han sido de mi real desaprobación las notables y visibles equivocaciones en que habéis incurrido: lo primero en convocar a Cabildo al día siguiente de la formación del expresado batallón para tratar o declarar como lo hicistéis con poco número de capitulares y sin noticia y concurrencia del Gobernador, una materia tan grave como la de que os era privativo el proponerme personas para los empleos de él: lo segundo, en deprimir que eran nulos los nombramientos hechos por el mencionado Gobernador porque incluyó o interpeló a algunos forasteros, haciéndole saber, y exhortándole para que así lo declarase; y lo tercero el que figurando facultades que no tenéis hubierais dispuesto que el Alcalde Ordinario don Francisco de Ponte y Mijares enjuiciare en su tribunal a Don Sebastián de Miranda sobre el uso del uniforme[23].

Respecto a esto último las instrucciones eran las mismas que había dado el capitán general: Sebastián de Miranda estaba autorizado por el rey a gozar de las preeminencias propias de su investidura militar y, por tanto, podría usar el bastón y vestir el uniforme reformado de capitán del nuevo batallón de milicias de la ciudad de Caracas.

---

23   Real Despacho de Carlos III al Ayuntamiento de Caracas, dado en San Ildefonso el 12 de septiembre de 1770, Caracas, Archivo del Concejo Municipal de Caracas.

Para finalizar, el rey impuso perpetuo silencio sobre el asunto, prohibiendo que se indagase sobre la calidad y origen de Sebastián de Miranda bajo pena de privación de empleo a cualquier militar o individuo de ese Ayuntamiento que por escrito o de palabra le moteje o no le trate en los mismos términos que acostumbraba anteriormente.

La respuesta del rey no modificó el parecer de los mantuanos respecto a Sebastián de Miranda, tampoco introdujo ningún cambio en la convicción compartida de que todos ellos eran el sector más elevado y privilegiado de la sociedad provincial y que, como tales, tenían la obligación de defender y preservar el estatuto desigual de la sociedad.

De hecho, no solamente se negaron a alternar con Miranda y con cualquiera que no fuese blanco y principal sino que, además, fueron siempre puntillosos en la protección y conservación de sus linajes. Convencidos de que la hidalguía era un bien transmisible por la sangre, la práctica frecuente entre los mantuanos era contraer matrimonio entre las mismas familias para garantizar la transmisión hereditaria de la nobleza e impedir el ingreso a la «blanca sociedad» de nadie que no fuese su igual. En este aspecto fueron especialmente rigurosos los miembros de la Casa Rodríguez del Toro.

Matrimonios entre mantuanos

Don Juan Bernardo Rodríguez del Toro, fundador de la estirpe, había contraído matrimonio con una criolla principal, hija de una alto funcionario español y la ceremonia se había celebrado en la Catedral de Caracas; el primogénito de don Bernardo y doña Paula Istúriz, don Francisco de Paula Rodríguez del Toro, se casó también en la Catedral de Caracas con doña María Teresa de Ascanio y Sarmiento de Herrera, criolla y principal, hija de un hombre al servicio del rey, el capitán don Juan

Nicolás Primo de Ascanio, hidalgo notorio y justicia mayor del puerto de La Guaira.

El hijo del II marqués del Toro, don Sebastián Rodríguez del Toro, siguiendo la tradición familiar, contrajo matrimonio también en la Catedral de Caracas, con una criolla principal, doña Brígida Ibarra e Ibarra, hija de don Diego José de Ibarra y Herrera y de doña Ana Josefa de Ibarra e Ibarra y Herrera, ambos distinguidos miembros de la nobleza caraqueña.

Al momento de realizar los trámites esponsalicios tuvo que solicitar dispensa matrimonial para poder contraer matrimonio con su prometida ya que eran parientes entre sí. La dispensa se fundamentaba en los beneficios que tendría para la utilidad pública un enlace entre los vástagos Toro e Ibarra; de esa manera se conservarían los bienes en la propia familia, se guardaría la honestidad, nobleza y esplendor provenientes de sus mayores y se impedirían los infortunios de pobreza[24].

A ello se añadía otro aspecto y era que, por ser ambos contrayentes miembros de las principales familias de la ciudad no resultaba fácil encontrar personas que no tuviesen impedimento ya que la mayor parte de los nobles de la ciudad se encontraban emparentados entre sí, tal como ocurría entre la joven Brígida y el señor Toro.

Los padres de Brígida, al momento de contraer matrimonio, hicieron exactamente el mismo trámite ya que también eran primos entre sí y el hijo mayor de don Sebastián y doña Brígida, Francisco Rodríguez del Toro, a la hora de contraer matrimonio se ciñó al mandato familiar. El mismo año en que recibió la carta de sucesión del marquesado del Toro escogió a la dama que se convertiría en su esposa. La joven seleccionada fue una criolla principal: doña María del Socorro Berroterán y Xedler.

---

24   Archivo Arquidiocesano (AA), *Matrimonios*, N° 43, año 1758.

Socorro era hija de don Miguel Antonio de Berroterán y Tovar, iv marqués del Valle de Santiago, ya fallecido, quien había sido alcalde de la ciudad de Caracas en 1764. El primero de la estirpe, el maestre de campo Francisco de Aranaz de Berroterán y Gainza, hidalgo, caballero de la Orden de Santiago, había llegado a Caracas en 1693 procedente de Irún, en la provincia de Guipúzcoa, nombrado por el rey para el cargo de capitán general de la provincia; en 1703 fue distinguido con el título de marqués del Valle de Santiago. Unos años antes, en 1700, había contraído matrimonio con Catalina Luisa Tovar y Mijares de Solórzano, criolla, descendiente directa del conquistador don Alonso Díaz de Moreno y perteneciente a las más importantes familias de la nobleza provincial.

Escogida la dama y aceptada la solicitud por parte de la familia, se ocupó Francisco de solicitar licencia matrimonial, tal como lo exigía su condición de titulado y por el hecho de pertenecer a una familia de primera calidad. Se dirige, entonces, al capitán general en los siguientes términos:

El marqués del Toro, vecino de esta ciudad, en la forma que más haya lugar por derecho parezco ante V.S. y digo; que para mejor servir a Dios y deseando dar sucesión a mi casa, he deliberado contraer matrimonio con Doña María del Socorro Berroterán, del mismo vecindario, hija legítima de los Marqueses del Valle de Santiago, Don Miguel de Berroterán ya difunto, y de Doña Isabel Xedler; y como para ponerlo en ejecución sea necesario a más del consentimiento de nuestros respectivos padres, obtener el Real permiso prevenido en el capítulo 13 de la Real Pragmática de matrimonios para cuyo efecto se halla V.S. habilitado por la Real Cédula de ocho de marzo de ochenta y siete, que debe existir en secretaría: Suplico a V.S. se sirva mandar que mi legítima madre, Doña Brígida Ibarra, Marquesa, viuda del Toro y la citada del Valle, Doña Isabel Xedler, expongan ante el presente Escribano en la forma acostumbrada si es cierto tienen prestado su beneplácito

71

y consecuencia de esta diligencia, y supuesta la notoria igualdad que hay entre ambos contrayentes, despachar la correspondiente licencia para ocurrir al Juez eclesiástico, por ser de justicia que imploro y juro lo necesario [25].

Declararon ambas viudas ante el Escribano no hallar desigualdad entre sus hijos y estar conformes con la realización de la boda. Recibido el expediente en la Real Audiencia se concedió la licencia en atención a «la notoriedad de circunstancias» que concurrían en los pretendientes. La boda se realizó al año siguiente en la Catedral de la ciudad.

También una prima de Francisco, doña María de la Concepción, hija de don Nicolás Rodríguez del Toro, uno de los hermanos de su papá, obtuvo dispensa para casarse con su prometido, el marqués de Mijares. Mijares, al igual que lo habían hecho los Toro, acudió ante las autoridades para que le permitieran desposar a María de la Concepción. En su solicitud daba declaración de la calidad de su prometida, quien era de notoria nobleza e hidalguía, hija legítima de don Nicolás del Toro, tío carnal del actual señor marqués del propio título, primo hermano del señor conde de San Javier, y emparentada con él por parte paterna y materna al igual que con el señor conde de la Granja y con la señora condesa de Tovar, todos vecinos de esta ciudad[26]. La licencia se le concedió en atención a la hidalguía notoria que distinguía a ambos contrayentes.

Este tipo de solicitudes, por lo demás, eran bastante frecuentes entre las familias principales de Caracas. Una revisión exhaustiva del asunto fue realizada por la historiadora francesa Frederique

---

25 «El marqués del Toro solicita licencia para contraer matrimonio», AGN, *Disensos y Matrimonios,* 1789-1790, tomo XI, folio 1.

26 «Diligencias practicadas a instancia del Señor Marqués de Mijares, a fin de que se le conceda licencia para el matrimonio que pretende contraer con doña María Concepción Rodríguez del Toro», 1811, AAHN, *Sección Civiles,* Libro N° 5171, Expediente N° 1.

Langue. Afirma la autora que de 104 dispensas solicitadas entre los años de 1636 a 1815, 100 se fundaron en la existencia de parentescos, efectivos o espirituales, entre los contrayentes, igualmente expone que 75 % de las solicitudes fueron presentadas después de 1750. En la mayoría de las peticiones es posible identificar los mismos argumentos y motivaciones que expusieron el marqués del Toro y sus ascendientes.

Ahora bien, de la misma manera que acogían el precepto de casarse entre sí, se ocupaban de impedir la celebración de matrimonios que no respetasen este mandato. Para el marqués del Toro y para los demás miembros de la nobleza caraqueña era inadmisible la unión matrimonial de un mantuano con una persona del común, lo cual, además, estaba explícitamente prohibido por el rey en su Real Pragmática de Matrimonios, sancionada en 1776. Decía así el mandato real:

> Don Carlos, por la gracia de Dios Rey de Castilla, etc. Sabed que siendo propio de mi autoridad contener con saludables providencias los desórdenes que se introducen con el transcurso del tiempo estableciendo para refrenarlos las penas que, acomodadas a las circunstancias de los casos y calidades de las personas, pongan en su vigorosa observancia el fin que tuvieron las leyes y habiendo llegado a ser tan frecuente el abuso de contraer matrimonios desiguales los hijos de familia, sin esperar el consejo y consentimiento paterno o de aquellos deudos o personas que se hallen en lugar de padres, que con otros gravísimos daños y ofensas a Dios resultan la turbación del buen orden del Estado y continuados discordias y perjuicios de las familias, contra la intención y piadoso espíritu de la Iglesia, que aunque no anula ni dirime semejantes matrimonios, siempre los ha detestado y prohibido como opuestos al honor, respeto y obediencia que deben los hijos prestar a su padres en materia de tanta gravedad e importancia[27].

---

27   Pragmática sanción para evitar el abuso de contraer matrimonios desiguales, El Pardo, 23 de marzo de 1776, Reproducida por Richard Konetzke, *Colección de Documentos para la historia de la formación social de Hispanoamérica,* Madrid, Consejo Superior de Investigaciones Científicas, 1962, tomo III, pp. 406-413.

Contemplaba la Pragmática que los hijos de familia que contraviniesen este mandato y llegasen a contraer matrimonio desigual y sin el referido consentimiento o consejo, ellos y sus descendientes quedarían inhabilitados y privados de todos los efectos civiles, como lo eran el derecho a pedir dote, a suceder como herederos y tampoco podrían beneficiarse de los vínculos, patronatos o cualquier otro derecho perpetuo de la familia, quedando postergados en el orden de los llamamientos respectivos.

Opuesto a la boda de Rosalía

El marqués del Toro, también en este aspecto fue defensor irrestricto de las órdenes del rey. En 1791 sirvió de testigo en el juicio de disenso promovido por don Felipe y María Josefa de la Madriz para impedir el matrimonio de Rosalía, su hermana, con un pardo de nombre José Manuel Morón.

Alegaban don Felipe y doña María Josefa que José Manuel Morón, el pretendiente de su hermana, era un pardo en cuya familia podían advertirse todas las mezclas de mulatos, indios, zambos y otras castas, y en la cual eran absolutamente visibles el vicio de la embriaguez y la práctica de los oficios más sórdidos[28]. Las infames características que distinguían a la familia de Morón estaban a la vista:

Si se investiga cuáles fueron sus mayores, se debe encontrar que este hombre tuvo por abuela a Juana Apolonia Guevara hija de zambo e indio. Sus padres, Manuel Morón y su mujer, se sabe que han tenido tiendas públicas de zapateros, donde ambos han trabajado y aun el mismo hijo. Si se indaga acerca de las costumbres, se verá que han estado sepultados en el feo y abominable vicio de la embriaguez. Si se procura

---

28 «D. Felipe y Da. Josefa de la Madriz se oponen al matrimonio q' su hermana Doña Rosalía Rodríguez de la Madriz pretende contraer con José Manuel Morón (vecinos de Caracas)». AGN, *Disensos y Matrimonios*, 1791, folios 2-295.

finalmente saber sobre la estimación que estos han tenido y tienen, se hará visible que esta es ninguna.

Estas referencias contrastaban visiblemente con la calidad, legitimidad, esclarecimiento y ascendientes de Rosalía. La familia de la Madriz –continúan los hermanos– era de notoria hidalguía, se encontraba emparentada con los caballeros de las órdenes y los títulos de Castilla, los bisabuelos paternos y maternos, don Domingo Rodríguez de la Madriz y don Juan de Ascanio, habían sido Caballeros de la Orden de Santiago.

El empeño de Rosalía de unir su vida a un pardo como Morón constituía un bochorno para la familia. Rosalía no parecía percatarse que al casarse con Morón se «... echaría un tizne» del que nunca podría lavarse, causando escándalo en el pueblo, perpetuando discordias y lo que era más grave: transgrediendo los preceptos reales que todos estaban obligados a obedecer.

No estaban dispuestos, de ninguna manera, a convenir en el enlace que pretendía su hermana, ni siquiera en el caso de que se llegara a demostrar que Morón era blanco. Siendo la familia de la Madriz de las más lustres de la ciudad no podía mezclarse sin repugnancia con las de los que eran solamente blancos, máxime cuando estas tenían trato, amistad y rozamiento con los tejeros, herreros, zurradores y otras personas de castas bajas que habitaban el barrio Santa Rosalía y con quienes estaba enlazado por parentesco de consanguinidad el susodicho Morón.

Rosalía trata de salirle al paso a los argumentos y reparos de sus hermanos. En primer lugar, desmiente la desconsiderada opinión que se pretende volcar sobre los ascendientes de su pretendiente. Los abuelos de José Manuel, al decir de Rosalía, no provenían de mala raza sino que, por el contrario, eran reputados por blancos y si tenían alguna mezcla debía ser con indios, no podía afirmarse, entonces, que fuesen mulatos.

Su pretendiente, además, estaba distinguido por algunas cualidades: José Manuel era un hombre de bien, de notoria honradez, quien por sus buenos procedimientos se había hecho merecedor de la común estimación. No habían trabajado jamás en taller de zapateros, como pretendían hacer ver sus hermanos, siempre lo había conocido como oficial de la Real Contaduría de Diezmos de la Capital, había realizado estudios en el convento de Nuestra Señora de la Merced y en el Colegio Seminario de Caracas y era innegable su inclinación al estado eclesiástico.

Le extrañaba a Rosalía la beligerancia de sus hermanos ya que nunca habían manifestado el menor interés por su persona. Después de la muerte de sus padres la habían abandonado sin prestarle ningún auxilio para su sustento, se había visto precisada a hacer conservas y otros oficios de cocina y ocupaciones para agenciarse el alimento y, cuando había estado enferma, ninguno de sus hermanos se acordó de ella. No la socorrieron ni con un maravedí. Solo José Ramón se había compadecido de ella, alimentándola y vistiéndola decentemente.

A partir de allí habían comenzado las habladurías, diciéndose que ella mantenía una relación pecaminosa con Morón. Esparcida por el vulgo la especie de su unión ilegítima, debía contraer matrimonio a fin de reparar su crédito y su honor y para asegurar su subsistencia. Un último argumento esgrime a favor de su boda: su edad. No era fácil encontrar otro marido si se tenía en cuenta que ya había cumplido los 40.

Ninguna de las explicaciones de Rosalía sensibilizó a sus hermanos ni al marqués del Toro. Decían don Felipe y doña María Josefa, apoyados por su testigo, que la supuesta pobreza y el abandono al cual se había visto sometida Rosalía eran absolutamente falsos. Había heredado 14 esclavos, una casa, una estancia, dinero en el comercio, 20 fanegadas de tierra de labor en Valle Seco y prendas y alhajas de mujer. Ellos no albergaban la menor duda respecto a que José Manuel no era el protector de su hermana sino un «aprovechado». Todo el mundo sabía que Morón solo contaba con el triste sueldo que le granjeaba su pluma, mientras Rosalía, además de noble y principal, era dueña de algunos bienes y gozaba de una holgada posición económica.

Insistían, pues, en su determinación de impedir la boda apoyándose no solamente en el testimonio del marqués del Toro, sino en la palabra de los más distinguidos nobles de la capital: el marqués de Mijares, el marqués del Valle de Santiago y el conde de San Javier también sirvieron de testigos en el juicio de los de La Madriz.

El fallo le dio la razón a los mantuanos. Se prohibió el contacto entre el pardo José Manuel y la blanca Rosalía. La misma sentencia ordenó depositar a la infractora en la casa de una de las parientas para impedir la boda y todo trato y comunicación con el aprovechado Morón.

Al año siguiente, Rosalía en su desesperación dirigió una súplica al Consejo de Indias a fin de que intercediera a su favor y le diese autorización para unirse en matrimonio con José Manuel. Un nuevo hecho añade al expediente: el nacimiento de una inocente criatura. Estaba en la peor de las circunstancias: madre de un bastardo, con 40 años encima y sin dones ni gracias de hermosura. Si el Consejo no acudía en su auxilio y autorizaba la boda se convertiría en la más triste de las mujeres: sin caudal, sin honor, abandonada de los suyos, sin legitimidad su hijo, y sin marido ni esperanza de tenerle[29].

La solicitud no prosperó ya que el expediente estaba desprovisto de los documentos demostrativos de todo cuanto allí se alegaba. Terminó así el episodio de Rosalía y José Manuel.

La protección del principio de la desigualdad era un asunto de entidad. Los blancos de linaje estaban obligados a evitar

---

29 Petición de doña Rosalía de la Madriz, Caracas, 30 de junio de 1792, AGI, Caracas, 29.

cualquier tipo de unión inconveniente. Según mandaba el rey y establecía la costumbre eran responsables de cuidar que los estados inferiores se mantuviesen separados y en sujeción y obediencia a los blancos, única garantía para la conservación del orden y la paz provincial. El marqués del Toro, a título personal y como miembro del Cuerpo Capitular, también en este aspecto fue consecuente con los deberes que le imponía su condición de principal y de noble titulado de la provincia. De ello daremos cuenta en el capítulo que sigue.

Enemigo de trastornos y fermentaciones sociales

Reacios a la subordinación y a la obediencia

En los primeros días de mayo del año 1790 aparecieron unos pasquines en varios sitios de la ciudad de Caracas, supuestamente elaborados y esparcidos por los esclavos. El contenido era el siguiente:

> que desgrasias que de llantos que de muertes
> Ce ace saber al publico como hestamos citados para que la Real Cedula que a benido de S.M, a favor de nosotros los hesclavos cepublique mas a fuerza que con la boluntad de los blancos y de la Real Audiencia cin señalar día ni hora a pesar de todos los blancos y las blancas de hesta ciudad de Caracas
> A 8 de mayo de 1790

Al pie de este texto había un dibujo a lápiz de un negro armado con un sable en una mano y en la otra la cabeza de un blanco[30].

Inmediatamente cundió la alarma en la ciudad. El Cabildo tomó cartas en el asunto. Hizo recoger los pasquines y se los envió a la Real Audiencia de Caracas. El mismo día, decidió elaborar un expediente sobre la materia a fin de remitírselo al rey de España.

---

30   Informe de la Real Audiencia, 22 de junio de 1790, AGI, Caracas 167, N° 44.

El marqués del Toro, quien se había incorporado a la Corporación a comienzos de aquel año, se ofreció para ocuparse del asunto[31].

La agitación y perturbación que se vivía en Caracas y de la cual eran expresión los amenazantes pasquines de los esclavos tenía su origen en una Real Cédula sancionada por el rey el 31 de mayo de 1789 que normaba el modo y las circunstancias que debían observar los amos en el gobierno, causación, alimentos y demás de sus respectivos esclavos.

Los dueños de esclavos, al enterarse de la existencia de la Real Cédula y sin conocer cuál era su contenido, se manifestaron contrarios a su promulgación en la provincia. Alegaban que si se modificaba la manera en que venían ejerciendo el gobierno de sus esclavos no tendrían forma de contenerlos, los esclavos andarían inquietos, no trabajarían y pretenderían que sus amos aceptasen y consintiesen todos sus vicios: el hurto, la rapiña, la embriaguez, la altanería, la insolencia y la lascivia[32].

Los esclavos, por su parte, también sin conocer el contenido de la normativa real, interpretaron que su propósito era concederles la libertad o aliviarles su jornada de trabajo ordenando que trabajasen solamente durante la luz del día, que se les diesen horas de descanso, que se les otorgasen un conjunto de asistencias y que los amos no les dijesen palabras indispuestas, pudiendo ellos quejarse contra aquellos con el auxilio de un defensor público.

Nada bueno podía esperarse de la aplicación de aquella «inesperada» Real Cédula, era la opinión compartida por los dueños de esclavos. Se ocupó el marqués del Toro en los días siguientes de reunir la documentación que había sobre la materia, a fin de enviar un completo expediente a la Corona. Formaban parte del informe las relaciones elaboradas por el síndico procurador del Cabildo, Juan José Echenique, que habían sido enviadas a la Real Audiencia de Caracas; las actas del Cabildo relativas al tema

---

31   Acta del Cabildo, 14 de junio de 1790, Libro de Actas, año 1790, folio 119, ACMC.
32   Acta del Cabildo, 14 de junio de 1790, folio 122.

y las representaciones que expresamente había hecho la corporación para quejarse ante el monarca por los peligros que acarrearía a la provincia la promulgación de la Cédula Real.

Tres aspectos fundamentales contiene la documentación reunida por el marqués. El primero se refiere a la larga tradición de revueltas que habían tenido lugar en la provincia, promovidas por los esclavos y sus paniaguados, los pardos, zambos y mulatos. El segundo estaba referido a los vicios que caracterizaban a esta clase de gentes y el tercero hacía mención a las fatales consecuencias que tendría en la provincia la aprobación de cualquier normativa que alterase el gobierno de los amos sobre sus esclavos.

El marqués del Toro, además, era doliente de lo primero. En la hacienda Mucundo, propiedad de su padre y la cual heredaría con el mayorazgo perteneciente al título, había ocurrido un levantamiento de esclavos hacía unos pocos años, en 1781. Para sofocarlo había sido necesario que saliera de la ciudad el auditor de Guerra con una Compañía de Granaderos y se dirigiera a la hacienda, a fin de reducirlos. Fueron ahorcados tres o cuatro de los alzados y corregidos los demás en la misma hacienda.

El informe da cuenta pormenorizada de otros levantamientos similares. El más antiguo había ocurrido en 1749, durante las fiestas de San Juan Bautista, patrón de los negros. Para la celebración de esta festividad, los amos les consentían que bailasen y festejasen al santo. Ocurrió entonces que, aprovechándose los negros de esta franquicia de sus amos, dispusieron con los libres de casta, esto es los pardos, zambos y mulatos, una conjuración general para matar a todos los españoles y quedarse a su arbitrio. Su propósito era envenenar las aguas de la ciudad y de esa manera cumplir su cometido. Pero no lograron salirse con la suya: «... quiso el cielo que la tarde antes de la ejecución se hubiese traslucido su depravado intento y tomándose por el Gobierno las más oportunas y acertadas providencia se evitó aquel teatro de catástrofes trágicas. Agarrados algunos de los cabeza del motín, fueron ahorcados; otros lograron escapar, ocupándose el gobierno en los días sucesivos de someterlos para acabar con sus depravadas intenciones»[33].

Comenzando el año de 1771 se habían alzado unos esclavos en el valle del Mamporal. Todo comenzó cuando don Marcos Rivas intentó corregir a uno de ellos, llamado Guillermo, quien le tenía consternada la esclavitud. Atacado don Marcos por su esclavo logró salvar la vida porque algunas personas que se hallaban presentes acudieron en su auxilio. En medio de la confusión, el esclavo huyó y se pasó al valle de Caucagua, donde se le juntaron varios esclavos que se encontraban fugitivos. Esta partida de esclavos entraba en las haciendas, se llevaba los frutos, los embarcaban clandestinamente en las costas, escogían a los esclavos más esforzados y a las esclavas de mejor disposición y las conducían a sus cumbes para ejecutar sus torpezas, salían a los caminos a robar a los pasajeros y darles muerte, lo mismo hacían en los poblados y por último llegó a tal término su osadía que comprendiendo aquel vasto valle y sus anexos más de 400 haciendas quedaron casi todas ellas al arbitrio de los esclavos que pública o secretamente estaban todos unidos con los levantados, y por cuyo motivo ni amos ni mayordomos querían entrar en unos valles que cuentan más de 4000 esclavos porque todos estaban expuestos a perder la vida en manos de sus mismos siervos.

Esta fermentación duró varios años. Finalmente, fueron sometidos: Guillermo murió en el ataque y los demás fueron conducidos a la capital, tres de ellos sentenciados a la horca y los otros castigados.

Tres años más tarde, en 1774, se amotinaron los negros de la obra pía de Chuao. Cuando el mayordomo, don Juan Antonio Moreno, intentó sosegarlos con buenos modales, lo

---

33 La referencia a este y otros levantamientos están insertas en la representación del síndico procurador, 9 de noviembre de 1789, AGI, Indiferente General, 802.

amarraron, lo castigaron cruelmente, le cortaron la lengua y solo la Divina Providencia impidió que le quitaran la vida.

Apenas tres meses atrás se había tenido conocimiento de dos episodios similares. Uno, en la hacienda de don Juan Bautista Echezuría, alcalde segundo de la capital, quien se había visto precisado a solicitar auxilio del gobierno para poder entrar en su hacienda a contener la esclavitud que se hallaba fermentada sin más motivo que resistirse a todo trabajo. El otro había ocurrido en la hacienda del conde de Tovar, cuyos esclavos intentaron matar al mayordomo. Hasta la fecha no se había logrado apagar el fuego de la insurrección.

De manera pues que eran numerosas las referencias acerca de la insubordinación y el carácter díscolo y altanero de esta clase de gentes. En el concepto del marqués del Toro, de los mantuanos y de los dueños de esclavos, el motivo de su alarma no era en absoluto injustificado.

La peor de las especies

Los esclavos y todos los que provenían de los negros: los zambos y mulatos libres, eran gente de la peor especie, entregados a la vagabundería y a los más detestables vicios, de allí la relevancia de mantenerlos sujetos y bajo el control de sus amos.

La propia Real Audiencia, representante de la justicia real en estos dominios, era testigo del comportamiento desarreglado, díscolo y violento de los esclavos. Desde que el alto tribunal se había instalado en Caracas, hacía tres años, se había visto precisado a sentenciar a la horca a numerosos reos. Todos ellos esclavos y gentes de color: a Juan de Dios Vajares por haber matado a su mujer y a su madre; a Paula Núñez por matar a su marido mientras dormía; a una esclava de Cumaná por asesinar a su dueño; a un negro propiedad de don Juan Miguel de Echezuría por homicidios cometidos contra sus propios compañeros;

a otro esclavo por matar a don Pedro de Michelena, adminis-trador de la Real Hacienda de Barquisimeto porque este sos-pechó que aquel había sido el causante de que le quitasen una concubina.

Todos estos incidentes no hacían sino mostrar que se trataba de una casta de malas y dañadas intenciones. Las cárceles estaban llenas de «... fascinerosos, homicidas, parricidas, ladrones famosos, escaladores de casas, y ejemplos de cuantos delitos ha inventado la maldad humana. Todos ellos negros, zambos, mulatos y gentes de casta, unos libres y otros esclavos, sin que se cuente más que uno u otro español que tal vez están presos por deudas u otras respon-sabilidades meramente civiles»[34].

Se trataba de una población resistente a la autoridad y a la subordinación, carente de virtudes, prolífica en vicios y acostum-brada a las más reprensibles actitudes. La síntesis de sus vicios no deja lugar a dudas respecto al parecer que tenían los mantua-nos sobre los esclavos y las castas procedentes de la mezcla con los negros:

En ellos no hay honor que los contenga, reputación que los estimule, ver-güenza que los obligue, estimación que los ponga en razón, ni virtudes que los haga vivir conforme a las Leyes de la Justicia. Su profesión es la embriaguez, su aplicación es el Robo, su desquite la traición, su descanso la ociosidad, su trabajo la holgazanería, su Estudio la incontinencia y su intento todo sacudir el yugo de la sujeción. No sienten la desnudez, la mala cama, la corta razón y ni aun el castigo como se les deje vivir a su ensanche, anegados en vicios y principalmente en sus torpezas carnales, todas sus conmociones dimanan de la subordinación que es la que les amarga y la que los precipita en las mayores crueldades y en los más exe-crables pecados.

---

34   Representación del Ilustre Ayuntamiento de la Ciudad de Caracas, 7 de diciembre de 1789, AGI, Indiferente General, 802.

Este apretado y elocuente resumen de las cualidades morales y humanas de las castas inferiores cobraba dimensiones preocupantes si se tomaba en consideración su apreciable número. La provincia de Venezuela, exponían los atribulados mantuanos, contaba apenas con 300 000 habitantes, de los cuales, 70 000 eran esclavos, y el resto, al menos las dos terceras partes, eran gente libre de casta, zambos, negros y mulatos. La proporción era que por cada español había 10 gentes de casta, incluyendo a los indios.

Esta composición demográfica era motivo de alarma y preocupación ya que, en una conmoción promovida por la primera especie –los esclavos negros–, no podía dudarse que la segunda especie –zambos, negros y mulatos– tomarían el partido de la primera, tal como lo había acreditado la experiencia, básicamente porque todos eran de un mismo calibre y aspiraban a un mismo fin: sacudir la subordinación, entregarse a toda especie de vicios y, más temprano que tarde, hacerse dueños de la provincia.

No podía admitirse, de ninguna manera, que prosperase en la provincia una normativa que, por orden de Su Majestad, otorgase prerrogativas, facilidades, ventajas o franquicias a esta clase de gente. Su aplicación en estos territorios tendría consecuencias funestas, entre otras cosas, porque todo el horror, las conmociones, fermentaciones, abusos, crímenes y excesos cometidos por las castas inferiores tenían su origen en el bondadoso trato que recibían. Si el buen trato que tradicionalmente los amos dispensaban a sus esclavos había propiciado tales desarreglos, ¡qué no ocurriría si se viesen privilegiados por el mismísimo Monarca!

Una lista pormenorizada de los fatales males que se cernirían sobre la provincia si el rey insistía en la aplicación de aquella peligrosa y temible Real Cédula es resumida en los siguientes términos:

Primera. Siendo los esclavos y las castas gente infiel, inverídica, irreligiosa y amante de los vicios, no quedará Amo que no sea denunciado falsamente, figurando que no cumple con los preceptos de la Real Cédula, convirtiéndose el vasallo honrado en víctima y perdiendo su honor, su persona, su familia y sus intereses.

Segunda. Los tribunales de la capital y provincia se anegarán en demandas, denuncias y delaciones y los magistrados no tendrán otra ocupación que las causas de esta especie, sin que les quede tiempo para los negocios y ocurrencias de la felicidad pública.

Tercera. Los esclavos conducidos de su natural perversa inclinación se tomarán la licencia y libertad de insultar a los amos, a los mayordomos, o a quienes los gobiernen y faltarán a la obediencia y a la subordinación, auxiliados tanto de la distancia en que se hallan las haciendas de donde reside la Justicia y de la certeza que tienen de que se admitirán sus quejas y serán defendidos por el síndico procurador protector.

Cuarta. Los amos, los mayordomos, o los que los gobiernan, por no verse perseguidos de la justicia, sometidos a prisión, secuestrados sus bienes o difamado su honor, pasarán por alto los vicios, excesos y altanerías de los esclavos y los mayordomos al poco tiempo abandonarán las haciendas, quedando los amos padeciendo los resultados en el atraso de su caudal y en el menor valor de sus siervos, viciados por el libertinaje, la tolerancia y la independencia.

Quinta. La agricultura de esta provincia decaería irremediablemente si se ejecutaba la Real Cédula: los trabajos serían menos, las cosechas se atenuarían, las nuevas plantaciones correrían con igual desgracia. En conclusión, cualquiera que estuviese en disposición de comprar haciendas o construirlas de nuevo desistiría de sus proyectos para no verse incomodado y perseguido por las falsas denuncias de sus esclavos o de la gente libre y de casta.

Sexta y última. Los esclavos y la gente de casta que les está unida con las dispensaciones, que los amos y mayordomos les toleren, las que ellos se tomen por lo que su genio y naturaleza malignamente les dicta, se posesionarán en una especie de libertinaje e independencia, que no tardarán mucho tiempo en alzarse con la provincia, acabando con todos los blancos y haciéndose dueños del país.

El tema revestía suma gravedad. Estaban convencidos de que si se aprobaba la Real Cédula no tardarían en alzarse las esclavitudes y no habría manera de reducirlos. La distancia que separaba las haciendas de la capital, las ventajas que les proporcionaba la cercanía al mar para recibir auxilios que les permitiesen resistirse a la dominación, el peligro que representaba abandonar la ciudad dejándola expuesta y desarmada, la escasez de víveres que se experimentaría ya que todos provenían de los valles en los cuales se encontraban los esclavos, hacían del todo improbable que se pudiese salir con bien de un suceso semejante.

Se horrorizaba el Cabildo y temblaban las carnes de los mantuanos y propietarios de esclavos, nada más de pensar los lances que padecería la provincia si se llegaba a aprobar aquella funesta Cédula Real.

Todo este cúmulo de evidencias, reparos y argumentos recogidos por el marqués fueron enviados directamente a la persona del Monarca.

Cuatro años después, la Corona satisfizo la petición de los mantuanos. El 17 de marzo de 1794, después de múltiples consultas y consideraciones, el Consejo de Indias recomendó suspender los efectos de la Real Cédula y que, sin necesidad de revocarla, se encargara a los Tribunales y jefes de América que procuraran actuar conforme al espíritu de sus artículos tratando de observar las leyes y demás disposiciones que normaban el buen trato y cristiana educación de los negros. Al final de esta recomendación aparecía una nota en la cual decía que Su Majestad no tomaría ninguna resolución hasta que concluida la guerra viese cómo quedaban los asuntos de negros[35].

---

35   Consulta del Consejo de Indias, 17 de marzo de 1794, AGI, Indiferente General, 802, folio 22.

En los hechos la Cédula quedó suspendida. Los dueños de esclavos seguirían siendo los responsables de velar por la disciplina y corrección de sus esclavos y por su buena educación dentro de la fe cristiana, asegurándose de mantenerlos sujetos y en obediencia de los blancos.

Este triunfo parcial del marqués y los blancos criollos se vio opacado al poco tiempo, como consecuencia de la aprobación de otra Real Cédula. Nos referimos a la Real Cédula de Gracias al Sacar, sancionada en Aranjuez el día 10 de febrero de 1795[36].

«... Total separación en el trato y comercio con los mulatos o pardos»

El 14 de abril de 1796 tuvo lugar una reunión extraordinaria del Ayuntamiento. A ella asistieron el marqués del Toro y los demás miembros del cuerpo capitular. El punto único de la sesión fue leer en voz alta la Real Cédula de Gracias al Sacar. Concluida su lectura la decisión fue suplicar al Monarca que suspendiera su aplicación hasta tanto pudiesen informarle de los graves daños que ocasionaría en la Provincia, luego de lo cual podría el Monarca resolver lo que fuese de su Real agrado[37].

---

36   Sobre el tema existe el trabajo de Santos Rodulfo Cortés. *El régimen de las Gracias al Sacar en Venezuela durante el período hispánico*, Caracas, Academia Nacional de la Historia, 1978, 2 vols. El estudio tiene la virtud de haber sido el primero en atender el tema exhaustivamente y, al mismo tiempo, ofrecer a los investigadores la reproducción de la mayor parte de la documentación del Archivo General de Indias. Sin embargo, la orientación del análisis que hace Cortés es más jurídica que social y, además, se encuentra cargada de algunos anacronismos respecto a los móviles y concepción social de los blancos criollos al momento de oponerse a su ejecución. También trabajó el tema Luis Felipe Pellicer en *La vivencia del honor en la Provincia de Venezuela 1774-1809*, Caracas, Fundación Polar, 1996, desde una perspectiva que toma en consideración los valores y el significado que para la época tuvo la Cédula de las Gracias al Sacar en relación con el honor como principio rector del orden estamental de la sociedad de Antiguo Régimen en la provincia de Venezuela.
37   Acta del Cabildo, 14 de abril de 1796, Santos Rodulfo Cortés, *El régimen de las Gracias al Sacar en Venezuela* durante el período hispánico, ob. cit., tomo ii.

La normativa Real contra la cual se pronunciaban los capitulares fijaba una serie de aranceles para obtener licencias, dispensas y prerrogativas de variada índole, 42 aranceles diferentes establecía la citada Cédula Real. De todos ellos, tres perturbaban la tranquilidad de los mantuanos: uno según el cual con el pago de 60 pesos se podía obtener la dispensación de la calidad de pardo, otro que fijaba en 100 pesos el arancel para obtener la dispensación de la calidad de quinterón, y un tercero que fijaba en 125 pesos la cantidad a pagar para obtener la distinción de don.

No estaban dispuestos los mantuanos caraqueños representados en el Cabildo a admitir una normativa que permitía a los pardos y quinterones dejar de serlo y a quien no tenía ninguna distinción adquirirla por una pequeña cantidad de dinero.

Además, no era la primera vez que se pronunciaban al respecto. Unos años antes, en 1788, habían manifestado sus reservas respecto a la tentativa adelantada por unos pardos caraqueños de que se les autorizara a ingresar al estado eclesiástico y a casarse con personas blancas del estado llano. En aquella oportunidad se habían opuesto a este tipo de licencias.

En relación con lo primero consideraban que los Ministerios Sagrados siempre se habían visto bien servidos, que el número de religiosos en los conventos era suficiente y que había muchos jóvenes blancos que aspiraban ingresar al sacerdocio. No había motivo, entonces, para que se admitiese a los pardos. Por el contrario, si esto ocurría tendría efectos inmediatos y perjudiciales: decaería visiblemente el alto grado de consideración que tenía el clero de la provincia y se abstendría de ingresar a él la gente honrada y de calidad.

En relación con lo segundo estimaban que, de aprobarse, sería el inicio de una situación totalmente inconveniente ya que se trastornaría la división que debía mantenerse entre unas clases y otras. La consecuencia directa de estos enlaces desiguales sería que los niños surgidos de estos matrimonios, con el tiempo, pasarían a ser una tercera especie de gente que mirarían como inferiores a los puramente pardos y a quienes los blancos desestimarían como pardos, turbándose innecesariamente el buen orden entre los vecinos.

El asunto era de entidad. Si no se mantenía a los pardos en su lugar, las consecuencias las padecería la sociedad en su conjunto. Era esta la nuez de su argumentación al Monarca:

> ...la abundancia de pardos que hay en esta Provincia, su genio orgulloso, y altanero, el empeño que se nota en ellos por igualarse con los blancos exige por máxima de política que Vuestra Majestad los mantenga siempre en cierta dependencia y subordinación a los blancos como hasta aquí: de otra suerte serán insufribles por su altanería y al poco tiempo querrán dominar a los que en su principio han sido sus señores [38].

De manera que, transcurridos 8 años de la primera representación y en atención a que los mismos pardos que habían hecho la solicitud años atrás, habían recurrido a la Real Cédula para obtener la dispensación de su calidad de pardos, decidió el Cabildo tomar cartas en el asunto y exponerle al monarca los juicios y opiniones que les merecía el contenido de aquella peligrosa Real Cédula. El documento está suscrito, entre otros, por el marqués del Toro.

La razón de su frontal oposición tenía su origen y fundamento en que con su ejecución se afectaba un principio básico del orden imperante en la sociedad: la necesaria diferencia que separaba a los blancos de los pardos. Si se modificaba esta crucial premisa, se produciría un trastorno «espantoso». Dar por hecho que un pardo dispensado de su calidad quedaba apto para todas las funciones que le prohibían las Leyes del Reino, y para todas las que habían sido hasta ese momento propias de un hombre blanco y limpio en estas Indias, permitiéndole salir de su clase inferior

---

38 Representación del Cabildo de Caracas, al Rey, 13 de octubre de 1788, S. R. Cortés, *El régimen de las Gracias al Sacar en Venezuela durante el período hispánico*, tomo II, p. 35.

y teniéndole por individuo de los blancos, era espantoso para la gente decente y de primera calidad de la provincia de Caracas, porque solamente ellos conocían desde su nacimiento la inmensa distancia que separaba a los blancos de los pardos; la ventaja y superioridad de aquellos y la bajeza y subordinación de estos. En todas las familias distinguidas y limpias de la ciudad se compartía un mismo e inconmovible criterio: «... total separación en el trato y comercio con los mulatos o pardos».

Era una injuria grave para una persona blanca que se dijera que tenía trato con ellos o que entraba en sus casas. La razón era muy sencilla: los pardos, los zambos y los mulatos tenían en común el mismo e infame origen; todos ellos eran descendientes de los esclavos negros. Y, por si esto fuese poco, compartían otra rémora infernal: todos eran ilegítimos. Raro era el pardo, el mulato o el zambo que podía contar con la legitimidad de sus padres cuando él mismo no era bastardo, y más raro aún el que no tenía padres, abuelos o parientes que eran o habían sido esclavos o que, tal vez, lo eran en ese momento sirviendo en algunas de las casas de las principales familias de la capital.

Una catástrofe pavorosa

De allí que se permitiesen sugerirle muy respetuosamente a Su Majestad que se detuviese por un momento a considerar de qué manera podían los vecinos blancos y decentes de la provincia admitir a su lado como un individuo de su misma clase y alternar con él a un mulato que era descendiente de sus propios esclavos o de los de sus padres, o cuyo nacimiento estaba marcado por un encadenamiento de bastardías y torpezas.

Las consecuencias de este hecho eran fatales y sumamente peligrosas. Se estaba en la antesala de una catástrofe pavorosa, de mayores proporciones que la vaticinada por ellos cuando se habían opuesto a la Real Cédula del 31 de mayo de 1789 sobre educación de los esclavos. La nueva normativa real contribuiría, decididamente, a fomentar los altivos pensamientos de los pardos, motivando una nueva constitución diametralmente contraria y de funestas resultas. Si se ejecutaba la Real Cédula el panorama a corto plazo sería sencillamente desolador:

> ... Vendrá a ser esta preciosa parte del universo un conjunto asqueroso y hediondo de pecados, delitos y maldades de todo género, se disolverá la máquina: llegará la corrupción; y en la reforma o regeneración del cuerpo político correrán riesgos los vasallos que por sí y sus mayores han tributado gustosos y contentos obediencia y respeto a V.M y a sus gloriosos predecesores, gozando de una feliz tranquilidad bajo el gobierno de tan sabias leyes[39].

En conclusión, los únicos perjudicados con todo aquello serían los blancos criollos, quienes desde los más remotos tiempos se habían distinguido como leales vasallos de Su Majestad y quienes durante más de dos siglos se habían esforzado por cumplir con las leyes del reino, preservando su calidad y conservando su limpieza de sangre por legítimas generaciones. No podía el rey desestimar aquel esfuerzo. Resultaba vergonzoso e inadmisible que por una suma despreciable de dinero lograsen unos lo que otros habían conservado con tanto celo y constancia.

Si se dispensaba de su inferior calidad a los pardos y con ello se les facilitaba el acceso a la instrucción[40], no habría manera de impedir que tomasen el control de la provincia. Las consecuencias estaban a la vista: se multiplicarían los estudiantes mulatos, pretenderían entrar en el seminario, rematarían y poseerían los oficios

---

39   Informe que el Ayuntamiento de Caracas hace al Rey de España referente a la Real Cédula de 10 de febrero de 1795, Caracas, 28 de noviembre de 1796, Santos Rodulfo Cortés, *El régimen de las Gracias al Sacar en Venezuela durante el período hispánico*, tomo II, p. 94.
40   Para ingresar a la Universidad era necesario demostrar limpieza de sangre. Dispensados los pardos de su condición tendrían libre acceso a la Universidad y, por ende, a la instrucción.

concejiles, servirían en las oficinas públicas y de la Real Hacienda, y tomarían conocimiento de los negocios públicos y privados. De allí seguiría el desaliento y el retiro de las personas blancas y decentes, y se animarían los pardos y mulatos por su mayor número, de forma tal que las familias que conquistaron y poblaron la provincia con su sangre y con inmensas fatigas se acabarían, quedando en el olvido los nombres de aquellos leales vasallos que conservaron con su lealtad el dominio de los reyes de España. No pasaría mucho tiempo sin que llegasen los tristes días en que España, por medio de la fuerza, se viese servida por mulatos, zambos y negros, cuya sospechosa fidelidad ocasionaría conmociones violentas y no habría nadie dispuesto por su interés, su honra, su limpieza y su fama a exponer su vida llamando a sus hijos, amigos, parientes y paisanos para contener a la gente vil y defender la causa común.

Nada bueno podía esperarse de la instrucción de los pardos y de su injerencia en los asuntos públicos. De permitirse a los pardos la posibilidad de convertirse en blancos, España debía resignarse a presenciar cómo desaparecería la herencia hispana de estos territorios y cómo empezaría a verse servida por las castas inferiores sin nadie que saliese en su defensa.

La petición era una: que se revocase inmediatamente la aplicación de la Real Cédula de Gracias al Sacar en la parte que ofrecía dispensar la calidad de pardos y quinterones y la concesión del distintivo de don.

En este caso la petición de los caraqueños no se vio satisfecha por el Monarca. En septiembre de 1797 la Corona dispensó a Juan Gabriel Landaeta de su calidad de pardo y lo autorizó a él y a sus descendientes para que pudiesen obtener órdenes y hábitos religiosos y contraer matrimonio con los blancos. Ese mismo mes el rey ratificó la dispensa de pardo concedida a Diego Mejías Bejarano en julio de 1796, a fin de que pudiese disfrutar de la dispensa de su condición de pardo ya que el Cabildo se oponía a ello.

El marqués del Toro y los nobles caraqueños, a través del Cabildo, insistieron en su petición pero no obtuvieron resultados. En agosto de 1801 se hicieron una serie de ajustes al contenido de la Real Cédula, pero no se eliminaron las dispensas que tanta irritación le producía a los criollos de Caracas. El único cambio acometido fue aumentar el monto de los aranceles: en el caso de la dispensa de la calidad de pardo se elevó a 700 reales de vellón, menos de 100 pesos; y para la de quinterón a 1100 reales, casi 140 pesos.

El pleito se extendió a otros ámbitos. El Claustro de la Universidad y el obispo de Caracas hicieron causa común con los mantuanos para oponerse a la Real Cédula, pero tampoco obtuvieron resultados.

Mucho se ha dicho que esta actitud de la Corona es expresión de que en España se veía con simpatía a los pardos y se promovía su ascenso social, su igualación con los blancos y la abolición de las jerarquías y la desigualdad. Esto es absolutamente falso.

El último fallo del Consejo de Indias sobre la materia deja ver que la Corona no pretendía alentar ninguna mudanza en sus dominios y que las prevenciones y reservas contra los pardos eran las mismas que exteriorizaban los criollos caraqueños.

La opinión del Consejo de Indias sobre los pardos no deja lugar a dudas. En su concepto todos los pardos provenían de «... mezclas infectas, viciadas, con malos ejemplos y conducta réproba, que por lo mismo se han considerado, se estiman y tendrán en todos los tiempos por indignos e ineptos para los destinos en que el estatuto, orden o práctica requieren de la nobleza y legitimidad»[41].

Las dispensas que contemplaba la normativa real no modificaban esta consideración. Se trataba, *exclusivamente*, de una gracia

---

41 Consulta del Consejo sobre la habilitación de pardos para empleos y matrimonios, Madrid julio de 1806, en Santos Rodulfo Cortés, *El régimen de las Gracias al Sacar en Venezuela durante el período hispánico*, tomo II, p. 255.

que Su Majestad otorgaba *solamente* y de *manera individual* a cierto tipo de individuos *excepcionales* en los cuales se reunían «... relevantes pruebas de su arreglado proceder, fidelidad al soberano y amor a la patria, de méritos sobresalientes y servicios extraordinarios».

Esta condición excepcional no tenía como propósito que fuese extensiva a todos los pardos. Por el contrario, dejaba muy claro el Consejo de Indias que bajo ningún concepto podían los pardos generalizar estas gracias y a su sombra creer que ellas los igualaban a los blancos sin otra diferencia que la accidental de su color, considerándose entonces capaces de obtener todos los destinos y empleos en las carreras eclesiástica, militar, civil y política, y enlazarse con cualquier familia legítima y limpia de mezcla. No era ese el propósito de Su Majestad. Por el contrario, estimaba el Consejo de Indias que semejante idea propagada entre ellos generaría todo tipo de disputas y alteraciones las cuales era preciso evitar, máxime en una monarquía donde la clasificación de las clases contribuía definitivamente a un mejor orden, una mayor seguridad y un mejor gobierno, y donde la opinión superaba todas las ideas de igualdad y confusión.

No había, pues, ninguna intención de modificar la constitución jerárquica de la sociedad, el orden desigual y la división de las clases. Se trataba de excepciones cuyo propósito, al decir del mismo Consejo, era demostrar la piedad del Soberano beneficiando a aquellos pocos individuos de origen inferior y conducta ejemplar que podían demostrar que, efectivamente, eran dignos de la merced que se les otorgaba. De esta manera se inducía en ellos a que reformasen sus costumbres desordenadas con la esperanza de que pudiesen distinguirse entre los de su misma condición.

El Consejo de Indias insistía sobre el tema de la importancia de la desigualdad y el orden jerárquico en una monarquía y la necesidad de conservar la firme idea de que no se reuniese la gente noble con sujetos de inferior calidad, sobre todo en el caso de sus posesiones ultramarinas. El fragmento que se cita a continuación no ofrece dudas al respecto:

> ... y si es innegable que en el estado monárquico son de suma importancia a su subsistencia y buen régimen las diversas jerarquías y esferas, por cuya gradual y eslabonada dependencia y subordinación se sostiene y verifica la obediencia al soberano, con mucha más razón es necesario este sistema en América, así por la mayor distancia del tramo, como por lo numeroso de esta clase de gente que por su viciosa derivación y naturaleza no es comparable a la del estado llano de España y constituye una especie muy inferior, ofreciéndose en extremo reparable que los hijos o descendientes de esclavos conocidos como tales se sientan y alternen con los que derivan de los primeros conquistadores o de familias nobles legítimas blancas y limpias de toda fea mancha[42].

Más allá de las disputas promovidas contra la Real Cédula de Gracias al Sacar y los recelos y malestares que su ejecución suscitó, la lealtad del marqués del Toro y de los criollos caraqueños hacia el rey y la Monarquía no se modificó ni sufrió alteraciones. Todo lo contrario, fueron numerosas y elocuentes las manifestaciones de lealtad que dieron a la Corona, antes y después de este desencuentro. De ello se ocupa el capítulo que sigue.

---

42 Consulta del Consejo sobre la habilitación de pardos para empleos y matrimonios, Madrid, julio de 1806, en la misma obra de Santos Rodulfo Cortés, Ob. cit p. 255.

Fiel y leal servidor de Su Majestad

En defensa del rey y del orden monárquico

Todos los ancestros del marqués del Toro tenían en común su trayectoria de lealtad y de servicios a la Monarquía. Su papá, don Sebastián Rodríguez del Toro, había sido capitán de una de las compañías del Batallón de Voluntarios de Caracas y no solamente lo había hecho sin cobrar sueldo alguno sino que de su propio peculio sostuvo la Compañía mientras estuvo al servicio del rey. Por su aplicación, esmero y por sus manifiestos deseos de sacrificarse por el rey fue ascendido a teniente coronel en 1778. El abuelo del marqués del Toro, don Francisco de Paula Rodríguez del Toro, también había servido fielmente a Su Majestad durante 22 años: participó en la defensa de La Guaira contra los ataques de los ingleses, donó 100 fanegas de cacao a la Corona e hizo entrega de un empréstito de 12 000 pesos para contribuir con la necesidades militares del reino. Otro de los ancestros del marqués, don Juan Primo Ascanio, su bisabuelo, prestó servicios a la Corona en el puerto de La Guaira en tres diferentes ocasiones y en todas ellas había acreditado gran celo y amor a la Real persona del Soberano[43].

---

43 Las certificaciones de los servicios prestados a la Corona por los miembros de la familia están insertos en la petición de don Sebastián Rodríguez del Toro a Su Majestad, junio de 1776, AGN, Reales Órdenes 1775-1777, tomo V, reproducido en *Crónica de Caracas*, Caracas, Revista del Concejo Municipal del Distrito Federal, abril-junio 1958, pp. 506-507.

Francisco Rodríguez del Toro dio continuidad a la trayectoria de sus mayores. En 1790, al ingresar a la Orden de la Cruz de Carlos III, había jurado servir lealmente al Monarca. Siete años después tuvo ocasión de dar pruebas fehacientes de su irrestricta lealtad a la Corona. Ello ocurrió en 1797, cuando fue develada en Caracas la conspiración de Gual y España.

El movimiento tuvo su origen en La Guaira y sus promotores fundamentales fueron Manuel Gual, capitán retirado, y José María España, teniente justicia de Macuto. También estaban comprometidos los españoles Juan Bautista Picornell, Manuel Cortés Campomanes, Sebastián Andrés y José Lax, prisioneros en las bóvedas de La Guaira por haber promovido una sublevación en España, inspirada en los principios republicanos y liberales de la Revolución Francesa. La composición del grupo era bastante heterogénea: había españoles, criollos y pardos; funcionarios coloniales, abogados, ingenieros, militares, un cirujano, el párroco de La Guaira; zapateros, carpinteros, barberos, pequeños propietarios, bodegueros, agricultores, peones, pescadores y caleteros vinculados al puerto.

En la tarde del día 13 de julio de 1797, el gobernador y capitán general de la Provincia, don Pedro Carbonel fue informado de que se preparaba una sublevación cuyo estallido estaba previsto para el 16 de julio, día de la Virgen del Carmen. Fueron asaltadas las casas de los implicados encontrándose importantes documentos en los cuales estaban expuestos los propósitos de la rebelión. El programa de los revoltosos contemplaba instaurar una República, abolir la esclavitud, sancionar el principio de la igualdad y declarar la independencia de España. Entre los papeles se encontraba también la edición en español de los Derechos del Hombre y del Ciudadano, tomados de la declaración francesa, ampliados con un texto preliminar dirigido expresamente a los americanos, en el cual se desarrollaban y defendían los principios republicanos.

Al día siguiente asistió el marqués del Toro a una sesión extraordinaria del Cabildo de la ciudad, cuya finalidad era discutir las ocurrencias del día anterior. Los miembros del Cabildo se pronunciaron unánimemente en contra de lo ocurrido, se declararon dispuestos a derramar hasta la última gota de sangre para defender a su rey, expusieron sus deseos de contribuir con lo que fuese necesario para extinguir de raíz aquella funesta sublevación y dieron su apoyo irrestricto a las autoridades para que se castigara de manera ejemplar a los promotores del movimiento. El Cabildo designó una comisión integrada por el marqués del Toro y don Manuel de Montserrate para que visitara al capitán general, le hiciera presente su consternación, le suplicara que les comunicase las órdenes que estimase convenientes y le informara la decisión del Ayuntamiento de levantar una o más compañías de la gente noble, principal y decente de la ciudad, con sus respectivos oficiales, para resguardar el orden, proteger la persona del gobernador y contribuir en la vigilancia de los prisioneros[44].

Transcurrida una semana, la nobleza de la ciudad formó una Compañía de Nobles Voluntarios y se encargó de montar guardia en la Sala Capitular y de vigilar a los reos. El 4 de agosto de ese mismo año se reunió la nobleza de la ciudad en la sala capitular del Cabildo y decidió elevar una representación al rey. El objetivo era ponerlo en conocimiento de la creación de la compañía de nobles voluntarios y reiterarle directamente a Su Majestad la lealtad y fidelidad de la gente principal y decente de la provincia. El documento decía así:

La Nobleza de la ciudad de Caracas junta en cuerpo y postrada humildemente a los Reales Pies de Vuestra Majestad, dice que irritado altamente su celo y de un modo inexplicable contra el plan de conspiración descubierto el día 13 del pasado mes y considerando los graves

---

44   Acta del 14 de julio de 1797, Archivo del Concejo Municipal de Caracas, Tomo Guerra con Inglaterra 1797-1810, folios 3-4.

cuidados en que se hallaba el Gobierno por esta razón, habiendo de atender con urgencia y a un mismo tiempo y casi sin más tropas que las Milicias Regladas de esta capital a guarnecer todos los puestos importantes de ella y de La Guaira, nos presentamos apresuradamente al Capitán General ofreciendo no sólo nuestras personas y haciendas sino también formar en el momento compañías armadas a nuestra costa para custodiar a su persona o cualesquiera otros destinos o funciones que considerase oportunas para la tranquilidad como el respeto de la pública autoridad[45].

Entre los firmantes estaban el marqués del Toro; Francisco Mijares de Solórzano, marqués de Mijares; José Antonio Mijares de Solórzano; Martín Herrera; Manuel Montserrate; Andrés Ibarra; Jacinto Ibarra; Bartolomé Ascanio; Martín Jerez y Aristeguieta; Gabriel y Vicente Blanco Uribe; Ignacio de Ponte; Miguel Monasterios; José Ignacio Ustáriz, entre otros. Firmaban en total 32 nobles de la ciudad.

No había, pues, la menor duda de cuál era el partido de los mantuanos: estaban a favor del rey y de la Monarquía y en contra de la revolución, repudiaban los principios de la Revolución Francesa, no compartían la declaratoria de la igualdad ni la oferta de liberar a los esclavos, mucho menos propiciar la Independencia de España. Todos sin excepción ofrecieron sus vidas y caudales para proteger el orden y la integridad de la monarquía.

Sin embargo, según se desprende del informe que envió el capitán general Carbonel al rey de España, algunos nobles trataron de sacar ventaja de la situación. El blanco de su denuncia era, precisamente, el marqués del Toro. Decía Carbonel que cuando el marqués había llegado a su despacho con la comisión del Cabildo, le había propuesto la remoción de los oficiales que habían sido nombrados en varios pueblos y cabeza de partido y

---

45 Representación de la nobleza de la ciudad de Caracas al rey de España, 4 de agosto de 1797, en Santos Rodulfo Cortés, *Antología Documental de Venezuela 1492-1900*, Caracas, 1966, pp. 154-155.

le entregó una lista de 14 sujetos que podrían sustituirlos. De la lista 11 eran parientes suyos y todos estaban propuestos para los lugares donde se encontraban sus hatos y los de su familia.

Añadía Carbonel que el mismo marqués había sido el promotor de la representación de la nobleza, en combinación con su primo Andrés Ibarra, ocupándose ambos de la redacción y de la recolección de las firmas, cuidándose de incluir solamente a la gente de su partido, lo cual había molestado al conde de Tovar, quien intervino para que finalmente la representación saliese con el mayor número de firmas.

No le simpatizaban a Carbonel las iniciativas ni procedimientos de Toro. Su informe al monarca concluía admirado de la «serenidad» del marqués y de su frialdad para fomentar sus intereses privados en medio de las críticas aflicciones y funestas circunstancias en las que se encontraba la provincia[46]. Pero la denuncia no pasó de allí.

En abril de 1799 llegó a Venezuela un nuevo capitán general, don Manuel Guevara y Vasconcelos, en sustitución de Carbonel. Sería Guevara Vasconcelos quien se encargaría de liquidar de un todo la revuelta. El 8 de mayo fue ejecutado José María España en la Plaza Mayor de Caracas y fueron sentenciados a muerte otros de los implicados en la rebelión que se encontraban prisioneros. Gual se mantuvo en Trinidad, desde allí estableció contacto con Francisco de Miranda y publicó una proclama dirigida a los venezolanos conminándolos a luchar por la Independencia. Al año siguiente fue hallado muerto en su casa. Se dijo que había sido envenenado.

La sustitución de Carbonel por Guevara Vasconcelos favoreció a Francisco Rodríguez del Toro, quien rápidamente formó parte del círculo de allegados del nuevo capitán general. En 1800 ingresó el marqués al Real Servicio en el batallón de Milicias de

---

46 Informe del capitán general a Su Majestad, 28 de agosto de 1797 en Héctor García Chuecos, *Documentos relativos a la Revolución de Gual y España*, Caracas, 1949, p. 204.

Blancos voluntarios de los valles de Aragua y 8 años más tarde fue ascendido a teniente coronel, como su padre[47].

Si bien habían cesado los disturbios en Venezuela, luego del ejemplar castigo infligido a los cabecillas de la rebelión de 1797, se tuvo noticia de que unas cuadrillas inglesas provenientes de la isla de Curazao amenazaban las costas de Venezuela. Inmediatamente el marqués se movilizó y le manifestó al capitán general su disposición a colaborar con lo que fuese necesario para asegurar la tranquilidad la provincia. El 22 de septiembre de 1800 se dirigió al capitán general en los términos siguientes:

> Señor Presidente, Gobernador y Capitán General: Cuando empiezo a convalecer de mi larga y peligrosa enfermedad, reconozco hallarse Vuestra Señoría rodeado de mayores y más delicadas atenciones que, aunque incapaces de oprimir su firmeza y celo por el servicio del Rey en la defensa de estas importantes provincias, son dignas de la consideración de todos los vasallos. Y siendo yo uno de los más distinguidos por la piedad de Su Majestad debo ser también de los más reconocidos y procurar manifestarlo siempre, y a este fin sin perjuicio de acreditarlo con mi persona y todas las facultades que poseo, ofrezco por ahora a las órdenes de V.S. cuanto sea necesario para mantener a toda costa 200 hombres armados por el tiempo que VS. estimare conveniente, bien sea que cesen las peligrosas resultas que se deben recelar de las actuales inquietudes de la vecina Curazao, o con cualquiera otro motivo en que se interese el servicio del Rey y tranquilidad pública del país[48].

Unos días más tarde el capitán general le contestaba agradeciéndole su oferta, felicitándolo por su «cualidad de buen vasallo», y manifestándole su complacencia porque con su ejemplo avivaba

---

47 Hoja de Servicios del marqués del Toro, AGN, *Hojas Militares*, Imprenta Nacional, 1950, tomo III.
48 El marqués del Toro al capitán general de Venezuela, 22 de septiembre de 1800, AGI, Caracas, 97, N° l, folio 5.

la fidelidad de los demás vasallos[49]. Esa misma semana el capitán general da a conocer a Su Majestad el fidelísimo gesto del marqués. Destaca el gobernador los cuantiosos bienes del marqués, su carácter brillante, la lucidez y decencia con que mantenía a su familia y su denodado amor por la persona de Su Majestad. En la misma carta se permite rogarle al Monarca que tuviese a bien dispensarle al marqués «Su soberana gratitud», no solamente en atención a su celo, sino para alentar en los demás vecinos la idea y el ejemplo de los que se sacrificaban legítimamente por el Padre común más amante de sus vasallos, cuya fidelidad sabía premiar benéficamente. El honor y el distinguido porte del citado marqués del Toro eran suficientes para cualquier honrosa distinción, en consecuencia, para él sería una enorme satisfacción que en el tiempo de su mando pudiese tener alguna parte en esos testimonios agradables y de útil inclinación a Su Patria y honor a la Monarquía en las que siempre se había sacrificado y seguiría haciéndolo[50].

No cabe, pues, la menor duda, respecto a que el marqués del Toro había logrado ganarse la buena voluntad, la confianza y la estimación del nuevo gobernador y capitán general. Las pruebas de su lealtad estaban a la vista y en la Corte se tenía conocimiento de ello. Pero no terminan allí las demostraciones de fidelidad del marqués hacia la Corona. Seis años después da un nuevo testimonio de su irrefragable lealtad a la Monarquía.

En armas contra el «traidor Francisco de Miranda»

El 5 de marzo de 1806 se acuarteló con su batallón en los valles de Aragua y el 10 de agosto salió en dirección a Coro para combatir a un peligroso enemigo de Su Majestad: Francisco de

---

49 Manuel de Guevara Vasconcelos, capitán general de Venezuela, al marqués del Toro, Caracas, 13 de octubre de 1800, AGI, Caracas, 97, N° 2, folios 6-7.
50 Manuel Guevara Vasconcelos, gobernador y capitán general al Rey de España, Caracas, 24 de octubre de 1800, AGI, Caracas, 97, N° 272, folio 2.

Miranda, quien había invadido la provincia el 3 de agosto con el propósito de independizar al «pueblo libre de suramérica» del infame yugo español.

La expedición de Miranda había zarpado desde Nueva York, a bordo del bergantín *Leander*, en dirección a la isla de Haití. En Haití se le unieron dos goletas y de allí navegaron hasta las costas de Venezuela. El 28 de abril Miranda y sus aliados fueron atacados por unos barcos de guerra españoles en las cercanías de Ocumare; las dos goletas fueron capturadas y sus tripulantes sometidos a prisión y juzgados: 10 de ellos fueron condenados a muerte y ahorcados en Puerto Cabello. Miranda logró escapar. Rehizo sus fuerzas, desembarcó en La Vela y el 4 de agosto tomó la ciudad de Coro. No encontró resistencia ya que los habitantes de Coro ante la noticia de la invasión abandonaron la ciudad. Transcurrida una semana, y visto que su propuesta no contaba con el menor apoyo, Miranda se retiró a las Antillas a la espera de refuerzos para intentar una nueva expedición. No obtuvo resultados. En diciembre de 1807 regresa a Inglaterra.

El marqués del Toro no tuvo ocasión de entrar en combate contra el «traidor» Miranda, cuando llegó con sus tropas a San Carlos ya Miranda había zarpado con su gente en dirección a las Antillas. Las órdenes fueron que se mantuviera alerta en los valles de Aragua, a la espera de cualquier novedad. Así lo hizo hasta el mes de octubre de 1807.

Mientras el marqués se encontraba en los valles de Aragua dispuesto a enfrentar a Miranda, sus compañeros del Cabildo se pronunciaron contra la atrevida y escandalosa expedición intentada por el perverso Francisco de Miranda. Decía así la representación de los capitulares:

> Sólo un autor tan arrojado como Miranda pudo llegar al extremo tan indigno como el de suponer que los habitantes de estas provincias hayan sido ni sean capaces de haberle llamado, ni de intentar sacudir el yugo

dulce de la obediencia a su Rey en que han cifrado y cifran su mayor gloria, y agraviados al mismo tiempo con un borrón que sólo debe vengarle y satisfacerle la destrucción y total ruina de un reo tan inicuo y de todos sus aliados como único medio y el más a propósito para expiar unos delitos tan enormes y con cuya memoria la posteridad tenga un monumento que le sirva de antemural a cualesquiera otros que no menos atrevidos que Miranda quieran atribuirla la más mínima parte de semejantes ideas y agraviarla con el recuerdo del presente suceso[51].

El 9 de mayo se reúne otra vez el Cabildo, de manera extraordinaria, y mediante un nuevo acuerdo suplica al capitán general que, en atención a los elevados gastos que había ocasionado la movilización militar a cargo del marqués del Toro, determinase la cantidad que debía asignarse como remuneración y premio a la persona o personas que aprehendiesen al traidor Miranda, vivo o muerto, y lo llevasen a la ciudad. Fijada la asignación le pedían que fuese publicada en bando en toda la provincia con la determinada proscripción de aquel traidor para que llegase al conocimiento general de todos sus habitantes[52].

El Cabildo, al mismo tiempo, hizo un llamado a todos los habitantes de la provincia para que manifestaran su repudio a Miranda, por el atroz agravio cometido y contribuyesen con lo que les fuese posible en la captura y exterminio de aquel depravado y abominable monstruo.

Casi dos años después de estos sucesos se publicó en *La Gaceta de Caracas* la lista de las contribuciones entregadas para poner precio a la cabeza del traidor Miranda. En ella aparecen los más destacados miembros del mantuanaje caraqueño, acompañados de particulares de la más diversa procedencia, incluyendo a los verduleros y bodegueros de la Plaza Mayor. En total se recaudaron

---

51   Acuerdo del Cabildo de Caracas, 5 de mayo de 1806, reproducida en Marqués de Rojas, *El General Miranda*, París, Librería de Garnier Hermanos, 1884, p. 180.
52   Acuerdo del Cabildo de Caracas, 9 de mayo de 1806, en Marqués de Rojas, ob. cit., p. 184.

19 850 pesos, los cuales fueron depositados por el Ayuntamiento en las Arcas Reales el 21 de junio de 1806 para que se remitiesen a España y contribuyesen a solventar «las urgencias de nuestra amada Patria»[53]. Si le aplicamos el mismo método de conversión a esta cantidad estamos hablando de una suma cercana a los 430 000 dólares del año 2002.

Ni el movimiento de Gual y España para constituir una República de iguales ni la convocatoria de Miranda para independizarse de España contaron con la simpatía del marqués del Toro ni de los principales de Caracas, tampoco tuvieron mayor audiencia en el resto de los habitantes de la provincia. La lealtad a la Corona española unía a nobles y plebeyos en un mismo designio: proteger la integridad del reino y defender la autoridad del Monarca en estos territorios. La invasión de Napoleón a España y las abdicaciones forzadas de Bayona en el año 1808 dieron al marqués del Toro, a la nobleza de Caracas y a los habitantes de Venezuela una nueva ocasión para tributarle su lealtad al Monarca y expresarle su deseo de que no se alterasen los lazos que unían entre sí a los diferentes pueblos de España.

Por la unión de los pueblos españoles y la integridad de la Monarquía[54]

En mayo de 1808, se recibe en Caracas la noticia de la abdicación de Carlos IV, rey de España, a favor de su hijo Fernando VII. Dos meses más tarde, el 15 de julio llegaron los oficios firmados por el nuevo Monarca ordenando levantar pendones en su Real nombre para que se le tuviese desde ese

---

53   Gaceta de Caracas, 24 de febrero de 1809. Las listas de los donativos aparecen en las Gacetas del 28 de abril, 5, 12, 19 y 26 de mayo; 2 y 9 de junio de 1809.

54   El contenido de esta parte ha sido redactado tomando como punto de partida mi libro *La Conjura de los mantuanos. Último acto de fidelidad a la monarquía española*, Caracas, Universidad Católica Andrés Bello, 2000.

momento como su rey y señor y para que se celebrasen las ceremonias de costumbre.

Al día siguiente sucedió algo totalmente inesperado: dos emisarios franceses entregaron al capitán general unos pliegos provenientes de España informando que Carlos IV y Fernando VII habían renunciado a la Corona y que Giacoccino Murat, duque de Berg y lugarteniente de Napoleón, había sido nombrado teniente general del Reino. El mismo día se recibieron los informes provenientes de Inglaterra anunciando la nulidad de las abdicaciones, el levantamiento del pueblo español contra Napoleón y la firma de un pacto de alianza entre la Gran Bretaña y España.

La confusión fue general. El marqués del Toro junto con los miembros del Cabildo manifestó sus reservas respecto a las renuncias. Al saberse la noticia en la ciudad, se desató una violenta reacción en contra de los franceses y a favor de Fernando VII. Un grupo se dirigió al Ayuntamiento y exigió la proclamación inmediata del rey Borbón. Esa misma noche se realizó la ceremonia de la Jura con la asistencia del alférez Real, don Feliciano Palacios, los miembros del Cabildo y las principales autoridades de la provincia, colocándose un retrato de Fernando VII en el dosel de la Sala Capitular.

En la mañana siguiente el capitán general convocó una reunión a fin de discutir las noticias recibidas y los acontecimientos del día anterior. Asistieron las principales autoridades peninsulares, dos miembros de la nobleza, una representación del Cabildo, otra de la Iglesia y una tercera del cuerpo militar. Las deliberaciones pusieron al descubierto la diversidad de opiniones que había respecto a la confusa circunstancia del momento. La decisión fue no hacer novedad alguna en el gobierno de la provincia. Sin embargo, el ambiente de intranquilidad e incertidumbre no se disipó y el tema se convirtió en motivo de discusión y acalorados desencuentros en los días sucesivos.

Diez días después de estos acontecimientos, el 27 de julio, el capitán general propuso la constitución de una Junta y le solicitó al Ayuntamiento que preparase un proyecto. A los dos días el proyecto estaba listo, inspirándose en el modelo de las Juntas que se habían constituido en España para atender la emergencia. La instalación de la Junta no se llevó a cabo ya que el mismo día que le fue presentado el proyecto al gobernador, llegó a Caracas don José Meléndez Bruna, comisionado de la Junta de Sevilla, solicitando el reconocimiento de esta Junta y así se hizo el 5 de agosto de 1808. La decisión no tranquilizó ni al marqués ni a los miembros del Cabildo, quienes manifestaron su malestar respecto al carácter de autoridad soberana que se adjudicaba la Junta de Sevilla.

El ambiente de tensión que se vivía en la ciudad no se disipó. Por el contrario, las discusiones en torno al incierto futuro de España y la posibilidad de que fuese sometida por los franceses, seguían siendo motivo de discordia y preocupación en las tertulias, reuniones y conciliábulos que se celebraban en las casas de la gente principal.

Durante el mes de octubre, un nuevo ingrediente se añadió a la ya complicada situación. El marqués del Toro recibió una carta de Francisco de Miranda en la cual le solicitaba que reuniese al Cabildo y los instase a tomar el control de la provincia y a enviar personas autorizadas a Inglaterra para discutir con el gobierno británico las medidas a ejecutar, a fin de garantizar la seguridad y la suerte futura del Nuevo Mundo.

El marqués, al recibir la correspondencia de Miranda, se dirigió al capitán general y le hizo entrega de las cartas y documentos, excusándose por la «injuria atroz» que le había hecho Miranda al convertirlo en destinatario de sus propuestas. El 8 de noviembre remite un nuevo oficio al capitán general anexándole las mismas cartas y exponiéndole lo siguiente: «... nada nuevo tengo que añadir sino el concepto que he formado de que Miranda, descaradamente ingrato al país que le tolera, quiere desfigurar la noble oferta que sabe el mundo entero ha hecho el rey de la Gran Bretaña de auxiliar a España contra el enemigo común sin otro interés que el de conservar la integridad de la Monarquía»[55].

Una vez más, rechazaba las propuestas independentistas de Miranda y lo acusaba de traidor y enemigo de España en un momento en el cual, según exponía el marqués, eran necesarias las mayores demostraciones de fidelidad y lealtad hacia la patria y el rey.

Promotor de la Junta de 1808

Durante esos mismos días, en una reunión realizada en casa del Intendente don Juan Vicente de Arce, uno de los asistentes, don Antonio Fernández de León, oidor honorario de la Real Audiencia y acaudalado español, opinó que todo lo ocurrido en Caracas desde el pasado mes de julio había sido un disparate: ni la Audiencia ni el Ayuntamiento ni el capitán general tenían autoridad alguna para reconocer a la Junta de Sevilla y que, en ausencia del rey, la soberanía regresaba al pueblo.

Decidieron entonces, Fernández de León y el marqués del Toro, retomar la propuesta de la Junta que había hecho el capitán general. Con ese propósito prepararon un documento, realizaron reuniones y solicitaron las firmas de los principales vecinos de la capital.

Las reuniones se celebraron en casa de José Félix Ribas y a ellas asistieron el marqués del Toro, promotor de la Junta, y los hermanos Tovar; Mariano Montilla, Vicente Ibarra, el conde de San Javier, Nicolás Anzola; los hermanos del anfitrión, Juan Nepomuceno y Valentín Ribas, y otros miembros destacados del mantuanaje caraqueño.

La representación, redactada en su primera versión por Fernández de León, ampliada y corregida en las reuniones, empezó

---

55 El marqués del Toro al capitán general Juan de Casas, Caracas, 8 de noviembre de 1808, Marqués de Rojas, ob. cit., p. 243.

a circular por la ciudad. Hubo discusiones acaloradas entre los firmantes. Ribas amenazó con una pistola a Fernández de León porque este, después de ser el instigador de la propuesta, estaba remiso a firmar. Unos condicionaron su firma hasta no ver la lista completa de los firmantes; otros se comprometieron a firmar y luego se abstuvieron. Hubo también algunos importantes miembros de la nobleza criolla que se opusieron al proyecto: el conde de la Granja y el marqués de Mijares. El primero manifestó que le parecía extemporáneo, ya que se había constituido en España la Junta Central, y Mijares se limitó a decirles que no era de ese dictamen.

El 23 de noviembre el marqués del Toro y Vicente Ibarra se reunieron con Joaquín Mosquera y Figueroa, regente visitador de la Real Audiencia, y le presentaron el documento. El comentario de Mosquera fue «... han tenido un momento desgraciado en pensar en semejante asunto».

Aun cuando le comunicaron que desistirían del proyecto, la propuesta de la Junta se conocía en toda la ciudad. Unos pasquines colocados en las puertas de la Catedral y en otros sitios visibles de la capital delataban el movimiento y acusaban a los mantuanos de aspirar a la tiranía y de conspirar contra la paz pública.

El 24 de noviembre, finalmente, una comitiva en la que se encontraba el marqués del Toro, le entregó el documento al capitán general Juan de Casas precedido de una nota firmada por el mismo marqués, el conde de Tovar y Antonio Fernández de León en la cual le insistían que el único propósito de la iniciativa era llevar a cabo el mismo plan que se había adelantado en España para impedir las aspiraciones de Napoleón. La representación empezaba declarando la lealtad de la «Nobilísima ciudad de Caracas», contraía «criminal felonía» cometida por el emperador de los franceses en la persona de «nuestro amado Rey», su Real familia y contra el honor y libertad de la nación.

La propuesta de constituir una Junta, según decía el documento, no perseguía otro objetivo que seguir el ejemplo de las Juntas que se habían formado en las principales provincias de España. En consecuencia estimaban que era de absoluta necesidad que se llevase a efecto «... la formación de una Junta Suprema con subordinación a la Soberana de Estado, que ejerza en esta ciudad la autoridad suprema, mientras regresa al Trono nuestro amado Rey el Sr. Don Fernando VII. No podemos persuadirnos que haya ciudadano alguno, de honor y de sentimiento justo que no piense del mismo modo que nosotros, y por el contrario estamos seguros de que éste es el voto y deseo general del pueblo»[56].

La representación estaba firmada por 45 vecinos principales de la ciudad: funcionarios españoles, comerciantes canarios y mantuanos caraqueños. La representación reiteraba los contenidos de las proclamas y pronunciamientos de las Juntas que se habían erigido en España y en su argumentación recurrían a la doctrina fundamental del Reino en defensa de la integridad de la Monarquía y de sus pilares constitutivos: la religión, la patria y el rey.

No obstante, la respuesta del regente interino de la Real Audiencia, don Joaquín de Mosquera y Figueroa, fue someterlos a prisión y abrir causa contra todos los participantes. En su concepto la constitución de una Junta era un pretexto que se tomaba para aspirar a la independencia, así lo expresaba textualmente en el título de la comunicación que le envió a la Suprema Junta de Gobierno del Reino, a fin de informar los sucesos ocurridos en la provincia[57].

---

56 «Representación del 22 de noviembre de 1808» en *Conjuración de 1808 en Caracas para formar una Junta Suprema Gubernativa (Documentos Completos)*, Caracas, Instituto Panamericano de Geografía e Historia, 1968, tomo I, pp. 111-113.

57 Joaquín de Mosquera Figueroa. «Informe sobre la prisión efectuada en varios sujetos de la primera representación de esta ciudad, con motivo del proyecto de establecer en ella una Junta Suprema que se ha creído era un pretexto que se tomaba para aspirar a la independencia si se llegaba a establecer», 26 de noviembre de 1808, *Conjuración de 1808 en Caracas*, tomo II, pp. 800-801.

Los acusados reaccionaron de diferente manera: unos se retractaron inmediatamente; otros se dirigieron al capitán general para reiterar su lealtad al rey y manifestarle, arrepentidos, que en ningún caso habían tenido la intención de actuar contra la Corona. Otros, desde el Cuartel San Carlos, lugar de reclusión, solicitaron que se les permitiese retirarse a sus haciendas a cumplir sus condenas ya que, repentinamente, se vieron aquejados de las más disímiles enfermedades[58].

Sin embargo, otros, como el conde de Tovar y el marqués del Toro, defendieron la propuesta y la legitimidad de su determinación, argumentando que no habían cometido delito alguno sino todo lo contrario.

Por la Independencia: ¡Jamás!

El marqués del Toro, al defender su activa participación en el proyecto, denunciaba y rechazaba las medidas adelantadas por Mosquera y le hacía presente al capitán general la consternación y el asombro general que afligía a las familias de los acusados, producto de la «malignidad y la intriga» del regente visitador, quien había convertido en un «episodio criminal y delincuente» una iniciativa absolutamente honesta y lícita. En su opinión, la Junta constituía un servicio muy distinguido a la patria, al rey y al Estado, conforme a lo practicado en los reinos de España y la actuación de Mosquera había sido una afrenta contra el honor y fidelidad de los principales[59].

Se ocupa el marqués de organizar un abultado expediente para defender y argumentar la legitimidad de su actuación. En este caso, el destinatario no es el capitán general, sino la Junta Central de España. Su objetivo era exponerle a la máxima autoridad del

---

58 Los detalles de estas diferentes reacciones pueden verse en mi libro ya citado *La Conjura de los mantuanos,* capítulo 5 «La respuesta de los principales», pp. 157-167.

59 El marqués del Toro al capitán general, 27 de noviembre de 1808, ob. cit., p. 570.

reino los detalles de lo ocurrido en Caracas, el bochorno y la injusticia a la cual había sido sometida su persona, demostrar su inocencia y denunciar los abusos de Mosquera.

Insiste el marqués en su alegato frente a la Junta Central en una segunda comunicación en la cual el propósito fundamental era desmentir de la manera más vehemente que un sujeto de su calidad y condición pudiese alentar la idea de la independencia, tal como se desprendía de los cargos que les imputaba Mosquera. La defensa del marqués era del siguiente tenor:

¿Puede pensar en independencia aquel que por piedad de V.M. está colocado en el primer rango de esta Capital, distinguido con el título de Castilla siendo coronel de un Cuerpo, y gozando de una fortuna más que mediana? ¿No sería lo mismo que arrojar el bien, y abrazar el mal? Pues en este estado me hallo yo. ¿Puede pensar en independencia aquel que considera que a ella le seguirá la ruina total de su Patria, compuesta de tan diferentes clases? Pues así lo juzgo yo. Puede, en fin querer independencia aquel a quien se ofrecen todos los medios para conseguirla y los desprecia? Pues este soy yo. El desnaturalizado Francisco de Miranda, que medita exclusivamente este proyecto viéndolo frustrado en su invasión (a la que fui el primero que me opuse con mi batallón, y cuya cabeza ofrecí al Gobierno con solo quinientos hombres de caballería, triunfo que no logré temiendo el General aventurar la acción con tan poco número; pero sí la gloria de ser remunerado mis deseos con las gracias que a nombre de V.M. me dio aquel Capitán General): aquel traidor, digo, pensó en este mismo año ver realizado por mi mano lo que no pudo conseguir por sí, dirigiéndome desde Londres dos cartas fechadas en Julio, a fín de que me apoderase del mando de esta Provincia y la pusiese en independencia, ofreciéndome todos los auxilios de la Gran Bretaña para sostener la suerte del Nuevo Mundo. ¿Podrá apetecer más quien lo desease? ¿No era poner entre las manos los medios para realizarlo? ¿Y cuál fue mi conducta en este punto? No bien hube acabado de imponerme del villano contenido de estas cartas, cuando me presenté con ella al gobierno solicitando que por la mediación de nuestra Corte en Londres, se impusiese al seductor una pena correspondiente al agravio que me irrogaba. ¿Y éste, señor, es el mismo hombre que hace sólo un mes dio un testimonio tan recomendable de lealtad, al que se atropella, se veja y cuya reputación se trata de ennegrecer? ¿Esta que ha sido siempre el ídolo de mi vida, y que es hoy el único patrimonio que deseo conservar? La muerte natural habría puesto fin a mi existencia, y a la civil a que estoy reducido si el valor que me inspira mi inocencia, y mi confianza en la justicia de V.M. no me hubieran conformado y hecho superior a ella[60].

De ninguna manera podía aceptar que se le imputase un cargo tan ajeno a su elevada y distinguida condición y a las recurrentes demostraciones de lealtad que había dado a la Corona en las más diferentes y complicadas circunstancias. Jamás podía estar en su ánimo fomentar la ruina de su patria alentando la independencia. Toda su trayectoria y la de sus mayores eran la más genuina demostración de su irrestricta e indoblegable relación de fidelidad a la Monarquía.

Al año siguiente, el 20 de abril de 1809, los fiscales de la Real Audiencia de Caracas emiten un primer fallo sobre los sucesos de Caracas, el cual es admitido por el alto tribunal el 4 de mayo. La sentencia fue absolutoria. Los mantuanos no habían cometido ningún delito, se trataba solamente de una lamentable indiscreción y, por tanto, quedaban absueltos y sin ningún tipo de consecuencias para el honor y la calidad de buenos vasallos que los distinguía ante la Corona[61].

Todo hacía pensar que el incidente concluiría allí. El regente interino de la Real Audiencia, don Joaquín de Mosquera y Figueroa, había viajado a España a ocupar un alto cargo en la administración de la Corona y el capitán general don Juan de Casas había sido sustituido por don Vicente Emparan, quien había tomado

---

60 *Ibidem*, p. 1103.
61 Fallo de los fiscales Berríos y Espejo, Caracas, 20 de abril de 1809, *Ibidem*, p. 337.

posesión de su cargo el 9 de mayo de ese mismo año y era amigo personal de Fernando Toro, hermano del marqués.

Sin embargo, el marqués no quedó satisfecho con el fallo del tribunal local. En combinación con otros de los comprometidos en el suceso dirige una representación a la Sala de Justicia del Consejo de Indias, a fin de que emitiese una certificación en la cual constase su condición de fiel vasallo de la Monarquía, de forma tal que ni su persona ni la de ninguno de los firmantes pudiese verse perjudicada en su honor y estimación por haber delinquido contra la Corona y las leyes del reino. En su petición lo acompañaban Martín Tovar Ponte, José Tovar Ponte, Juan Nepomuceno Rivas, José Félix Ribas, Isidoro Quintero y Pedro Palacio.

Ni el marqués ni quienes lo acompañaron en esta última petición estaban dispuestos a permitir que en España prosperase la idea de que ellos habían cometido algún delito contra la Monarquía, tampoco los tranquilizaba que se abrigasen dudas respecto a su condición de leales vasallos de Su Majestad. La solicitud no obtuvo respuesta. La Sala de Justicia conoció la petición el día 10 de abril de 1810, justo una semana antes de que estallaran en Caracas los hechos del 19 de abril.

Hasta esa fecha no había dudas respecto a cuál era el partido del marqués del Toro. Desde que heredó el marquesado del Toro en 1787 no se apartó de lo que había sido la tradición de su familia; durante tres décadas actuó de conformidad con su condición de noble titulado, se ocupó de mantener con decencia y esplendor su título de Castilla, ingresó a la Real Orden de Carlos III, fue un activo miembro del Cabildo de Caracas, contrajo matrimonio con una criolla principal heredera del marquesado del Valle de Santiago, se encargó de organizar el expediente contra la Real Cédula que modificaba el trato y educación de los esclavos y se opuso a ella de manera vehemente; actuó también de manera diligente y activa para impedir que se pusiera en práctica la Real Cédula de Gracias al Sacar que permitía obtener dispensación de la calidad de pardo; en repetidas ocasiones dio inequívocas y contundentes manifestaciones de lealtad al rey: se opuso a la sublevación de Gual y España, concurrió con sus armas a combatir la invasión de Miranda, entregó las cartas que este le enviara incitándole a tomar el gobierno de la provincia y rechazó con vehemencia y sólidos argumentos que se le pudiese considerar sospechoso de alentar la Independencia.

No obstante, luego de tres décadas de inconmovible lealtad y sujeción al orden antiguo, se vio involucrado de manera directa en los hechos que propiciaron la Independencia de Venezuela y sancionaron el nacimiento de la República, lo cual representaba la más flagrante negación y la más rotunda ruptura con su pasado y el de su familia.

Veamos, pues, cuál fue la participación del marqués en los sucesos de la Independencia.

II Parte
Patriota

Iniciador de la «Gloriosa Revolución de Abril»

Enemigo del despotismo

El marqués del Toro no participó directamente en los sucesos del 19 de abril de 1810. Había viajado unos días antes con su hermano Fernando a Valencia, autorizados por el capitán general don Vicente Emparan con el pretexto de atender unos asuntos personales y revisar las milicias de Aragua. El primero era coronel del batallón de las Milicias Disciplinadas de los Valles de Aragua y el segundo inspector general de Milicias de la Capitanía General de Venezuela y amigo personal del capitán general Emparan. Cuando se encontraban en Valencia ocurrieron en Caracas los hechos del 19 de abril.

Enterados de los sucesos, se apresuraron a regresar a la capital e, inmediatamente, se pusieron a las órdenes de la Junta Suprema de Caracas. Un año más tarde, Fernando dio una declaración pública para dejar en claro el compromiso suyo y de su hermano con la causa de abril. Su propósito era despejar las dudas que suscitaba entre los miembros del nuevo gobierno su estrecha amistad con el antiguo capitán general, Vicente Emparan. Para nadie era un secreto que Fernando Toro, luego de una larga estadía en España como oficial a las órdenes de la Corona, había regresado a Caracas acompañando a Emparan y que había sido nombrado por este para el más alto cargo militar de la provincia. Su declaración era categórica: él y su hermano habían estado decididamente involucrados en la «gloriosa revolución» de abril:

... Todo el mundo sabe que a pesar de la amistad que me unía con don Vicente Emparan, contraída muchos años antes de su erección a la capitanía general de Venezuela, jamás me desentendí de la libertad de mi patria, y que hablé a este jefe muchas veces sobre la necesidad de nuestra emancipación en el caso de que la Junta Central se disolviese o la España fuese subyugada. Los primeros agentes de nuestra gloriosa revolución me confiaban sus designios justos y honrados y mi casa fue uno de los puntos donde muchos se reunían a tratar la materia y a combinar los medios de ejecutar esta operación. En ella fue donde se meditó, de acuerdo con mi hermano don Francisco, atacar el despotismo con las tropas acuarteladas en la casa de Misericordia, y como este plan fue desgraciado por motivos que todos conocen, mi hermano franqueó mulas a muchos de los comprendidos en él para que se escapasen a la persecución de los tiranos, como lo sabe muy bien don Mariano Mantilla uno de los primeros cooperadores de nuestra libertad. Cuando esto pasaba en Caracas yo había ido a Valencia con el objeto de formar allá la revolución auxiliado de las tropas de aquel distrito y del de Aragua, con cuyo fin se me reunió mi hermano y de concierto con el coronel de milicias don Ramón Páez, teníamos tomadas todas las medidas necesarias al buen éxito de la empresa cuando los caraqueños ejecutándola el 19 de abril, dejaron sin lugar nuestra tentativa.

La versión de Fernando Toro coincide con la exposición hecha por Ramón Páez, jefe de los batallones de Milicias de la ciudad de Valencia, cuando fue interrogado sobre los sucesos de Valencia y Caracas. Certificaba Páez que el brigadier Fernando Toro había llegado a Valencia finalizando la cuaresma y le había hecho presente la necesidad de establecer un nuevo gobierno que restituyese «... nuestros naturales derechos y nos libertase de la opresión en que nos hallábamos».

Continuaba Páez exponiendo que el brigadier Toro le había manifestado que los habitantes de Caracas eran de esta opinión y que, en el caso de que en aquella capital no se tomase la resolución de abolir el gobierno, era preciso que esta obra comenzara por Valencia y los valles de Aragua proclamando la Independencia y levantando el estandarte de la libertad. En atención a ello le había solicitado que se encargara de poner sobre las armas a los dos batallones de milicias de esa ciudad y que su hermano, el marqués del Toro, lo haría con las milicias de Aragua. Todo ello debía ejecutarse solamente si, pasada la semana de Pascua de resurrección, Caracas no hubiese tomado el partido de la insurrección.

Convenidos en esto, Fernando Toro le preguntó a Ramón Páez si contaba con la confianza de sus oficiales, a lo que Páez respondió afirmativamente, asegurándole que ejecutarían voluntariamente cuanto se les ordenase en el asunto. Acordados en proceder según lo pautado, el brigadier Toro apoyó su bastón en el suelo y le dijo: «... logrando esto y consolidando nuestro sistema no quiero más mando, ni más premio que el retiro y sosiego de mi casa, con la satisfacción de haber contribuido cuando me sea posible a la felicidad de mi patria».

Concluía Páez su declaración diciendo que cuando ya estaba todo preparado para dar el golpe, recibieron los hermanos Toro, el 21 de abril por la tarde, la noticia del feliz éxito de la empresa en Caracas[62].

De acuerdo con lo expuesto por Fernando Toro y por el brigadier Páez, los hermanos Rodríguez del Toro habían viajado a Valencia con la finalidad de preparar una insurrección. Su casa de habitación había sido sitio de reuniones y conciliábulos contra el despotismo, ambos habían estado comprometidos en el fallido motín de la Casa de la Misericordia y se habían ocupado de socorrer a los implicados para que pudiesen huir de los tiranos. No había la menor duda respecto a su vocación independentista.

---

62 La declaración de Fernando Toro y la de Ramón Páez las reproduce Pedro de Urquinaona en su *Relación documentada del origen y progresos del trastorno de las provincias de Venezuela*, Madrid, Imprenta Nueva, 1820. Urquinaona era secretario del rey, comisionado por la Regencia para la pacificación del Nuevo Reino de Granada el 25 de diciembre de 1812.

El episodio de la Casa de la Misericordia a que hace alusión Fernando Toro se había planeado para que ocurriese la noche del 1 al 2 de abril. Los hermanos Montilla, Tomás y Mariano; los hermanos Carabaño, Francisco, Fernando y Miguel; dos de los hermanos Ayala y don Juan del Castillo, todos ellos del Cuerpo Veterano de la Reina junto con Diego Jalón del Cuerpo de Artillería, se propusieron tomar el Cuartel de la Misericordia con el fin de sublevar la ciudad. La información llegó a oídos del capitán general y el proyecto no tuvo lugar.

La respuesta de Emparan fue dispersarlos y enviarlos a otras guarniciones alejadas de la capital. Según consta en la declaración que rindió Emparan ante las autoridades españolas sobre los sucesos de Caracas, no le había prestado mayor importancia al proyecto de la Casa de la Misericordia ya que, como el aviso le había sido dado por un medio oscuro e insuficiente y no tenía otras pruebas, no le había parecido prudente exponerse a actuar contra ellos sin tener manera de comprobar el delito.

El 7 de abril el mismo Emparan publicó en la Gaceta de Caracas un manifiesto cuyo objetivo era apaciguar los ánimos y tranquilizar a los habitantes de Caracas frente a las noticias no confirmadas de que España había caído en manos de los franceses y que tarde o temprano los territorios americanos serían subyugados por Napoleón. El capitán general, al tanto de las «especies funestas» que se esparcían en la ciudad sobre la suerte de la Metrópoli, llamaba a mantener la calma. En su opinión, no había indicios de que algo grave estuviese sucediendo en la península. Aun cuando admitía que en los últimos dos meses no había recibido ni pliegos ni noticias ni cartas particulares de España, estimaba que la ausencia de buques no debía interpretarse como un indicativo de que las tropas españolas habían sido derrotadas. Por el contrario, estaba persuadido de que este silencio acreditaba que todo estaba en calma. Si la península estuviese perdida, tal como se rumoreaba en Caracas, se tendría conocimiento de ello, ya que muchas personas se habrían visto obligadas a huir y a dirigirse a las costas americanas en busca de refugio. Además, los ingleses, aliados de España y dueños de una poderosa flota, hubiesen dado aviso de lo ocurrido. Llamaba, pues, a no precipitarse y a confiar en que Dios Todopoderoso velaría por la salud de la patria.

El manifiesto de Emparan no tuvo el efecto deseado. Todo era confusión y alarma en la ciudad. Los vecinos principales se reunían, comentaban lo que ocurría en España y hacían planes para tomar el control del gobierno, de ser ciertos los inquietantes rumores que corrían acerca de la suerte de España.

Finalmente, el 17 de abril, en el barco *El Pilar*, llegaron noticias firmes de la península. En la correspondencia enviada al capitán general se le notificaba que Sevilla había caído en manos de los franceses, que la Junta Central había sido disuelta y que se había formado un Consejo de Regencia. Todo esto durante el mes de enero de 1810. La información fue ratificada por los comisionados de la Regencia, quienes habían llegado a La Guaira en el mismo barco.

Inmediatamente las nuevas se esparcieron por la ciudad. Si en los días precedentes el ambiente de intranquilidad era visible, al conocerse los detalles de la situación española, los conciliábulos y reuniones se multiplicaron desde la mañana del 17 hasta la medianoche del 18. La decisión fue convocar un Cabildo extraordinario para el día siguiente.

¿Qué pasó el 19 de abril de 1810?

A primera hora de la mañana del 19 de abril, dos miembros del Cabildo se dirigieron a la casa de Emparan y lo convocaron para que asistiese a la sede del Ayuntamiento. Reunidos los capitulares con la presencia de Emparan le plantearon la necesidad de constituir una Junta en virtud de la caótica y crítica situación de España. Emparan trató de tranquilizarlos exponiéndoles que la situación no era tan grave y que la Junta Central disuelta había sido sustituida por el Consejo de la Regencia. Los capitulares no estuvieron conformes con las palabras de Emparan, rechazaron por ilegítima la constitución de la Regencia e insistieron en la idea de formar una Junta.

Como el debate se prolongaba, Emparan alegó que tenía que dirigirse a la Catedral para asistir a la ceremonia religiosa del Jueves Santo, se levantó y acompañado de los miembros del Cabildo se dirigió a la Catedral. Antes de llegar a la puerta de la Catedral, un grupo de personas que se había reunido en la plaza alentado por los mismos que promovían la constitución de una Junta le impidió ingresar al templo y lo conminó a regresar al Ayuntamiento. La guardia que se encontraba en el lugar, también en connivencia con los promotores de la Junta, no intervino para impedir que se forzara al capitán general a regresar al Cabildo.

A Emparan no le quedó más remedio que volver a la Sala Capitular. Inmediatamente se procedió a convocar a los oidores de la Real Audiencia. La respuesta de estos fue categórica: de ninguna manera asistirían al Cabildo ya que la situación era totalmente irregular. No obstante, se les obligó a hacer acto de presencia con el auxilio disuasivo de un soldado mulato armado con un sable desenvainado. Estos dos episodios, de por sí absolutamente improcedentes, se vieron complementados con otra novedad: la ampliación del Cabildo con nuevos miembros, lo cual no estaba contemplado en las normativas jurídicas del reino ni en las ordenanzas del Ayuntamiento.

Los nuevos representantes fueron: José Cortés de Madariaga, canónigo de la Catedral y el presbítero Francisco José Ribas, diputados por el clero; Juan Germán Roscio y José Félix Sosa, representantes del pueblo, el primero era asesor de la Capitanía General y de la Auditoría de Guerra y el segundo se desempeñaba como catedrático en la Universidad y era miembro del Colegio de Abogados; en representación de los pardos asistió José Félix Ribas, quien era hacendado y blanco de notoria calidad; Francisco Javier Ustáriz, también blanco, criollo y principal, retirado de las milicias y estudioso del derecho se incorporó al Cabildo como diputado sin que quedase claro a cuál sector de la sociedad representaba, de la misma manera sucedió con el diputado Gabriel Ponte.

Constituida la asamblea con los miembros del Cabildo, el capitán general, los oidores de la Audiencia y los diputados del clero, el pueblo y los pardos, se procedió a discutir las ocurrencias de España y las medidas que debían adoptarse. Las posiciones eran encontradas y el debate acalorado, la reunión se prolongó hasta la tarde y, a medida que transcurría el tiempo, las intervenciones se iban radicalizando. La posición generalizada entre los miembros del Cabildo que respaldaban el movimiento y los siete representantes que se habían incorporado a la Asamblea era que no podía reconocerse a la Regencia de España, ya que no había precedentes en la tradición jurídica del reino que permitiesen un arbitrio similar. En consecuencia, lo pertinente era formar una Junta que representase los intereses de la provincia y que fuese efectivamente la depositaria de la soberanía, mientras el rey se mantuviese cautivo. El capitán general y los oidores de la Audiencia argumentaban que la Regencia era la instancia legítima, que no había motivos para pensar que la España estaba irremediablemente perdida y que, de ninguna manera, podía aceptarse la creación de una Junta ya que las leyes del reino no lo tenían previsto.

El presbítero Cortés de Madariaga, representante del clero, cuestionó la idoneidad del capitán general para atender la difícil situación y solicitó abiertamente su dimisión. Luego de esta intervención ocurrió el conocido episodio del balcón: Emparan, ante el emplazamiento de Madariaga, se asomó al balcón y le preguntó al grupo que se encontraba en la plaza, en su mayoría compuesto por los mismos que lo habían conminado a regresar al Cabildo, si querían que él continuase en el mando y estos guiados por el dedo de Madariaga respondieron que no. Acto seguido, Emparan les contestó que él tampoco quería el mando. Ingresó de nuevo a la sesión y, ya sin autoridad alguna, asistió a la redacción del acta que recogió los acontecimientos del día.

El acta del 19 de abril expone las razones que condujeron a la convocatoria del Cabildo extraordinario y repite el argumento central defendido por los capitulares respecto a que la Regencia no estaba en condiciones de atender la seguridad y prosperidad de estos territorios por las circunstancias de la guerra y por la conquista y usurpación de los franceses. La reunión del Cabildo Extraordinario se había hecho acogiéndose al «derecho natural» de los pueblos. Se trataba de un imperativo ineludible y no podía alegarse que la iniciativa carecía de fundamento ya que, en opinión de los asistentes, esta resolución no contradecía la tradición jurídica del reino; la iniciativa era coherente, según decía el documento, con todo lo que hasta la fecha se había escrito y ejecutado en España por la misma Junta Central. Además, la convocatoria de aquel Cabildo extraordinario era el medio más idóneo para salirle al paso a la «... fermentación peligrosa en que se hallaba el pueblo por las novedades esparcidas y con el temor de que por engaño o por fuerza fuese inducido a reconocer un gobierno ilegítimo». Sin embargo, en la exposición de los hechos, el Acta no recoge los argumentos y reconvenciones expuestos por el capitán general y por el resto de las autoridades españolas.

Cuando el acta pasa a relatar los acontecimientos de aquella mañana, presenta los acontecimientos de una manera diferente. Puntualiza el documento que al no llegarse a ningún acuerdo, un numeroso grupo de personas se reunió en los alrededores del Cabildo protestando su fidelidad a Fernando VII dando gritos y aclamaciones y que cuando el capitán general acompañado del Cuerpo Capitular trató de llegar a la Iglesia Metropolitana «... *tuvo por conveniente y necesario retroceder* a la sala del Ayuntamiento para tratar de nuevo sobre la seguridad y tranquilidad pública». No dice que fue obligado a ello.

El regreso de Emparan al Cabildo y el episodio de la renuncia es recogido por el acta de la siguiente manera: «... reunida de nuevo la Asamblea fue abierta por su presidente, don Vicente Emparan quien se dirigió a los concurrentes. Posteriormente intervino el diputado José Cortés de Madariaga alegando los fundamentos y razones del caso, en cuya inteligencia dijo entre otras cosas el señor Presidente, que no quería ningún mando, y saliendo ambos al balcón notificaron al pueblo su deliberación, resultando conforme en que el mando supremo quedase depositado en este Ayuntamiento».

Expuestos los hechos, se pasó entonces a registrar las decisiones administrativas que había tomado la asamblea: se aceptó la renuncia de Emparan, se destituyó de sus cargos a las autoridades españolas. Se nombró temporalmente al tiente Nicolás de Castro como jefe militar de Caracas y al capitán Juan Pablo Ayala como su segundo.

A partir de ese momento el gobierno de la provincia quedó a cargo del Ayuntamiento de la capital. Ese mismo día, y así quedó estampado en el Acta, se duplicó el sueldo a los militares activos. Los funcionarios depuestos fueron sometidos a prisión y expulsados del país, pocos días más tarde.

Una acotación necesaria

Aquí debe hacerse una pequeña acotación respecto a la significación y relevancia del 19 de abril de 1810, ya que sobre esta fecha crucial de nuestra historia existen diferentes interpretaciones.

La más difundida y la que se consagra todos los años como efeméride nacional es que ese día tuvo su inicio el movimiento de independencia en Venezuela. Esta versión se estableció tempranamente, en el mismo siglo xix. Dos reconocidos historiadores de la época, Rafael Seijas y Arístides Rojas, coincidían en su apreciación respecto a la importancia del 19 de abril como «día inicial de la nacionalidad». Comenzando el siglo xx, la Academia Nacional de la Historia, en su sesión del 5 de mayo de 1909, acordó de manera unánime que la revolución verificada en Caracas el 19 de abril de 1810 constituía «... el momento inicial definitivo y trascendental de la emancipación de Venezuela»[63]. También la Historia Constitucional de Venezuela de José Gil Fortoul, cuya primera edición data de aquellos años, confirma esta versión.

No obstante, otras interpretaciones historiográficas plantean que si bien es cierto que los hechos ocurridos aquel Jueves Santo desencadenaron un proceso que, finalmente, conduciría a la declaración de la independencia, no puede afirmarse que tuviesen como propósito explícito la obtención de la independencia. Quienes así discurren consideran que lo que se expresó ese día fue la vocación autonomista de los vecinos principales de la ciudad frente a la crisis de la monarquía española, la inminente toma de la península por las fuerzas francesas y la ilegitimidad de la Regencia, sin que ellos tuviesen como aspiración última romper los vínculos que los unían a la Metrópoli. Esta misma interpretación, por lo demás, no se refiere exclusivamente a los hechos ocurridos en Caracas sino que permitiría explicar el movimiento juntista que se había expresado en la mayoría de las provincias hispanoamericanas en los años 1808 y 1809 y luego con mucha mayor contundencia en 1810[64], de allí que las Juntas, tanto la de Caracas como las demás que se constituyeron en América para esa misma fecha, se declararan defensoras de los derechos de Fernando vii, único y legítimo rey de España.

---

63   Los argumentos de Seijas y Rojas, así como el decreto de la Academia Nacional de la Historia están publicados en el libro *El 19 de abril de 1810*, Caracas, Instituto Panamericano de Geografía e Historia, 1957.

64   Nos referimos a las tesis sostenidas por François Guerra, en su libro *Modernidad e independencias* y al libro más reciente de Jaime Rodríguez, *La independencia de la América española*, México, Fondo de Cultura Económica, 1998. Los mismos planteamientos para el caso de Quito están expuestos en el estudio de Christian Büschges, «Entre el Antiguo Régimen y la modernidad: la nobleza quiteña y la 'Revolución de Quito', 1809-1812», en *Colonial Latin American Review*, New Mexico, vol. 8, 1999.

Comparto, pues, este último planteamiento. En mi opinión, el 19 de abril de 1810, efectivamente se constituyó un nuevo gobierno que perseguía tomar las riendas de la provincia y satisfacer las demandas por una mayor participación en la dirección de los asuntos públicos que compartían por igual los vecinos principales de las capitales provinciales sin que ello, en ese momento, tuviese como designio inmediato la declaración de la independencia.

Dicho esto, sigamos con la narración de los hechos.

La Junta de Caracas

El 20 de abril, José de las Llamozas, español, y Martín Tovar Ponte, mantuano, alcaldes ordinarios de la ciudad y, provisionalmente, jefes del gobierno de la provincia, publicaron un manifiesto dirigido «a los habitantes de las Provincias Unidas de Venezuela» en el cual expusieron con mayor detalle los argumentos jurídicos y políticos en que fundó el Cabildo su determinación. Básicamente, se limitaron a insistir sobre el tema de la ilegitimidad de la Regencia, la cual no reunía el voto general de la nación y mucho menos el de los habitantes de Caracas, de allí el legítimo e indispensable derecho en que se encontraban de velar por su conservación y por su seguridad como partes integrantes de la Monarquía española. No quedaba otra salida que constituir una Junta Suprema.

Cuatro días después se instala la Junta como máxima autoridad de la provincia. Estaba presidida por los alcaldes del Cabildo capitalino: José de las Llamozas y Martín Tovar Ponte, los otros miembros del Cuerpo Capitular, los diputados que se habían incorporado a la Asamblea durante los sucesos del 19 de abril y dos representantes de los oficiales que habían apoyado la destitución de Emparan.

Los integrantes del nuevo gobierno eran, sin excepción, vecinos principales de la ciudad, fundamentalmente criollos, aunque también había algunos españoles. Todos ellos, tanto los criollos como los españoles, eran propietarios, hacendados, hombres de leyes o comerciantes.

Los Rodríguez del Toro, si bien no estuvieron presentes en los sucesos del Jueves Santo, inmediatamente pasaron a ocupar responsabilidades militares en el nuevo gobierno. Fernando fue nombrado gobernador militar de la provincia de Caracas y el 18 de mayo el marqués fue ascendido a brigadier del Ejército. Al poco tiempo, otros tres integrantes de la familia recibieron nombramientos militares por parte de la Junta: José Ignacio fue nombrado capitán de Milicias Regladas Patriotas de Venezuela; Juan José coronel de Caballería y, en enero de 1811, Diego Rodríguez del Toro fue ascendido a teniente coronel. Transcurridos seis meses de los hechos de abril, cinco de los hermanos Rodríguez del Toro eran oficiales del ejército que obedecía órdenes de la Junta de Caracas.

Además de los Rodríguez del Toro, otros mantuanos caraqueños recibieron ascensos militares: Juan Xavier Mijares de Solórzano fue ascendido a coronel y fue nombrado jefe del Batallón de Milicias de blancos de la ciudad de Caracas. En el mismo cuerpo se encontraban don Antonio Mijares, don Fernando Solórzano y don Francisco Felipe Mijares de Solórzano, v marqués de Mijares; todos ellos emparentados entre sí. Este último, además, aceptó la comisión de viajar a las provincias de Barinas y Mérida a fin de afianzar los lazos de unión y adhesión de ambas provincias con el gobierno de Caracas.

La Junta decidió también concederle grado de mariscal de campo a don Martín Tovar y Blanco, el más anciano y distinguido miembro de la nobleza caraqueña. Decía así el texto del decreto:

> El gobierno en medio de sus complicadas atenciones no olvidó jamás que entre los militares hay un anciano respetable que por su rango, por sus virtudes públicas y privadas y por su larga y digna posteridad, debe mirarse como uno de los próceres de Venezuela. La Providencia lo ha conservado después de 84 años de una vida consumida en la beneficencia

privada y modesta para ver feliz a su Patria; y su Patria no ha podido permitir que el Conde de Tovar, cuya ancianidad acibaró el despotismo, baje al Sepulcro sin aquella satisfacción que merecen los esfuerzos patrióticos con que ilustró los últimos años de su vida. El Supremo Gobierno, penetrado de los mismos sentimientos públicos ha conferido al Conde el grado de Mariscal de Campo. Ojalá que esta merecida elevación y esta justa recompensa de a tan útil patricio el lugar que merece en la suerte futura de Venezuela y que reclaman en su favor los intereses de la Patria[65].

Poco tiempo después apareció en la Gaceta de Caracas un anuncio en el cual se deja saber que don Martín Tovar y Blanco, conde de Tovar y primer mariscal de campo, había donado para la causa de la patria la cantidad de 9008 pesos en efectivo. La más elevada de las sumas donadas a título individual que aparece en las listas de donativos hechos a la Junta. El monto equivalía, en tiempo actual, a una cantidad cercana a los 170 000 dólares.

También decide la Junta enviar misiones al exterior a fin de dar a conocer los sucesos de Caracas y obtener el respaldo de otros países. Los comisionados también eran, en su mayoría, miembros de las principales familias de la ciudad y comprometidos activistas del movimiento. A Londres viajaron Simón Bolívar, Luis López Méndez y Andrés Bello; a Estados Unidos: Juan Vicente Bolívar, Rafael Revenga y Telésforo Orea; a Curazao, Jamaica y las islas inglesas: Vicente Salias y Mariano Montilla; y a la Nueva Granada el canónigo Madariaga.

El nuevo gobierno se encontraba, pues, en manos de los mantuanos. Todos ellos, salvo contadas excepciones, cerraron filas a favor de la causa de abril, formaron parte del gobierno, eran oficiales de las milicias, apoyaron con sus recursos a la Junta y compartían la idea de que la erección de una Junta Suprema, única depositaria de la soberanía en ausencia del rey, era el mecanismo

---

65   Decreto sobre «Organización Militar», *Gaceta de Caracas,* 18 de mayo de 1810.

idóneo y legítimo para atender la emergencia y detener al invasor francés.

La Junta, en su determinación de sumar el mayor número de voluntades a la decisión tomada el 19 de abril, envió emisarios a todas las provincias que componían la Capitanía General de Venezuela. La misión de estos representantes era dar a conocer los sucesos de Caracas, conseguir el reconocimiento de la autoridad de la Junta de Caracas por parte de los Cabildos de las principales ciudades y anunciarles que serían convocados a un proceso electoral que permitiese legitimar la decisión tomada el 19 de abril.

Rápidamente se obtuvieron resultados auspiciosos: Cumaná y Barcelona se pronunciaron a favor de la Junta de Caracas y contra la Regencia de España el 27 de abril; Margarita, el 4 de mayo; Barinas, al día siguiente; Guayana, el 11 de mayo; Mérida, el 11 de septiembre; y Trujillo, el 9 de octubre.

Mientras esto ocurría, llegaron a Caracas noticias nada tranquilizadoras: las provincias de Coro y Maracaibo se negaron a reconocer la decisión de Caracas y se declararon leales a la Regencia de España. En la provincia de Guayana ocurría otro tanto; luego de reconocer el gobierno de Caracas, le retiraron su apoyo y se sumaron a quienes optaron por mantenerse bajo la autoridad de la Regencia.

La decisión de la Junta fue atender la disidencia de Coro y para ello nombró al marqués del Toro comandante del Ejército del Poniente y encargado de convencer a los corianos de las bondades del nuevo régimen o de someterlos si estos insistían en su disensión.

Comandante del Ejército del Poniente

Las instrucciones de la Junta Suprema

El marqués del Toro se convierte así en el primer jefe de las tropas que saldrían en defensa de la resolución tomada por el Cabildo de Caracas el 19 de abril de 1810, lo cual demostraba, por una parte, su compromiso ineludible con el nuevo gobierno y, por la otra, la confianza que la Junta le otorgaba al encomendarle la dirección del primer Ejército Patriota.

Su misión tenía dos propósitos fundamentales: poner fin al «imperio de la tiranía» y convencer a los habitantes de Coro y a su Cabildo de que el camino correcto era abrazar la causa de abril y participar en el proceso eleccionario convocado por la Junta, único mecanismo capaz de solventar la orfandad en la que se encontraban por la disolución de la Junta Central y el cautiverio de Fernando VII.

El marqués tenía las más amplias facultades. Debía destruir toda división, encono y parcialidad entre los habitantes de Coro haciéndoles distinguir y apreciar sus verdaderos intereses, inseparables de la más estrecha unión a la causa proclamada por Caracas. Se ponían a disposición del marqués todas las fuerzas que considerase necesario usar, tanto de los batallones de Infantería de las Milicias de Aragua y Valencia como de los de la Caballería de San Carlos y, si las circunstancias lo exigían, podría organizar cuerpos militares en Barquisimeto, Carora y San Felipe, partidos limítrofes a Coro y establecer un cordón de tropas en los puntos que consideráse conveniente, a fin de impedir que Coro pudiese comunicar sus ideas a los pueblos vecinos.

Estaba facultado para remover de sus empleos políticos a todos aquellos que pudiesen ser afectos a la causa del partido seductor de Coro. Sin embargo, debía hacerlo de manera «imperceptible», acordándose con los ayuntamientos de cada distrito y evitando desagradar a las personas de las familias honradas que privadamente pudiesen tener opiniones contrarias a los intereses del gobierno de Caracas. Ahora bien, en caso de que estuviese en peligro la seguridad de los habitantes de Venezuela, no debía sujetarse a estas consideraciones y se le autorizaba a utilizar el recurso «... de la fuerza, sin miramiento alguno en el particular».

Las instrucciones establecían que podría abrir cualquier carta o pliego dirigido por los distritos bajo su jurisdicción o por la Junta, a fin de que pudiese estar al tanto de los movimientos, instrucciones y comunicaciones entre aquellos y las autoridades de Caracas; en cada caso debería sobrecartarlos y remitirlos a su destino agregando los informes o recomendaciones que considerase pertinentes.

Se le autorizaba a redactar y dirigir proclamas, oficiar a los jueces, cabildos y gobernadores de las provincias y también al gobernador inglés de Curazao, de manera que pudiese garantizar el buen éxito de su misión. Igualmente, se le recomendaba instruir a los pueblos, por todos los medios posibles, «... de sus verdaderas ventajas, de sus derechos, de la justicia de nuestra causa, de la sinceridad, franqueza y generosidad de las intenciones de la Suprema Junta y de las felices consecuencias a que conduce una estrecha unión de intereses y voluntades entre los habitantes del Departamento».

Debía ocuparse, también, de dar a conocer el aplauso con el que se había recibido la resolución «enérgica y gloriosa» de Caracas en Barcelona, Cumaná, Margarita y en la vecina isla de Curazao.

Insiste la Junta, de manera permanente, en que debía ejecutar su misión con moderación y prudencia a fin de que no fuese interpretada como un instrumento de hostilidad contra los habitantes de Coro. El marqués debía ajustarse, todo el tiempo, al espíritu de «dulzura y suavidad» que inspiraba a la Junta: «... la cordura y el arte debían prevalecer sobre todos los medios que brinda la fuerza armada»[66].

Con estas instrucciones salió de Caracas el marqués del Toro. El 6 de junio llega a San Carlos, el 18 está en Barquisimeto y en la primera semana de julio se estaciona en Carora, lugar donde instala su cuartel general. Durante este trayecto, Francisco Rodríguez del Toro mantiene un largo, engorroso e infructuoso intercambio epistolar con el Cabildo de Coro. El propósito de su correspondencia era hacer conocer a los capitulares de Coro el objetivo primordial de su misión: que se aviniesen a reconocer la autoridad de la Suprema Junta de Caracas.

Negociaciones infructuosas

Desde San Carlos remite el primer oficio. El tono es intimidador. Les informa su designación como general en jefe de un numeroso cuerpo de tropas que se dirigía a aquel distrito con el fin de «... hacer valer a toda costa, los sagrados e indispensables derechos de la nación» y, al mismo tiempo, lamentaba que su misión lo pusiese en la eventual circunstancia de tener que tratar a aquellos «... miserables pueblos como rebeldes, derramar la sangre inocente y destruir con las armas sus posesiones»[67].

---

66 «Instrucción sobre el modo y operaciones con que deberá conducirse el señor Marqués del Toro en la comisión que lleva a las fronteras del Departamento de Coro de orden de la Suprema Junta Gubernativa de Venezuela», Caracas, 24 de mayo de 1810. *Boletín del Archivo General de la Nación*, Caracas, julio-agosto 1945, N° 129.

67 Este primer oficio fechado el 6 de junio de 1810 y todos los demás del intercambio epistolar entre el marqués y el Cabildo de Coro fueron tomados del libro de Julio Febres Cordero, *El primer ejército republicano y la Campaña de Coro*, Caracas, Ediciones de la Contraloría, 1973.

Les proponía que, a fin de evitar un desenlace violento como el descrito, designaran una comisión que fuese a parlamentar con él cuando llegase a Carora, lugar en el cual tenía previsto instalar su cuartel general. Según establecía en su comunicado, lo ocurrido en Coro obedecía, exclusivamente, a la imposición de José Cevallos, brigadier del ejército español, gobernador de Coro. Un hombre «perverso y egoísta» a quien solo lo movía su ambición era el autor de aquella «escandalosa revolución».

Unos días más tarde, desde Barquisimeto, el marqués manda otro oficio ratificando las opiniones del primero. Le preocupaba que la primera misiva no hubiese llegado a su destino, ya que el emisario seleccionado padecía del vicio de la embriaguez y cabía la posibilidad de que hubiese extraviado el primer envío. Decide entonces designar a un nuevo emisario, garantizadamente abstemio.

En su segundo correo el marqués se preguntaba cómo era posible que en aquella ciudad prevaleciera la opinión de un pequeño número de hombres «... por todo título sospechosos», contra la opinión general de tantos hombres «sensatos e ilustrados», virtudes que caracterizaban a quienes acompañaban al gobierno de Caracas. Insistía en que aceptasen la propuesta de la conferencia y que se decidiesen por una conciliación decorosa. No obstante, acompañaba estas apaciguadoras consideraciones con una intimación amenazante:

> No nos hagamos una ilusión. Yo marcho con mi Ejército a atacar y tomar a Coro, sin que me sea permitido desistir ya de esta empresa, por la gloria misma de la patria que ha depositado en mí sus confianzas.

El resultado de esas dos primeras comunicaciones no modificó la resolución de los capitulares de Coro. Convencidos de la legitimidad de la Regencia, le dejan saber que no estaban interesados en entrevistarse con él, que no aceptarían sus conminaciones y que, bajo ningún concepto, reconocerían la autoridad de un «establecimiento ilegal y tumultuario» como la Suprema Junta de Caracas.

El oficio comenzaba manifestándole la sorpresa que les había causado la notificación de que una fuerza armada se dirigía a la ciudad sin que aquella amenaza estuviese precedida de una declaración de guerra y sin que se les hubiese hecho conocer previamente cuáles eran las ofensas y los agravios que se pretendían vindicar.

En opinión del Cabildo la instalación de aquella Junta «ilegal y tumultuaria» estaba fuera de lo que establecían las Leyes del Reino, usurpaba el poder soberano, rechazaba con osadía y escándalo al Gobierno Supremo y había cometido todo tipo de arbitrariedades: depuso violentamente a las autoridades superiores legítimamente constituidas atribuyéndoles imaginarias y falsas delincuencias; envió mensajeros a Norteamérica, Londres, Francia y las islas Antillas implorando su protección; mandó a llamar al traidor Francisco de Miranda para servirse de él como hábil en el arte de perfeccionar revoluciones; publicó un bando en la isla de Curazao convidando a todas las naciones indistintamente para que se avecindasen en los territorios subordinados a la Junta de Caracas sin exceptuar a los judíos y, finalmente, arrojó la encarda Española que llevaba el retrato del Sr. D. Fernando VII y subrogó la tricolor como símbolo de la independencia.

Ninguna de estas acciones, a juicio del Cabildo de Coro, era compatible con el honor y fidelidad que se debía al rey de España. Además, no podía alegar el marqués que ellos constituían un grupo reducido e insignificante ya que, de acuerdo con las noticias que llegaban de Caracas, de los 40 000 habitantes que componían aquel vecindario, 35 000 detestaban el nuevo gobierno y deseaban «... ardientemente una ocasión favorable para salir de la opresión y abismo en que se hallaban sumergidos».

Para concluir le manifestaban que no se sentían atemorizados, en lo más mínimo, por la superioridad numérica de las fuerzas que acompañaban al marqués. Si la débil España había demostrado que podía vencer al poderoso Napoleón, los débiles corianos resistirían a la poderosa Caracas y, en caso de sucumbir, morirían «como hombres fieles y honrados». El oficio concluía con una advertencia:

> … la menor gota de sangre derramada en el departamento de Coro, causará una herida difícil de curar, una llaga contagiosa que, comunicándose rápidamente a los demás del cuerpo, le hará degenerar en una corrupción total.

La firmeza del partido capitular de Coro no modifica la determinación del marqués de cumplir con su misión e insistir en su requerimiento. El asunto se convierte en una cuestión de honor, no le interesaba ya disipar los errores en los que incurrían los capitulares de Coro, sino defender «... el honor y la justicia de los procedimientos de Caracas, cuya dignidad insulta Vuestra Señoría con expresiones indecorosas y ajenas a la decencia y la moderación con que debe tratarse una materia meramente política». Insiste en la propuesta de la conferencia, les reitera que el gobierno de Caracas le había encargado que intentase por todos los medios persuadirlos de manera pacífica, les expone que siendo él el jefe de las tropas, era garantía de que en ellas reinarían «... la moderación, la beneficencia y demás virtudes que caracterizan y distinguen al hombre de bien, y al ciudadano honrado y religioso» y les advierte que, de persistir en su temerario empeño, serían ellos los únicos responsables de provocar una guerra que la Junta no deseaba.

Como era de suponer, el Cabildo de Coro no cambió de parecer y en su respuesta se vuelve a pronunciar sobre la gravedad de lo ocurrido en Caracas. En opinión del Cabildo, la Junta Suprema había afectado de manera flagrante el orden antiguo de la sociedad y ello tendría peligrosísimas consecuencias para la totalidad de la provincia:

... Ella ha alterado la jerarquía civil, militar y económica del Reino, ha derogado las contribuciones y suprimido el tributo de los Indios; ha dado sepultura al orden civil, igualando a todas las clases y llamándolas para gozar parte en la administración política, ha convocado o convidado a todos los extranjeros de todas las naciones, sin exceptuar a los judíos, para que se avecinden en el territorio subordinado a la Junta de Caracas, haciendo con esta novedad una herida tan grave y causando un trastorno general y lamentable en nuestra Constitución.

Y, como si todo esto no fuese suficiente, los emisarios de la Junta y los oficiales que en aquel momento acompañaban al marqués firmaban sus papeles apellidándose «ciudadanos libres». Aquel trastorno, tal como lo calificaban los capitulares de Coro, no había hecho otra cosa que desterrar la quietud de los vecinos de Caracas, dar paso a la desconfianza, la envidia, las asechanzas y el mayor desorden moral y político.

No podían entender que un hombre de la calidad del marqués, en quien reconocían a un individuo de carácter benéfico y moderado, hubiese accedido a convertirse en instrumento de «... una comisión tan odiosa». El reclamo era de carácter personal. Le reprochan directamente al general en jefe del Ejército del Poniente que al aceptar su misión no hubiese tenido la menor consideración hacia la memoria de su madre, ya difunta, doña Brígida Martina de Ibarra e Ibarra Herrera y la de su tío Francisco de Ibarra, quien había ocupado la más alta distinción eclesiástica de la provincia en 1804.

Para finalizar, el Cabildo de Coro no solamente se niega a aceptar las conminaciones del marqués, sino que se permite imponerle condiciones a la Junta de Caracas: en primer lugar, exigía que se reconociese de inmediato al Consejo de Regencia y, en segundo lugar, que se repusiese en sus cargos a todas las autoridades depuestas el 19 de abril. Cumplidas estas dos solicitaciones, con mucho gusto designaría los diputados encargados de asistir a las sesiones a las que hubiese lugar.

Después de esta respuesta la declaración de guerra era inminente. En su último oficio el marqués se limita a manifestarles que las ofensas e injurias proferidas contra la fidelidad, honor y reputación de la provincia de Venezuela no le dejaban otro arbitrio que el uso de las armas. La respuesta del Cabildo fue que las sabrían rechazar y defenderse de ellas.

Nuevas negociaciones se intentan promover para evitar la confrontación armada. José Francisco Heredia, oriundo de Santo Domingo y designado regente interino de la Real Audiencia de Caracas por el gobernador y capitán general de la isla de Cuba, procura interceder entre las partes en conflicto, sin ningún resultado. Tampoco las demandas del comisionado regio, don Antonio Ignacio Cortabarría, quien se encontraba en Puerto Rico, tienen resultados positivos. En la primera semana de noviembre, la Junta da órdenes al general Toro de que inicie hostilidades.

La primera derrota del marqués

El 7 de noviembre el marqués del Toro envía una proclama intimidatoria a los habitantes de Pedregal, primer objetivo militar del ejército a su mando. El propósito era convencerlos de que, ante la inminencia del combate, entendiesen cuáles eran sus verdaderos intereses y le dejasen libre el camino en su avance hacia Coro. El texto de la proclama era el siguiente:

Habitantes y tropas de Pedregal:
Desde que vine al Occidente de esta provincia destinado por la Suprema Junta a defender vuestra libertad y proteger vuestros derechos, me lisonjeaba que desde las primeras insinuaciones os prestaríais gustosos a abrazar la justa y santa causa de la capital de Caracas, que no ha sido otra que proclamar la independencia de toda autoridad que no dimane inmediatamente de la nación convocada y juntada en Cortes, conforme a las leyes elementales de la monarquía española, y que jamás

llegaría el caso de ponerme en la necesidad de usar de la fuerza y derramar vuestra sangre; pero por desgracia han prevalecido los errores que han sembrado los que os gobiernan, contando con vuestra credulidad, para perpetuar el sistema de opresión y tiranía que siempre han ejercido sobre vosotros, haciéndose ricos a la sombra de los empleos que indebidamente poseen, al paso que las demás clases, tal vez las más útiles al Estado, gimen en la miseria e indigencia.

[...] Cinco mil hombres os rodean, resueltos a morir antes que abandonar la justa causa que defienden y dejar sin venganza las denigraciones con que el comandante y Cabildo de Coro han vulnerado la dignidad de nuestro gobierno. No hay medio entre elegir la muerte o una existencia feliz. Esta os la prepara la nueva forma de gobierno adoptada por Caracas, según las circunstancias de nuestras provincias, en la que por medio de vuestros diputados, tendréis parte en sus deliberaciones; de un gobierno que no se propone otro objeto que obrar lo justo y recompensar el mérito y la virtud, que detesta la arbitrariedad y demás vicios con que habían corrompido la administración los déspotas a quienes indebidamente se confiaban. Si persuadidos de estas verdades que os dicta un hombre que tiene en su mano la suerte de estos pueblos, os resolvéis a declararos por nuestro partido, podéis manifestar con toda libertad vuestras ideas, se asegura de que estáis apoyados y favorecidos con todas mis fuerzas, que inmediatamente entrarán en vuestro pueblo, no como soldados, sino como unos compañeros que vienen a congratularse con vosotros por vuestra regeneración política y de que a todos dispensaré mi protección, distinguiendo a cada uno a proporción de su mérito y patriotismo; pero si desatendidos de esta última y definitiva prueba que os doy de mi moderación y la de muchos oficiales que tengo a mis órdenes, persistís en el ciego propósito de defender la opinión e intereses de vuestros seductores hasta hacer fuego sobre mis tropas y matarme algún soldado, tened entendido que todo lo llevaré a sangre y fuego, que para nadie habrá cuartel, que vuestros bienes serán el despojo de mis tropas, que destruiré vuestras poblaciones y que sólo quedará para la posteridad la memoria de vuestra actual generación y,

en este concepto, sólo espero vuestra respuesta que deberá ser decisiva y dentro de un cuarto de hora.
Cuartel General.
El marqués del Toro[68].

La proclama no tuvo el resultado esperado. Los habitantes de Pedregal resistieron y unos días más tarde abandonaron el poblado. El 13 de noviembre el Ejército del Poniente al mando de su comandante ocupó la plaza.

De acuerdo a lo que escribe Toro en sus informes a la Junta, las fuerzas rebeldes se encontraban reunidas en la ciudad de Coro y allí se habían refugiado los vecinos de todas las poblaciones que habían sido tomadas por sus fuerzas; informaba que estaba en conocimiento de que Cevallos había ordenado abandonar la ciudad a los niños, mujeres y bocas inútiles ya que estaban resueltos a «... defenderse hasta la última extremidad». Informaba, igualmente, que dentro de la ciudad debía haber 8000 hombres dispuestos a enfrentar combate. Toda esta información la transmitía a la Junta el día 19 de noviembre[69].

La próxima comunicación del marqués tiene fecha 8 de diciembre. En ella informa el fracaso de la campaña y los motivos que habían incidido en la derrota. El marqués explica que la información con la cual se contaba no se ajustaba a la realidad: se pensaba que la artillería del enemigo era de menor calibre y resultó que fueron atacados por una artillería de grueso calibre; todos los informes decían que la guarnición era pequeña y mal armada, y la realidad fue que había tenido que enfrentar a un ejército de entre 7000 y 8000 hombres «... obstinados e invadidos de un implacable odio por los caraqueños». Los recursos del ejército a su cargo

---

68 El marqués del Toro. «Proclama. Habitantes y Tropas del Pedregal», 7 de noviembre de 1810, *Gaceta de Caracas*, 27 de noviembre de 1810.
69 El marqués del Toro al señor secretario de Guerra, 19 de noviembre de 1810, *Gaceta de Caracas*, 4 de diciembre de 1810.

eran insuficientes para responder a las exigencias de aquel combate, sus bagajes apenas alcanzarían para 30 días, de manera que se había visto en la necesidad de organizar la retirada durante la noche del 28 de noviembre. El texto del informe continúa en los términos siguientes:

> ... Me hallé en el más arduo y delicado caso en que hasta ahora se ha visto ningún general, es decir, internado cincuenta leguas en el país enemigo; transitado por desiertos y pueblos abandonados por sus habitantes, sin víveres, sin agua, cortada la comunicación, interceptados los convoyes del ejército, sin el recurso de las fuerzas del mar con que contaba, y últimamente amenazado, en medio de estas circunstancias, de ser rodeado por las tropas enemigas, y cogido entre dos fuegos; de este tropel de peligros sólo podía salvarnos una prudente resolución dictada por la serenidad y el valor. Mi oficialidad y tropas lo han acreditado constantemente, batiéndose con el mayor denuedo y entusiasmo en todas las acciones; sufriendo hambre, la intemperie y la fatiga con una resignación que no tiene ejemplo, de suerte que puedo asegurar a U.S. que a ellos debemos el haber salvado nuestro ejército y haber consumado una retirada de las más ordenadas, que inmortalizará la gloria de nuestra nación[70].

Hasta aquí, el último informe del marqués sobre la infructuosa campaña de Coro. El 3 de enero de 1811 la Junta le ordena regresar a Caracas dejando una guarnición de 500 hombres encargados de resguardar la frontera de la provincia frente a los subversivos de Coro.

El fracaso de esta campaña constituye materia de polémica historiográfica. Tres importantes historiadores, Rafael María Baralt, José Gil Fortoul y Caracciolo Parra Pérez, afirman que la derrota de aquel primer ejército fue consecuencia de la impericia e incapacidad de su general en jefe. Decía Gil Fortoul que el

---

70   El marqués del Toro al señor Secretario de Guerra, 8 de diciembre de 1810, *Gaceta de Caracas*, 18 de diciembre de 1810.

marqués estaba más acostumbrado a la vida galante y regalada de sus lujosas quintas de Anauco y Mucundo que a las faenas del campamento. Y Parra Pérez en su *Historia de la Primera República* fustiga la intempestiva retirada del «flamante general», señalando que en la carrera había dejado abandonados hasta sus baúles.

Sin embargo, hay quienes difieren de esta versión. Lino Iribarren Celis le echa la culpa al «romanticismo político de la Junta y al abierto y categórico rechazo de los corianos a la decisión de Caracas»[71] y Julio Febres Cordero, el más vehemente defensor del marqués, en su obra *El primer Ejército Republicano y la campaña de Coro*, afirma de manera categórica que no hay nada que reprocharle al general Toro. Considera el autor que todos los historiadores que han señalado al marqués como el único culpable del fracaso de la campaña desconocen por completo el arte militar y son «falsos e injustos» en su valoración sobre el desempeño del general[72].

Desde nuestro punto de vista, lo más relevante de este episodio no es si el marqués fue o no culpable de la derrota, sino más bien cómo el desenlace de este hecho de armas incidió directamente sobre los bandos en pugna. La Junta, a pesar de la derrota, no desistió en su resolución de hacer valer su autoridad y defender la legitimidad de su gobierno; el Cabildo de Coro y las demás provincias que desconocieron al gobierno de la Junta asumieron el triunfo como la primera victoria sobre el tumultuoso régimen de Caracas. Ni los unos ni los otros estaban en condiciones de retroceder. Luego de los sucesos ocurridos en Coro se produjo un distanciamiento irreversible entre quienes se

---

71   Lino Iribarren Celis. *La Guerra de Independencia en el estado Lara. Ensayo de interpretación histórica.* Caracas, Editorial Ávila Gráfica, 1951 y «La campaña del marqués del Toro sobre Coro» en *Boletín de la Academia Nacional de la Historia*, Caracas, N° 170, abril-junio, 1960.
72   Julio Febres Cordero. *El primer ejército republicano y la Campaña de Coro.* Caracas, Ediciones de la Contraloría, 1973.

mantenían fieles a la Regencia y quienes defendían el gobierno establecido en Caracas. Los primeros no cejaron en su empeño y persistieron en su rechazo a la Junta; los segundos, avanzaron de manera inevitable hacia la declaración de la Independencia y la constitución de una nueva nación. Entre estos últimos se encontraba el marqués del Toro.

Fundador de la República

Miembro de las primeras cortes americanas

Al terminar el año de 1810 el ambiente era optimista y triunfalista. La primera campaña al mando del marqués había sido un estruendoso fracaso, pero la Junta no mostraba ningún indicio de que estuviera dispuesta a retroceder, mucho menos a atender la oferta conciliadora de España.

Al concluir el mes de enero ya se habían llevado a cabo los procesos eleccionarios de los representantes que conformarían el Congreso de Venezuela. El 10 de febrero una «Proclama a los Caraqueños» anunciaba con júbilo que se acercaba el feliz momento en que se reuniría la representación general encargada de sancionar la felicidad de las generaciones futuras y el 2 de marzo se instaló en Caracas el Congreso General de Venezuela. El acto constituyó una definitiva manifestación de distanciamiento con España y de rechazo abierto a la propuesta del comisionado Cortabarría de que se aviniesen a reconocer a la Regencia y a participar en las Cortes españolas.

El manifiesto que anunciaba la reunión del Congreso exponía, de manera explícita, que aquella asamblea representaba «... las primeras Cortes que había visto la América, más libres, más legítimas y más populares que las fraguadas en el otro hemisferio para alucinar y seguir encadenando a América»[73].

---

73 «Congreso General de Venezuela», *Gaceta de Caracas*, 5 de marzo de 1811.

El marqués del Toro y sus hermanos Fernando y Juan José formaron parte de las «primeras cortes americanas». El primero como diputado por El Tocuyo, el segundo por Caracas y el tercero por Valencia. Junto con ellos estaban la mayoría de los criollos que firmaron el acta del 19 de abril, que formaron parte del gobierno de la Junta o que apoyaron decididamente su constitución y ejecutorias desde las diferentes provincias que formaban la antigua Capitanía General de Venezuela.

No había duda respecto a la orientación política de los diputados al Congreso. Todos eran partidarios del cambio político que se había operado el 19 de abril de 1810. La mayoría pertenecía a los sectores privilegiados de la sociedad, eran miembros de las principales familias, ostentaban cargos en los cabildos de sus respectivas ciudades, tenían haciendas, obtenían beneficios de la actividad comercial, habían asistido a la Universidad, ocupaban altos rangos en la oficialidad del ejército o eran miembros de la institución eclesiástica.

Luego de la instalación del Congreso y del nombramiento del Poder Ejecutivo, quedó disuelta y cesó en sus funciones la Junta Suprema de Caracas. El Supremo Congreso de Venezuela se convirtió, a partir de ese momento, en la máxima autoridad de la provincia y en el depositario legítimo de la soberanía. De sus resoluciones dependería el destino de las provincias.

Por la independencia absoluta de España

Transcurridos tres meses de su instalación se planteó, finalmente, la discusión en torno a si debía procederse o no a declarar la Independencia absoluta de España. El debate ocupó a los diputados durante los días 3, 4 y 5 de julio.

La opinión generalizada entre los miembros del congreso era a favor de la Independencia. A pesar de que algunos diputados ponían ciertos reparos a la decisión alegando que sus instrucciones no los autorizaban a tomar una resolución de esa entidad o que el juramento de fidelidad a Fernando VII contradecía la decisión de independizarse, la absoluta mayoría del Congreso estaba de acuerdo con declarar la Independencia y opinaba que de aquella decisión se desprenderían importantes e indiscutibles beneficios.

Los tres hermanos Toro intervinieron para defender la propuesta independentista. El primero en exponer su parecer fue Fernando Toro, el mismo 3 de julio, cuando se abrió el debate sobre la materia. Sus palabras fueron las siguientes:

Están suficientemente demostradas las razones de justicia y necesidad que persuaden nuestra absoluta independencia. Se trata del momento y yo creo que es éste. Se oponen muchos males que yo no alcanzo. No les temo por parte de los españoles, porque los considero incapaces de hacérnoslos; no de los ingleses porque ningún pacto hemos celebrado con ellos, y aunque hubiese tal pacto, no me persuado que él pudiese dañar nuestra Independencia. Los ingleses no quieren dominarnos, ni les conviene hacerlo. Si hubiesen creído útil atacarnos, ya lo hubieran hecho; lo que creo que les conviene por ahora, es no chocar directamente con sus anteriores compromisos y para esto adoptarán cuantos paliativos están a su alcance; sus deseos no están ni pueden estar jamás en contraposición con nuestros intereses, pero demos que se declaren abiertamente contra nuestra resolución, mayores son los males que nos causa la ambigüedad en que vivimos que los que podemos esperar de su enemistad; está quemándose nuestra casa y disputamos sobre el modo y tiempo de apagar el fuego. Creo haber demostrado bien la urgente necesidad de declarar nuestra Independencia[74].

El día 4 asistieron al Congreso los miembros de la Sociedad Patriótica e hicieron público su llamado a que se resolviese de

---

74   La intervención de Fernando Toro y todas las demás a las cuales se hace mención en este capítulo fueron tomadas del *Libro de Actas del Supremo Congreso de Venezuela 1811-1812*, tomos I y II.

una vez por todas la Independencia absoluta de España. Allí intervinieron algunos de los voceros más radicales de esta agrupación exigiendo la declaratoria inmediata de la Independencia contra la tiranía y opresión españolas.

Al finalizar la sesión el Congreso decidió consultar con el poder Ejecutivo si era compatible con la seguridad pública la declaración de la Independencia. La respuesta del Ejecutivo, leída el día 5 de julio al instalarse las sesiones, fue a favor. Consideraba el Ejecutivo que debía resolverse cuanto antes para destruir, de una vez por todas, la ambigüedad en que se vivía.

El 5 de julio intervino el marqués del Toro para dar su consentimiento a la declaración de la Independencia. El discurso fue particularmente breve:

> Faltaría a mis deberes y no correspondería a las confianzas de mis comitentes, si yo opinase de diverso modo que los precedentes oradores. Apresurémonos, Señor, a satisfacer los deseos de un pueblo que anhela por su libertad y que se estremece con la memoria de los sufrimientos que ha padecido.

Juan Rodríguez del Toro, el tercero de los Toro que formaba parte del Congreso, fue más vehemente a la hora de defender la propuesta independentista:

> ¿Es posible, Señor, que tan repetidas y largas discusiones nos retarden el feliz momento de vernos elevados al alto grado de provincias libres e independientes? Reservémoslas en hora buena para otras materias que en sí sean oscuras, ambiguas o dudosas; pero omitámoslas, desde luego, en la que nos ocupa actualmente, de cuya claridad y sencillez estamos todos convenidos. Observo, además de esto, una perfecta unanimidad de sentimientos sobre la declaratoria en cuestión: luego, ¿por qué nos detenemos? Tal vez algunos de mis condiputados se habrán propuesto el digno objeto de hace entender al pueblo lo que es independencia; pero yo

estoy seguro de que todos conocen la significación de esta palabra y que nadie la confundirá con la licencia ni el libertinaje, porque si las monarquías se sostienen y apoyan en los vicios y la corrupción de los vasallos, las Repúblicas fundan su existencia en las virtudes de los ciudadanos.

Un solo diputado se mostró reacio a acompañar al Congreso en su determinación: el prelado Manuel Vicente Maya, de La Grita. En opinión de Maya era esta una decisión prematura, además había un obstáculo que lo impedía de un todo: no tenían los diputados instrucciones de sus comitentes para actuar en aquella dirección, ya que el Congreso no había sido convocado con ese propósito sino como un «cuerpo conservador de los derechos de Fernando VII», y así lo habían declarado todos los diputados el día del Juramento. Numerosas intervenciones hubo para oponerse a la argumentación de Maya.

Todos los diputados a excepción de Maya estaban por la Independencia. No resulta entonces del todo cierta la afirmación que frecuentemente se ha hecho respecto a que la declaración de la Independencia fue producto de las presiones ejercidas por los miembros de la Sociedad Patriótica, grupo que reunía a los sectores más radicalizados del movimiento. Por el contenido del debate puede afirmarse que la decisión contaba con la simpatía y el entusiasmo de los diputados, a excepción del cura de La Grita. Sometida a votación la moción fue aprobada por aplastante mayoría.

Declaró entonces el Congreso la Independencia absoluta de Venezuela. Eran las tres de la tarde. Antes de que terminara el día, el Ejecutivo dirigió una proclama a los habitantes de Caracas para dar a conocer la noticia. Al conocerse en la calle la resolución del Congreso hubo aglomeración y demostraciones de júbilo en la Plaza Mayor:

Los ciudadanos caraqueños se congratulaban a porfía unos a otros y en recíprocos abrazos estrechaban sus corazones allegados en el placer más puro: «Ya tenemos patria, decían, ya tenemos Libertad. Sólo dependemos de Dios y del Gobierno que constituyamos entre nosotros mismos, sin que ninguna autoridad extranjera tenga derecho para dominarnos». Hombres, mujeres, niños y ancianos todos corrían por las calles exclamando «Libertad e Independencia». Por donde quiera se oían himnos y canciones y el alborozo duró hasta las once de la noche, sin que el menor disgusto viniese a turbarlo[75].

¿Y qué hacemos con los pardos?

Pero si la decisión independentista contó con el consenso casi absoluto de los diputados, hubo otras materias que dividieron la opinión de los legisladores. Una de estas materias tenía que ver con el tratamiento que se daría a los pardos en la nueva nación. El mismo 5 de julio, antes de iniciar el debate sobre la Independencia, se planteó por primera vez esta inquietud. Un grupo de diputados intervino para preguntar cuál sería la suerte y las pretensiones de los pardos en consecuencia de la Independencia. El presidente intervino rápidamente para evitar que la discusión se desviase hacia materia tan espinosa y propuso que la suerte y condición de los pardos fuese lo primero que se tuviese en consideración después de declarada la Independencia. La moción contó con el apoyo de los presentes. No obstante, el diputado Felipe Fermín Paúl insistió sobre el asunto y propuso la redacción de una ley previa que tuviese como propósito contener «... los excesos con que la ignorancia confundiendo la Independencia con la licencia, la insubordinación y el libertinaje, pudiese dañar los efectos de aquella resolución». Algunos diputados estuvieron de acuerdo, pero la moción no prosperó.

El 31 de julio, casi un mes más tarde de la declaración de la Independencia, se planteó finalmente el debate sobre la suerte y

---

75 *Gaceta de Caracas*, Caracas, 9 de julio de 1811, p. 1.

pretensiones de los pardos. La discusión fundamental giró sobre el tema de la igualdad. El tema, naturalmente, generó una intensa polémica. Un grupo era de la opinión de que la decisión sobre una materia como aquella no era potestad del Congreso sino de las provincias. Martín Tovar Ponte, hijo del conde de Tovar y activo dirigente de los sucesos de abril, expuso que debía procederse como en los Estados Unidos, donde cada provincia arreglaba como mejor le parecía su gobierno y calificaba a sus ciudadanos de tal manera que en algunas provincias había esclavos y en otras no. Esta posición era compartida por varios diputados, quienes consideraban que el Congreso no podía imponerse sobre las provincias en una materia tan delicada, ya que no todas estaban en condiciones de decidir sobre la igualdad de los pardos. Lo mejor era que cada una lo considerase a su debido tiempo.

Otros opinaban que el tema era materia del Congreso general y no de las provincias. Argumentaban que podría resultar problemático dejar la declaración de la igualdad de los pardos en manos de cada una de las provincias, ya que podría darse el caso que unas declarasen la igualdad y otras no. Las consecuencias de esta diferencia estaban a la vista: los pardos emigrarían en masa de las provincias que les negaban la igualdad a aquellas que los favorecían, perjudicando la agricultura, las artes y la fuerza armada de las primeras y alterando el equilibrio de sus habitantes en las segundas, exponiéndolas a ser dominadas por el más fuerte. A este desequilibrio se sumaba el hecho de que, declarada la igualdad en una provincia, hubiese conmociones entre blancos y pardos en las otras, lo cual tendría efectos negativos sobre el sistema de la federación que contemplaba auxiliarse mutuamente, ya que si sucediese lo anterior no podría la una auxiliar a la otra.

Todos estos miramientos constitucionales no hacían sino poner de bulto las enormes reservas que suscitaba entre los diputados la idea de sancionar la igualdad de los pardos. La mayoría de los diputados, como ya se dijo, eran blancos criollos, hacendados, propietarios de esclavos. Habían estado en desacuerdo con la Real Cédula de Gracias al Sacar que les otorgaba prerrogativas a los pardos y, obviamente, no veían con simpatía ni les parecía conveniente una declaratoria en este sentido, pensaban que lo mejor era no apresurarse. El representante de Cumaná intervino para decir que su provincia estaba por la democracia pero no por el desorden. En su concepto no había ninguna necesidad de declarar nada por el momento, si se hacía, debía hacerse poco a poco y no pretender declarar de repente una regla general que invirtiese el orden en la sociedad.

Martín Tovar añadía que quizá podría resultar prudente «destruir ciertos tratamientos odiosos que chocaban con las otras clases» pero, en ningún caso, hacer declaratorias sobre igualdad. Otro de los diputados coincidía en este punto con Tovar: podrían convenir, efectivamente, en tratar de ser un poco más liberales con los pardos, sin que eso significase avanzar demasiado rápido, de lo que se trataba era de formar paulatinamente la opinión y de manera progresiva darles la oportunidad de que estudiasen e ingresaran a la milicia. Hacerlo de otra manera sería darles «... armas a nuestros enemigos contra nuestro propio decoro».

Ninguno de los hermanos Toro intervino en el debate sobre el tema de los pardos y la igualdad. Los tres se encontraban en campaña sometiendo, precisamente, un levantamiento ocurrido en Valencia en el cual habían tenido participación destacada los pardos.

De todo el Congreso, solamente dos diputados Francisco Javier Yanes y Antonio Nicolás Briceño, se declararon a favor de declarar la igualdad de todos los venezolanos:

Yanes descartaba la posibilidad de que una declaración en este sentido tendría como consecuencia el estallido de una convulsión social. En su opinión jamás podrían «... seguirse ningunos males de los principios justos y equitativos». No había que temer a las conmociones, ya que si estas ocurrían eran imputables, exclusivamente, a la ignorancia que la tiranía y el despotismo del antiguo Gobierno habían plantado en Venezuela. En atención a ello exponía que las tales conmociones más bien deberían temerse si se insistía en tratar a los pardos con desprecio o indiferencia, pues entonces la justicia daría un impulso irresistible a aquella clase que, por lo demás, era mucho más numerosa que la de los blancos.

Insistía Yanes en que no le parecía prudente negarle la igualdad a los pardos: estaban instruidos, conocían sus derechos, sabían que por el nacimiento, por la propiedad, por el matrimonio y por todas las demás razones eran hijos del país, que tenían una patria a la cual estaban obligados a defender y de la cual podían esperar el premio cuando sus obras lo merecieran. Negarles la igualdad de derechos era una injusticia manifiesta, una usurpación y una política insana que terminaría por conducirlos a la ruina.

Antonio Nicolás Briceño no era tan vehemente como Yanes. Se trataba de una salida preventiva. Debía otorgárseles la igualdad para evitar los males a que se vería precipitada Venezuela por una declaratoria sacada por la fuerza de las armas. Debían adelantárseles a los pardos para evitar que estos conquistaran su igualdad de manera violenta. Con más razón, en el caso de Venezuela, en donde el número de pardos y de negros era excesivamente mayor que el de los blancos.

En los dos casos la posición a favor de la igualdad, aun cuando no se expresaba de manera directa, tenía como referencia inmediata los sucesos de Haití, ocurridos unos años antes, en donde los negros se habían levantado en armas, habían tomado el control de la isla y habían asesinado a un número considerable de blancos.

El debate se prolongó sin que hubiese ninguna posibilidad de llegar a un acuerdo. Al terminar la sesión la decisión fue diferir el tema para una nueva oportunidad.

Ni fueros, ni distinciones, ni privilegios

Cinco meses más tarde el tema de la igualdad volvió a plantearse en el Congreso. Esta vez no fue para discutir sobre los pardos sino para resolver si debían abolirse o no los fueros y privilegios. Todos los miembros de la institución eclesiástica rechazaron la posibilidad de que la Constitución eliminase los privilegios y prerrogativas que distinguían al estado eclesiástico. Nadie hizo ningún comentario respecto a los fueros y privilegios del estamento nobiliario. La materia quedó diferida para el día siguiente.

El debate ocupó a los miembros del congreso durante buena parte de la sesión sin que pudiesen llegar a ningún acuerdo. Resolvió entonces el presidente someter el punto a votación. El resultado de la consulta fue a favor de la eliminación de los fueros y privilegios. Sin embargo, como este resultado no satisfizo a quienes estaban por la conservación de los fueros, solicitaron estos que se sometiera nuevamente a votación. En los dos casos, el marqués del Toro, único noble titulado que formaba parte del Congreso, estuvo de acuerdo en abolir todos los fueros y prerrogativas que hacían diferentes a los individuos entre sí, incluyendo las distinciones y títulos nobiliarios.

El resultado definitivo de la consulta motivó la intervención airada del diputado José Ángel Álamo. El reparo de Álamo era absolutamente justificado. Alegaba el congresista que la decisión de mantener los fueros y privilegios contradecía de manera flagrante el artículo 154 de la Constitución, ya aprobado, el cual consagraba la igualdad de los ciudadanos.

La aprobación del artículo 154 a favor de la igualdad de los ciudadanos deja ver que la controversia que había suscitado el tema de los pardos en la sesión del 31 de julio se había resuelto, finalmente, a favor de la igualdad, a pesar de las reservas expuestas por la mayoría de los diputados respecto a los inconvenientes que acarrearía esta declaratoria. Lamentablemente no hay manera de saber cómo ocurrió este cambio ya que las actas del debate sobre los artículos de la Constitución se llevaban en libro aparte y estos libros desaparecieron de un todo.

Esta observación del diputado Álamo generó una fuerte discusión entre los asistentes en atención a que, en efecto, resultaba contradictorio consagrar el principio de la igualdad y mantener la existencia de fueros y privilegios en la misma Constitución.

Para solventar esta incongruencia aprobaron los diputados colocar una nota al final del polémico artículo en la cual decía que el Congreso «... a pesar de conocer la justicia que había para abolir todo fuero contrario al espíritu de democracia en que está apoyada la Constitución, creía que sería inoportuna la abolición de ellos en estos momentos hasta no consultar, por medio de la Constitución, la voluntad general de los pueblos».

Todos los prelados manifestaron su desacuerdo con la posibilidad de que la Constitución, en un futuro, lo contemplase. El asunto, por tanto, no quedó resuelto y ello se puso de manifiesto el día en que debía ser firmada la Constitución. Esto ocurrió el 21 de diciembre.

Convocados ese día los representantes a una sesión extraordinaria cuyo único propósito era la firma de la Constitución, el diputado Luis José Cazorla, miembro del clero, expuso sus reparos al artículo 180, en el cual se declaraba la abolición definitiva de todos los fueros aun cuando la decisión del Congreso, apenas 15 días antes, había sido en contra. La respuesta del presidente fue que la sesión no era para discutir nuevamente el contenido de la Constitución sino para firmarla. Acto seguido se pasó a leer el texto ante los presentes.

La Constitución de 1811, además de sancionar la extinción de los fueros y el principio de la igualdad, incorporaba un artículo en el cual se revocaban y anulaban en todas sus partes las leyes antiguas que imponían degradación civil a una parte de la población libre conocida bajo la denominación de pardos. A partir de aquella fecha los pardos quedaban en posesión de su estimación natural y civil, y restituidos a los imprescriptibles derechos que les correspondían como a los demás ciudadanos[76].

Sobre este aspecto no hubo ninguna objeción. Solamente los clérigos, vistos en la disyuntiva de tener que firmar la Constitución, solicitaron que se les permitiese incluir sus reparos en relación con el artículo que los afectaba. Intervino, entonces, el diputado Francisco Rodríguez del Toro para proponer que el acta del día 5 de diciembre, en la cual estaba inserta la votación sobre los fueros, se quitase del cuerpo de la Constitución y se colocase al final, después de las firmas y junto a todas las demás protestas que se entregarían al secretario y así se acordó.

La Constitución fue firmada por todos los miembros del Congreso. Por primera vez desde que se iniciaron los sucesos de abril, la firma de Francisco Rodríguez del Toro no va precedida de su título nobiliario.

Ni el día de la firma ni en los días subsiguientes se discutió o se retomó la consideración hecha por Felipe Fermín Paúl el 5 de julio respecto a la conveniencia de sancionar una ley que permitiese contener «... los excesos con que la ignorancia confundiendo la Independencia con la licencia, la insubordinación y el libertinaje, pudiese dañar los efectos de aquella resolución».

Todo hace pensar que, para los fundadores de la República, la suerte y las pretensiones de los pardos habían quedado solventadas con la sanción de la igualdad y la constitución de una república independiente. Los hechos se encargarían de

---

76 Constitución Federal para los Estados de Venezuela, Art. 203. Edición facsimilar reproducida en *Libro de Actas del Supremo Congreso Constituyente de 1811-1812*, tomo II, p. 34.

demostrar que las cosas no resultarían tan sencillas. Establecida la República, rotos los vínculos con la Monarquía, liquidada la desigualdad y abolidos los fueros, los blancos criollos enfrentaron serias dificultades para mantener el control de la sociedad. Se vieron, pues, en la difícil situación de salir a defenderse con las armas. El marqués del Toro, una vez más, estuvo entre los que empuñaron las armas para defender a la República.

La pérdida de la I República

Los enemigos de la revolución

Los primeros días que siguieron a la declaración de la Independencia y los meses posteriores a la sanción de la Constitución no fueron fáciles para la República ni para los hermanos Toro.

El 8 de julio de 1811 el Ejecutivo publicó un bando en el cual daba a conocer las ceremonias que se llevarían a cabo para festejar la Independencia. Las fiestas se iniciarían el domingo 14 de julio con repique de campanas y salva general por las tropas, se enarbolaría la bandera en el Cuartel San Carlos y todos los ciudadanos sin distinción debían usar la escarapela y divisa de la confederación venezolana, compuesta de los colores azul celeste al centro, amarillo y encarnado en las circunferencias; el 16 se celebraría una misa solemne en la Iglesia Metropolitana[77].

Cuando todavía no habían comenzado los festejos la reacción contra la Independencia estalló en varios lugares de la nueva República. Los insurgentes de Coro invadieron la ciudad de San Felipe. En los alrededores de Caracas, muy cerca del cuartel San Carlos, un grupo de canarios armados de trabucos, cabalgando unas mulas y protegidos con unas hojas de lata semejando armaduras, enarbolaron una bandera con las imágenes de la Virgen del Rosario y Fernando VII. Al grito de «¡Viva Fernando VII!

---

77   Bando del Poder Ejecutivo, 8 de julio de 1811, *Gaceta de Caracas*, 16 de julio de 1811.

¡Mueran los traidores, herejes y rebeldes!» trataron de avanzar hacia la ciudad pero fueron sometidos, puestos en prisión, procesados y declarados culpables. El 16 de julio fueron fusilados, sus cuerpos colgados y sus cabezas expuestas en jaulas de madera, fijadas en postes colocados en las principales calles de la ciudad. A juicio del historiador Rafael María Baralt, se había castigado con excesiva severidad un «proyecto extravagante y ridículo».

Otro alzamiento ocurrió en Valencia y no tuvo las mismas características que el de los canarios. Los promotores de la insurrección eran de variada procedencia y tenían intereses y motivaciones diversas. Unos estaban vinculados al comercio de la ciudad y eran nativos del País Vasco, las islas Canarias y Cataluña; otros eran criollos, vecinos acomodados de Valencia; un grupo importante eran sacerdotes y, finalmente, un número significativo provenía del sector de los pardos.

Todos se manifestaban fieles a la Corona y contrarios al gobierno de Caracas. El movimiento comenzó en la mañana del 11 de julio. Los insurrectos asaltaron los cuarteles y bajo la advocación de la Virgen del Socorro se pronunciaron contra la perfidia de Caracas. Al llegar la noticia a la capital, el Congreso resolvió otorgarle poderes especiales al Ejecutivo para que atendiese la emergencia.

El general Francisco Rodríguez del Toro, nuevamente, fue designado para que redujese a los facciosos. El 14 de julio, día domingo, cuando la ciudad se encontraba celebrando la declaración de la Independencia, salió el marqués con una pequeña tropa en dirección a los valles de Aragua a levantar la milicia que lo acompañaría a reducir a los valencianos. Para ese momento Ocumare de la Costa, Nirgua, Montalbán y Urama se habían sumado a la rebelión. El marqués no tuvo éxito en su empresa. Cuando se encontraba organizando su ejército y preparando su plan de campaña fue atacado en las inmediaciones de Mariara por un cuerpo de vizcaínos y criollos entusiasmados por el rey y la religión.

Transcurridos cuatro días de su flamante salida de la capital, el marqués tuvo que replegarse a Maracay con las escasas tropas que había levantado y su cuerpo de oficiales, entre quienes se encontraban dos de sus hermanos: Fernando y Juan José. Desde esta ciudad informó al Ejecutivo la gravedad de la situación.

El marqués del Toro fue sustituido por el general Francisco de Miranda, a quien se designó comandante en jefe del Ejército. El 21 de julio Toro le entregó el mando y quedó bajo sus órdenes como segundo jefe de operaciones.

Dos días más tarde las tropas republicanas entraron en Valencia, pero no lograron someterla. Los alzados ofrecieron resistencia y abrieron fuego contra las fuerzas de Miranda. Miranda ordenó la retirada y solicitó refuerzos de Caracas.

El parte de Miranda dejaba saber que las pérdidas no habían sido de cuidado: apenas unas pocas bajas y algunos heridos de gravedad, pero se había salvado el parque, se habían tomado numerosos prisioneros y las deserciones en el bando contrario habían sido significativas.

Para el marqués del Toro el balance era diferente: su hermano Fernando, de 39 años, resultó gravemente herido en las dos piernas. Nunca más volvió a caminar. En reconocimiento a su heroísmo fue ascendido a mariscal de campo. El marqués y su hermano Juan José se mantuvieron en las filas del Ejército Patriota y a las órdenes de Miranda. Precisamente cuando se encontraban combatiendo contra la insurrección de Valencia se discutía en el Congreso si se les otorgaba a los pardos la igualdad.

El sometimiento de Valencia se convirtió en prioridad militar y política del gobierno. Miranda puso sitio a la ciudad, se tomaron las ciudades aledañas y el 8 de agosto fue atacada nuevamente la plaza. Cinco días más tarde, Miranda hizo saber al Ejecutivo que Valencia había sido sometida. En el mismo documento destacó el desempeño militar del marqués y recomendó su ascenso a mariscal de campo.

Concluida la campaña de Valencia el marqués regresó a Caracas a integrarse al Congreso de la República, no así Fernando, quien solicitó que se le concediera una licencia temporal ya que, como resultado de las heridas recibidas en Valencia, no estaba en condiciones de asistir a las sesiones por un tiempo.

El sometimiento de Valencia no intimidó a los enemigos de la República. Desde Coro y Guayana se mantuvo la resistencia contra el partido de la Independencia. En Guayana un contingente armado sometió a los poblados de La Soledad, Barrancas y San Fernando de Apure y en Coro cuerpos armados hostigaban a los pueblos vecinos.

El panorama al comenzar el año 1812 no era tranquilizador. El 21 de enero se tuvo noticia de que habían llegado a Puerto Rico dos expediciones armadas de 4000 hombres para someter a los insurgentes americanos. Una se dirigiría a la Nueva España y la otra a Venezuela.

Los miembros del Congreso tomaron una serie de medidas defensivas: ordenaron el aumento del número de tropas, sustituyeron a los oficiales europeos por oficiales criollos, se formó un batallón veterano de nueve compañías y se elaboró un proyecto de ley de conscripción militar. Además se aprobó la emisión de un millón de pesos en papel moneda para hacer frente a los gastos de la guerra[78].

El 1 de marzo el Congreso se instaló en Valencia. El marqués y su hermano Juan José se trasladaron a Valencia para asistir a las sesiones. Fernando, definitivamente incapacitado por las heridas de

---

78   Esta emisión se hizo utilizando una técnica bastante rudimentaria. El grabado estaba hecho sobre madera, los billetes eran numerados y hechos por duplicado, de manera que cada uno de ellos pudiese cotejarse con el otro de acuerdo al número que los identificaba. Estaban separados por una matriz, a fin de evitar las falsificaciones; cuando se ponían en circulación la matriz se dividía en dos y uno de los billetes quedaba depositado en la tesorería. Para asegurarse de su autenticidad, se juntaban ambas partes, valiéndose del número. El sistema no solamente era precario sino poco efectivo: el papel era ordinario, la plancha había sido mal grabada, las firmas estaban estampadas con un sello y era muy fácil falsificarlas; finalmente el medio de confirmación era poco eficiente ya que los billetes circulantes, en la mayoría de los casos, se encontraban muy distantes de la tesorería, lo cual hacía imposible su verificación.

guerra, fue designado miembro del triunvirato Ejecutivo, lo acompañaban Francisco Javier Ustáriz y Francisco Espejo.

Mientras el Congreso sesionaba en la ciudad de Valencia, un ejército al mando del brigadier Domingo de Monteverde avanzaba hacia el centro. El 10 de marzo salió de Coro y el 23 había tomado la ciudad de Carora. A su paso se le iban uniendo voluntarios dispuestos a luchar bajo sus órdenes. Los soldados de las ciudades vecinas desertaban para engrosar sus filas.

El terremoto de Caracas

Tres días más tarde, el 26 de marzo, ocurrió algo dramático y totalmente inesperado: un terremoto asoló la mayor parte del territorio venezolano, y con mayor intensidad aquellas ciudades que se habían pronunciado a favor de la Independencia. El suceso tuvo lugar un Jueves Santo, exactamente el mismo día en que habían ocurrido los hechos del 19 de abril. La fatal coincidencia fue utilizada por los enemigos de la República para intimidar al pueblo y hacerles ver que era un castigo divino por haberse pronunciado contra el rey.

En Caracas se vinieron abajo los templos de La Pastora, Altagracia, San Mauricio, La Merced, Santo Domingo y la Trinidad, miles de fieles fallecieron. Las ciudades de Oriente, Cumaná y Barcelona, se vieron estremecidas por el temblor; lo mismo ocurrió en el Centro y parte del Occidente de la República, en Barquisimeto la guarnición quedó sepultada bajo los escombros, Mérida quedó destruida, en San Felipe volaron hasta los cimientos de las casas y perecieron más de la mitad de las 7500 personas que habitaban la ciudad. En La Guaira, solamente 2 casas quedaron ilesas de las 800 que había en el puerto[79]. En Caracas dos terceras partes de la casas

---

79   Sobre el terremoto de 1812, puede revisarse el completo y actualizado estudio de Rogelio Altez, *El desastre de 1812 en Venezuela: sismos, vulnerabilidad y una patria no tan boba*, Caracas, Fundación Empresas Polar, Universidad Católica Andrés Bello, 2006.

quedaron inservibles, entre ellas la del marqués del Toro, la cual formaba parte del mayorazgo heredado de su padre.

La gente aterrorizada oía a los sacerdotes diciéndoles desde el púlpito que aquello había sido «... el azote de un Dios irritado contra los novadores que habían desconocido el más virtuoso de los monarcas Fernando vii, el ungido del Señor». En vano trataron los republicanos de hacer ver que aquello era un fenómeno natural que en nada podía asociarse al cambio político ocurrido.

La Cámara de Representantes de la provincia de Caracas redactó una proclama tranquilizadora en la que se explicaba a los venezolanos la naturaleza de los movimientos telúricos. En el primer número que salió de la *Gaceta de Caracas*, se publicó una larga relación de otro terremoto ocurrido en la misma ciudad el año de 1641. La noticia estaba acompañada de otra entrega en la cual se podía leer:

> ... el terremoto no tiene conexión con los gobiernos antiguos y nuevos, con los reyes y las repúblicas, con los malos y con los buenos: Dios premia y castiga en su reino y nosotros en el nuestro. La tierra siempre se mueve, siempre tiembla, causando mayor o menor movimiento según su mayor o menor incendio de sus entrañas, y la torpeza y embote de su resuello[80].

Con la intención de impedir la deserción masiva de los soldados, el secretario de Guerra dirigió una proclama «A los militares del estado de Caracas», en la cual exponía que las arengas de quienes achacaban a la ira de Dios el terremoto eran obra del furor, la codicia y la ambición de hombres sacrílegos e hipócritas.

Ninguna de estas aclaratorias serenó a los exaltados y asustados habitantes de Venezuela, tampoco disipó el frenesí religioso alentado y exacerbado por el discurso punitivo de los eclesiásticos

---

80   *Gaceta de Caracas*, 25 de abril de 1812.

contra los herejes y alucinados patriotas, únicos responsables de aquella clara manifestación de la ira divina.

El mismo día del terremoto las fuerzas enviadas a Guayana fueron derrotadas por las tropas leales al rey, ocasionando graves pérdidas. No solamente quedaron en manos del enemigo armas, artillería, equipos y municiones, sino algo mucho más importante: el control del Orinoco.

En Occidente las cosas no iban mejor. Monteverde, animado por el éxito de la campaña y por la catástrofe del terremoto, avanzó y tomó la ciudad de Barquisimeto en los primeros días de abril. La ciudad se encontraba en ruinas. Quíbor y El Tocuyo se apresuraron a manifestar su adhesión a la causa del rey. Monteverde intimó a los pobladores de Trujillo, Barinas y Mérida para que desistiesen de su obstinación y todas se pronunciaron a favor del rey.

Desde Barquisimeto, Monteverde dirigió su ofensiva hacia San Carlos. Las deserciones en el bando patriota eran continuas. A medida que Monteverde avanzaba y ganaba posiciones, las autoridades republicanas tomaban medidas desesperadas para contener la desbandada. En los primeros días de abril el Congreso entró en receso y otorgó poderes especiales al Ejecutivo. El Ejecutivo dictó una amnistía llamando a reintegrarse al Ejército a todos aquellos que hubiesen desertado de sus filas y el 16 de abril aprobó un decreto contra los desertores, conminándolos a rectificar:

> ... Soldados delincuentes, temblad; el arma misma que se os ha entregado para que defendáis la patria va a vengarla de vuestra ingratitud e infidelidad: la pólvora y el plomo descargados sobre vuestro corazón, serán los instrumentos de su terrible justicia: enmendaos o pereced[81].

---

81 «Decreto penal para castigar la deserción en estas circunstancias», *Gaceta de Caracas*, 12 de mayo de 1812.

Pocos días más tarde, ante las noticias provenientes del Centro y frente a la inminente caída de San Carlos, el Ejecutivo, por tercera vez, le ofreció el mando absoluto al marqués del Toro. Pero este no aceptó. Se colocó entonces el mando en manos del general Francisco de Miranda. El marqués y sus hermanos, una vez más, se mantuvieron a las órdenes de Miranda.

Discordias contra Miranda

El 23 de abril Miranda asumió la dirección del Ejército Patriota con poderes dictatoriales. Una semana más tarde salió hacia el Centro. Las órdenes emitidas por el Jefe Supremo del Ejército eran precisas: debía defenderse a Valencia a cualquier costo. Todavía no había instalado su cuartel general cuando le llegó la noticia de que Valencia había caído en manos del enemigo. Miguel de Ustáriz, responsable de su defensa, evacuó la ciudad y cuando trató de retomarla fue rechazado sin remedio. El 7 de mayo Valencia se encontraba en manos de Monteverde. Miranda, profundamente contrariado por la pérdida de Valencia, era del parecer que la retirada de Ustáriz había sido no solamente una falta militar «... sino un nuevo acto de hostilidad de los nobles caraqueños».

Reaccionaba Miranda ante la visible animadversión de los mantuanos frente a su persona. Al concluir la primera campaña de Valencia, muchos criollos habían denunciado a Miranda por abuso de autoridad y por los supuestos excesos cometidos en el desarrollo de la campaña. Uno de los denunciantes había sido Juan José Rodríguez del Toro. Miranda fue interpelado por el Congreso y resultó absuelto; sin embargo, el incidente lo había molestado visiblemente. Además, la discordia entre los criollos y Miranda no era nueva. Primero había sido contra su padre y ahora contra él, aun cuando los motivos eran diferentes. En 1806 se habían manifestado en contra del proyecto independentista de Miranda y habían hecho significativas donaciones en dinero para contribuir a ponerle precio a su cabeza. Dos años más tarde, el propio marqués del Toro denunció a Miranda ante el capitán general por haberle enviado una correspondencia en la cual lo instigaba a levantarse contra el rey. Muchos de ellos no habían visto con agrado el regreso de Miranda en 1810. Sin embargo, no les quedó más remedio que aceptar su presencia.

Poco tiempo después de su llegada, los integrantes del Cabildo de Caracas se ocuparon de eliminar todas las huellas de los juicios y condenas que se habían hecho contra Miranda desde el Cabildo de la ciudad. El 2 de enero de 1811 aprobaron por unanimidad segregar y desmembrar los documentos que reposaban en sus archivos relativos a don Francisco de Miranda y borrar de las actas todos aquellos comentarios adversos a su persona «... a los que se había visto obligada a acceder la provincia de Venezuela como consecuencia de la opresión y el servil yugo con que la tenían encadenada y sumergida los mandatarios del anterior despótico gobierno»[82].

De esta manera, los criollos de Caracas eliminaban de la faz de la tierra las imprecaciones y dicterios proferidos contra Miranda en los años inmediatamente anteriores a la Independencia. Pero Miranda tampoco sentía simpatía por los criollos de Caracas, quienes no solamente lo habían adversado políticamente sino que, a su regreso lo habían hostilizado al punto de exigirle su presencia ante el Congreso para que justificara sus procedimientos en la primera campaña de Valencia.

A las reticencias de los mantuanos contra Miranda se sumaban las reservas frente a la figura de la dictadura y la excesiva concentración de poder en manos de un solo individuo. Sin embargo, Miranda continuó en el mando y el 8 de mayo dispuso recuperar la ciudad de Valencia. Ese mismo día intimó a los valencianos a decidir entre la libertad y la muerte.

---

82   Acta del Cabildo de Caracas, 2 de enero de 1811, en *Actas del Cabildo de Caracas 1810-1811*, Caracas, Concejo Municipal de Caracas, 1971, vol. I, pp. 120-121.

El resultado del combate fue desastroso: en plena batalla las tropas patriotas desertaban y se pasaban a las filas del enemigo. No le quedó a Miranda otra salida que replegarse hasta Maracay. Allí tomó la determinación de reorganizar y disciplinar a aquel ejército compuesto de soldados díscolos y novatos y, al mismo tiempo, imponer su autoridad sobre los oficiales criollos, todos ellos arrogantes y poco acostumbrados a recibir órdenes.

Sus medidas fueron severas y contundentes: todo aquel que hurtase algún bien perteneciente a la República sería fusilado. Los jugadores serían azotados y los dueños de las casas de juego multados y alistados en el Ejército, los borrachos serían encerrados en los calabozos por 8 días a pan y agua y si reincidían serían azotados las veces que fuese necesario.

Mientras Miranda procuraba poner orden en sus filas y fortalecer la defensa de Caracas, los realistas se ocupaban de avanzar hacia el Centro y de obtener el control de los Llanos, con lo cual garantizaban el suministro de reses y caballos para sus tropas.

Miranda, en atención a la gravedad de la situación, decretó la Ley Marcial el 19 de mayo, con lo cual concentraba y ampliaba aún más las facultades extraordinarias otorgadas por el Ejecutivo en abril. La oposición contra la Ley Marcial no se hizo esperar. El gobierno provincial de Caracas solicitó a Miranda que se dirigiese a la ciudad para discutir y acordar la redacción de algunos de los artículos de la ley. Miranda se negó a ello. No estaba dispuesto a aceptar la solicitud de los caraqueños cuando se encontraba organizando la guerra y tratando de hacerse fuerte en La Victoria. Finalizando mayo los Llanos se encontraban bajo el control de los realistas.

El descalabro final de la República

En junio un nuevo episodio se sumó a la ya crítica situación de la República. El día 24, en medio de las fiestas de San Juan

Bautista, se alzaron los esclavos de Curiepe y Capaya, a fin de evitar que los reclutasen para luchar a favor de la Independencia. El movimiento fue instigado por los hacendados Ignacio Galarraga y José de las Llamozas, y promovido por varios párrocos de la zona. En un principio estaban dirigidos por un oficial español, pero muy rápidamente empezaron a actuar por su cuenta, quemando y arrasando las haciendas, cometiendo todo tipo de crímenes y excesos, y matando a los blancos que encontraban a su paso. Los propios hacendados instigadores de la revuelta temieron por sus vidas y huyeron despavoridos de la zona.

Miguel José Sanz con un piquete de hombres armados fue enviado por el gobernador militar de Caracas a fin de que estudiase la situación y viese si podía contener a los alzados, ya que conocía la región y tenía esclavos y haciendas en la zona; llegó solamente hasta Guatire, allí le robaron el caballo. En sus informes dejaba saber que varios millares de esclavos, mujeres, niños, viejos y hombres estaban sin control, aunque no llegaban a 1000 los que pudiesen portar armas; sin embargo, un número importante de mulatos y pardos libres se habían sumado a la revuelta y se encontraban armados.

Las esclavitudes decidieron avanzar hacia Caracas y llegaron hasta Caucagua y Guatire. En Caracas, la cámara provincial de la ciudad recibió una solicitud de los hacendados para que discutiese la posibilidad de darle la libertad a los esclavos. Pensaban que de esta forma se apaciguarían y abrazarían la causa de la Independencia. Las autoridades caraqueñas, a su vez, pedían refuerzos a Miranda para impedir la inminente invasión de los negros a la ciudad. Pero Miranda estaba atento a las tropas de Monteverde, las cuales se encontraban a las puertas de La Victoria. No estaba en condiciones de dividir sus fuerzas. Las tropas que pudo enviar a Caracas eran pocas para contener a los negros.

En estas circunstancias ocurrió otro lamentable y fatal episodio. Francisco Fernández Vinoni, oficial al mando del Castillo de

Puerto Cabello, traicionó a los patriotas, enarboló la bandera Real y abrió fuego contra la plaza. Lo acompañaban los sublevados de Valencia del año anterior, quienes se encontraban prisioneros en el Castillo. Simón Bolívar, jefe de las tropas patriotas en Puerto Cabello, informó del ataque ese mismo día y, a las tres de la mañana, imbuido de la gravedad de la situación le escribió a Miranda solicitando auxilios. Un ataque por la retaguardia era lo único que podría salvar aquella plaza. En el castillo de San Felipe, ahora en manos del enemigo, se encontraban 1700 quintales de pólvora y casi toda la artillería y las municiones. Para defenderse apenas contaban con 16 000 cartuchos. No pudo mantener el control de la plaza.

El 12 de julio, abatido y desmoralizado, Bolívar escribe a Miranda dos comunicaciones para informarle lo sucedido. El tono de su comunicación evidencia su estado de ánimo:

> ... Mi general, mi espíritu se halla de tal modo abatido que no me hallo en ánimo de mandar un solo soldado; pues mi presunción me hacía creer que mi deseo de acertar y el ardiente celo por la patria, suplirían en mí los talentos de que carezco para mandar. Así ruego a Vd., o que me destine a obedecer al más ínfimo oficial, o bien que me dé algunos días para tranquilizarme, recobrar la serenidad que he perdido al perder a Puerto Cabello: a esto se añade el estado físico de mi salud, que después de trece noches de insomnio de tareas y de cuidados gravísimos me hallo en una especie de enajenamiento mortal[83].

El suceso es mortal para las armas patriotas. No solamente se había perdido un puerto fundamental para el abastecimiento de la República sino un numeroso parque y municiones. Miranda, desalentado, exclamó «¡Venezuela está herida en el corazón!». No le faltaba razón.

---

83 Simón Bolívar a Francisco de Miranda, 12 de julio de 1812, *Obras completas*, La Habana, Editorial Lex, tomo I, p. 32. En 1819, el traidor de Puerto Cabello fue tomado prisionero y fusilado por orden de Bolívar.

A partir de ese momento el ambiente se descompone aceleradamente. La división entre los patriotas se hace patente. Siguen las intrigas y el descontento contra Miranda, a quien responsabilizan del fracaso militar de las fuerzas patriotas. Las protestas y reservas contra la dictadura se mantienen y, desde Caracas, se propone la destitución de Miranda y el nombramiento de algún otro militar en su lugar.

A estas intrigas políticas se unía un elemento imposible de solventar: el rechazo general al papel moneda emitido por el gobierno, lo cual impedía el abastecimiento de las tropas, ya que los comerciantes se negaban a recibirlo. Dramática escasez de comida, especulación desbordada y miseria generalizada era el balance del primer año de vida republicana.

Los alistamientos se hacían cada día más perentorios y violentos. La población se negaba a responder a los llamados recurrentes e impacientes para que todos los hombres de entre 15 y 50 años se presentasen a combatir por la libertad. Cada vez era más frecuente ver en las paredes de la ciudad los pasquines contra la República y a favor de Fernando VII. Los jefes de la independencia y el discurso de la libertad fueron perdiendo adeptos velozmente.

Las deserciones continuaban y no estaba claro que la capital pudiese defenderse si se producía un contraataque realista sobre La Victoria, contando como contaban con el arsenal de Puerto Cabello y con el auxilio de un aliado emocional: la terrible desmoralización y el desaliento que cundían en el Ejército Patriota. Por otra parte, seguía presente la amenaza de que los negros, posesionados de Guatire y Caucagua, entrasen en Caracas. El obispo de Caracas, quien había promovido el alzamiento, visiblemente preocupado por el cariz violento y sin control que había tomado la sublevación, intervino para impedir que siguiesen hacia la capital.

El 12 de julio, Miranda, después de reunirse y consultar con sus oficiales y con los miembros del Ejecutivo, tomó la determinación de enviar un primer oficio a Monteverde proponiéndole la suspensión de las hostilidades. Las negociaciones fueron lentas y totalmente desfavorables para los patriotas. Luego de 13 días de infructuoso intercambio, Miranda aceptó las condiciones de Monteverde. El 25 de julio de 1812, se firmó la Capitulación de San Mateo.

Concluía así el primer ensayo republicano promovido por los criollos de las provincias que se sumaron al movimiento de abril. En medio de los avatares de la guerra, de la violencia y la incertidumbre, la división entre los promotores del movimiento se hizo visible e irreversible. Un grupo se mantuvo fiel a la Independencia. Otros decidieron desentenderse de la guerra y abandonar la causa de la Independencia. Así lo hicieron el marqués del Toro y todos sus hermanos.

El viraje del marqués

La última misión del marqués

En los primeros días de mayo del año 1812, Francisco de Miranda ordenó al general Toro que se dirigiera a los Llanos del Sur a levantar un cuerpo de caballería de 2000 hombres. El 10 de mayo se encontraba en Camatagua. Ese mismo día dirigió una proclama a los habitantes del lugar exhortándolos a unirse a las armas de la República y a entregar sus vidas para luchar contra la perfidia y los crímenes del despotismo y la tiranía. El texto era conminatorio:

> ¿Permitiréis ser unos meros espectadores de los gloriosos progresos con que vuestros hermanos gravaran su inmortal memoria sobre los campos de Marte? ¿Cuando vuestras futuras generaciones honren con la más dulce efusión de su gratitud y espíritu las yertas cenizas de estos héroes de la libertad, queréis oír con oprobio desde el centro mismo de vuestros sepulcros las dignas execraciones que mereceréis por no haber tomado parte en las victorias de nuestros compañeros de armas que pelean ahora por conservar los sagrados derechos que el Supremo autor de la naturaleza les ha concedido? ¿Habrá en fin entre vosotros alguno que al oír los lamentos de una Patria que llora su próxima ruina si no la defendéis, no arda en deseos de salvarla, sacrificándolo todo, hasta su vida misma? [84]

---

84 Francisco Toro, «El ciudadano Francisco Toro, a los habitantes de Camatagua», 10 de mayo de 1812, *Gaceta de Caracas*, 22 de mayo de 1812.

Sus órdenes eran expresas: debía conseguir 2000 soldados entre los habitantes masculinos de los poblados cercanos. En un oficio firmado de su puño y letra le comunicó esta orden al comandante de armas de Camatagua, informándole que el gobierno tenía especial interés en proteger los Llanos del Sur. Acto seguido le mandaba convocar a todos los hombres útiles que hubiese en el pueblo, formar una lista de ellos sin excepción de clases, ponerlos a caballo y reunirlos en un solo punto a fin de que se ocupasen de su propia defensa. Para concluir, le decía que era muy importante hacer entender a los habitantes de Camatagua la importancia de la misión: todos debían concurrir a aquel santo objeto para demostrarle al enemigo «... que los Llanos del sur tienen hombres y que nunca, nunca, podrán volverles a las cadenas, porque conocen ya sus derechos y están resueltos a hacerlos respetar y sostener»[85].

En términos muy parecidos le escribe, desde El Sombrero, al comandante de armas de Chaguaramas y le ordena reunir en los próximos días a «... todos los hombres desde la edad de catorce á sesenta años sin excepción de personas, los que pondrá Vd. á caballo haciendo un reparto general entre todos los dueños de hatos sin distinción alguna para aquellos que no lo tengan, y formando división de cincuenta hombres, para los que nombrará Vd. tres oficiales, un capitán, un teniente y subteniente los que serán á gusto de la tropa»[86].

Por el contenido de esta correspondencia hay evidencia expresa de que el general Toro pasó a los Llanos a cumplir su misión. Lo confirma, además, una carta que le remite Nicolás Ascanio a Francisco de Miranda el 13 de mayo, en la cual le dice que a su llegada a Camatagua se encontró con la noticia de que el

---

85 Francisco Toro al Comandante de Armas de Camatagua, reproducido en Marqués de Rojas. *El General Miranda*, París, Librería de Garnier Hermanos, 1884, pp. 551-552.

86 Francisco Toro al comandante del pueblo de Chaguarama, El Sombrero, 11 de mayo de 1812, reproducido en Marqués de Rojas, *El General Miranda*, pp. 556-557.

marqués del Toro había salido de allí en dirección a El Sombrero. Y Patricio Padrón, cuatro días más tarde, le comenta al mismo Miranda que tenía noticias de que el marqués del Toro había salido a formar un batallón para la defensa de la Patria en los Llanos del Sur. Sin embargo, había informaciones encontradas. Juan Germán Roscio primero le había dicho que el marqués se había ido para Barcelona con 100 mulas de carga y luego le habían informado que se encontraba en La Calera con toda su familia.

Después de estas comunicaciones de Ascanio y Padrón no se supo más del marqués del Toro. Ese mismo mes de mayo, los Llanos cayeron en manos de los realistas. El 14 tomaron Calabozo y el 23, San Juan de los Morros.

¿Qué pasó, a partir de entonces, con el marqués del Toro?

Deserción y huida

Las referencias testimoniales y bibliográficas dicen que, después del infructuoso resultado de su misión en los Llanos, el marqués decidió abandonar el Ejército y retirarse con su familia hacia el Oriente del país.

Francisco Javier Yanes, personaje involucrado en los sucesos de la Independencia, relata que el mencionado Toro, «... salió de Valencia junto con su hermano Fernando y el coronel Francisco Javier Mayz, miembros estos dos del poder Ejecutivo con el objeto según se dijo de levantar caballerías en El Sombrero, y en otros pueblos del alto llano, aunque su marcha fue para la provincia de Cumaná»[87].

Una información similar ofrece Caracciolo Parra Pérez en su *Historia de la Primera República*. Dice el historiador que el marqués del Toro y su hermano Fernando «... huyendo de los corianos por el Sombrero y Barbacoas, pasaron a la provincia de Barcelona

---

87 Francisco Javier Yanes, *Historia de la Provincia de Cumaná*, Caracas, Ediciones del Ministerio de Educación, 1949, pp. 40-41.

sin cumplir la famosa misión de reclutar jinetes en los llanos gua-
riqueños, porque ni un solo hombre atendió a su llamamiento»[88].

Estos datos concuerdan con el hecho de que, a mediados de
mayo, Fernando Toro ya no formaba parte del triunvirato Ejecutivo, su lugar lo ocupaba Juan Germán Roscio. A ello se suma el
informe que José Cortés de Madariaga le remitió a Miranda sobre
las andanzas de Francisco Rodríguez del Toro y sus hermanos
durante ese mismo mes de mayo. Los Toro, a quienes Madariaga llamaba «ciudadanos del orden senatorio y ecuestre», se encontraban ocultos en La Calera, una hacienda posesión de la familia
localizada en las afueras de la ciudad y se sospechaba que, en cualquier momento, abandonarían el país.

Madariaga desconfiaba de los Toro y de los mantuanos en
general. No sentía el chileno ninguna simpatía por los nobles caraqueños, a quienes llamaba despectivamente «familias otomanas»
y «estúpida aristocracia». En su concepto, los mantuanos estaban
decididos a entorpecer el establecimiento de la «verdadera libertad
democrática» y para ello recurrían a todo tipo de perfidias y baje-
zas contra el Generalísimo. Madariaga estaba persuadido de que,
al igual que los Toro, la mayoría de los nobles de Caracas se pre-
paraban para emigrar.

Finalmente, Miguel José Sanz, en una carta también a Miranda, se lamenta de la conducta de todos aquellos que en medio de
la difícil situación por la que atravesaba la República habían tomado la decisión de escapar: Francisco, Fernando y Diego Toro, así
como muchos otros, se habían ido en dirección a Capaya, declarando que todo estaba perdido. El licenciado Sanz disculpaba a
Fernando: era comprensible que en el estado en que se hallaba
buscara un asilo, «... pero los otros, ¿por qué huían?».

Todo indica que el marqués, ante el fracaso de su misión y
al tanto del descalabro militar y defensivo en que se encontraba la

---

88   Caracciolo Parra Pérez, *Historia de la Primera República*, tomo 2, p. 359.

República, desertó del Ejército Patriota, se refugió en La Calera y desde allí organizó su retirada a Oriente, seguramente con la esperanza de que podría huir o al menos mantenerse al margen de la guerra.

Pero en la zona oriental la situación no era mejor que en el Centro o en el Occidente. Las deserciones eran continuas, las autoridades se negaban a aceptar la Ley Marcial, los soldados se resistían a engrosar el ejército de Miranda y las medidas del gobierno local y central eran desoídas.

Toro finalmente logró llegar a Cumaná. Francisco Llanos, uno de los patriotas de la ciudad, le informaba a Miranda que la noticia acerca del descalabro de las fuerzas patriotas en el Centro y Occidente se había conocido en las provincias orientales por los «prohombres de Caracas», con lo cual aludía directamente al marqués y a sus hermanos.

En Cumaná no fue bien vista la presencia del marqués. El comentario general era que se encontraba allí para escapar de los peligros de la guerra. Se le acusaba de desertor e incluso se promovió una causa en su contra.

Rápidamente circularon pasquines que satirizaban y denunciaban la huida del noble caraqueño. Unos ejemplares de los citados pasquines se los envió Miguel Peña a Miranda. Los papeles tenían fecha 16 de junio y decían así:

> Si aqueste toro no anda
> Escapándote la nalga
> A su general Miranda.
> Esto dice un Cumanés
> Que al tiempo da por testigo
> Llévatelo Maíz[89] contigo
> Que los dos y otro son tres.

89　El Maíz a que se refiere la estrofa es Francisco Javier Mayz, quien era diputado por la provincia de Cumaná y acompañó a los Toro en su huida hacia Oriente.

Y adivina quién te dio
Si el negro ó la carabina.

¿Con que ha salido en carrera
Un toro que están atroz?
Si es así salga veloz
De esta nuestra incauta tierra.
A todos tres los destierra
Nuestro pueblo incorporado.
Y jura por lo sagrado
Si tenaz sigue puntillo
Que el toro saldrá novillo,
Novillo destoconado.

Ya este pueblo se ve ahíto
De Marqueses y pelucas.
Y por momentos, Don Lucas;
Le pondrá un solideito
Aunque sea de salga maluca[90].

Refugiados en Cumaná y sometidos al escarnio, burla y asedio de los orientales, los Toro decidieron huir a las Antillas. Esta determinación fue agriamente criticada e interpretada como una cobarde deserción en momentos en que la causa patriota necesitaba del auxilio y esfuerzo de todos y cada uno de sus hombres.

El juicio de Francisco Javier Yanes sobre el episodio es elocuente de la mala impresión que causó la fuga del marqués. Dice Yanes que los Toro «... trataron de salir de Cumaná en circunstancias semejantes a aquellas en que dejaron a Valencia, es decir en días y momentos de angustia y aflicción para la patria, esta patria que en los días de prosperidad y buenas esperanzas intentaron

---

90   Pasquines adjuntos a carta de Miguel Peña a Miranda, 26 de junio de 1812, reproducido por Marqués de Rojas, *El General Miranda*, p. 467.

hacer su patrimonio exclusivo, y aunque es cierto que algunos patriotas celosos o, como decían ellos *exaltados*, trataron de impedir su fuga, y de que permanecieran en el país a correr la misma suerte que los demás, no lo es menos que aquellos con intrigas y manejos lograron al fin sus intentos, dejando a éstos el cuidado de defender el país o morir en la demanda»[91].

Satirizado, vapuleado y escarmentado desembarcó Francisco Rodríguez del Toro primero en Martinica, de allí pasó a Guadalupe, luego a Granada, hasta que, finalmente, desembarcó en Trinidad en el mes de octubre. El balance no era halagüeño: lo habían derrotado en Coro y en Valencia, se habían burlado de él, lo llamaban cobarde, tuvo que huir de Venezuela, su hermano Fernando se encontraba paralítico, su casa la había destruido el terremoto de Caracas, sus propiedades había sido incautadas por las autoridades realistas y su honor y reputación estaban en entredicho: los patriotas lo acusaban de cobarde y traidor por haber desertado y abandonado a la patria cuando más lo necesitaba, y los realistas lo rechazaban y condenaban por haber traicionado a la Corona al sumarse y empuñar las armas contra el rey al lado de la insurgencia.

Al poco tiempo de haber desembarcado en Trinidad Francisco Rodríguez del Toro, espantado ante todo lo sucedido y arrepentido de su descarrío, le dirige una comunicación a la Regencia de España.

Víctima inocente de las circunstancias

La misiva tenía un propósito fundamental: «... destruir la falsa idea que sabemos se tiene en la Metrópoli de que nosotros fuimos de los caudillos del 19 de abril de 1810»[92]. Relata entonces

---

91   Francisco Javier Yanes, *Historia de la Provincia de Cumaná*, p. 49.

92   El marqués del Toro y Fernando Toro a la Regencia de España, Trinidad, 8 de febrero de 1813, Archivo General de Indias (AGI), Caracas, 386, 7 folios. A partir de aquí, todos los argumentos y razonamientos del marqués son tomados del mismo documento.

los hechos acaecidos en Venezuela dejando en claro, desde el principio, que no se encontraba en Caracas en aquella fecha. Para nadie era un secreto que estaba con su hermano Fernando «... a treinta leguas de la capital donde se verificó aquel suceso, huyendo de verse comprometidos en un movimiento popular que juzgábamos inmediato».

Continuaba diciendo que al enterarse de lo ocurrido en Caracas, él y su hermano reunieron inmediatamente a todas las personas de juicio de la ciudad y conferenciando sobre cuál partido debería tomarse en tan difíciles circunstancias, tomaron la decisión de formar un cabildo abierto. Verificado este, pesadas las razones del estado de la España y ante la inminencia de que pudiese encenderse una guerra civil solamente por defender a los gobernantes, se acordó reconocer la Junta, se circularon las órdenes a los suburbios y se tomaron las medidas necesarias para mantener el orden. Posteriormente, pasaron a Caracas y no hicieron otra cosa que obedecer órdenes del Gobierno.

En medio de estas circunstancias fueron llamados a participar en el Supremo Congreso de Venezuela. Sin embargo, esto no debía ser mal interpretado por la Regencia ya que «... ¿cuál podía ser la influencia de unos Militares en una corporación llena de Letrados, cuando estos mismos no eran dueños de sus deliberaciones?».

No menciona el marqués que Fernando fue nombrado gobernador militar de la provincia ni que él y sus hermanos recibieron ascensos y nombramientos por parte de la Junta, mucho menos hace alusión alguna a su desempeño como comandante del Ejército del Poniente.

Se detiene más bien en relatar cómo se había producido su distanciamiento y definitiva ruptura con la causa de abril, hasta su desesperada huida a Oriente. Los hechos habían ocurrido de la siguiente manera:

Declarada la independencia y visto el nuevo sesgo que tomaban los negocios con la influencia de sujetos que por medio del pueblo hacían cometer errores graves al Gobierno, todos los individuos de nuestra casa procuramos separarnos de los negocios públicos. El Marqués del Toro nombrado General en jefe del Ejército que debía oponerse al General Monteverde, resistió tres órdenes en que se le mandaba tomar el mando que por último se dio a otro y aprovechando de una comisión que se le dio para lo interior pasó a Cumaná. Don Fernando, nombrado Poder Ejecutivo Federal, no quiso tomar posesión del empleo y bajo pretexto de convalecencia pasó al mismo destino: Don Juan, Don Diego y Don Juan Ignacio solicitaron sus retiros y reunidos en Cumaná, nos vimos perseguidos por el populacho hasta el extremo de asaltar nuestra posada donde felizmente no nos hallábamos a la sazón. Luego que supimos el movimiento nos refugiamos en la casa de Gobierno, donde fuimos asediados por el pueblo que pedía nuestras cabezas por enemigos del sistema: al fin solo debimos nuestras vidas a la promesa que hicieron las autoridades de embarcarnos inmediatamente para una Colonia inglesa, como efectivamente se verificó y en la cual hemos permanecido hasta el día de hoy.

Era aquella la verdadera historia de su participación en la rebelión. Más que responsables de lo sucedido, habían sido víctimas inocentes de las circunstancias. No había pues ningún delito que imputarle a él ni a ninguno de los miembros de su familia.

Los errores de la Corona

En su opinión, la responsabilidad directa de todo aquello debía adjudicársele a «... las impolíticas medidas del Gobierno Metropolitano». Aquel horror que asolaba a Venezuela, todos los desafueros y su propio e inevitable descarrío −así calificaba el marqués su «involuntaria» participación en los hechos de Venezuela− eran consecuencia de la incomprensión y de los errores cometidos por la Corona en medio del descalabro político que había sacudido a la península a partir de 1808.

Los caraqueños y él mismo, desde julio de 1808, no habían hecho otra cosa que actuar para proteger y defender la autoridad del único y legítimo rey de España, Don Fernando VII. Cuando se conocieron en Caracas las noticias de la invasión francesa y del nombramiento de Murat como Lugarteniente del Reino, el pueblo de Caracas se había declarado fiel a su rey y había obligado a las autoridades realizar la Jura de Fernando VII. Igualmente al tenerse noticia del establecimiento de Juntas en toda la península, se animaron los vecinos principales de la ciudad a proponer al capitán general la constitución de una Junta, con el solo fin de imitar aquella conducta. Este, aunque en un principio lo aprobó «... bien pronto varió de opinión, y sin que mediase ocurrencia alguna, atropelló a sus autores, los puso en prisión, y para asegurar su atentado persuadió a la gente de color que se trataba de herrarlos como a bestias y de imponerles una servidumbre más dura. Esta medida Macchiavelica estuvo para producir las más funestas consecuencias, pues ya los Pardos intentaban asesinar a los Blancos».

Todo aquel engorroso asunto, finalmente, había terminado. El fallo del fiscal había sido absolutorio: no habían cometido ningún delito al promover la Junta aquel año de 1808.

Nombrado un nuevo capitán general para la provincia, se tranquilizó la opinión. Sin embargo, los malos sucesos de la península agravados por la opinión de muchos españoles según la cual la América debía seguir la suerte de la Metrópoli, bajo cualquier dinastía, hizo que se temiese en la provincia «... ser envueltos en las ruinas de la España que luchaba con un poder colosal». A este comprensible temor se unió la noticia de que Andalucía había caído en manos de los franceses y que se había disuelto la Junta Central. Como quiera que el capitán general no decía nada al público, decidió el Cabildo que debía asegurar la existencia política de la provincia, depuso a las autoridades y estableció una Junta Gubernativa a nombre de Fernando VII.

Se dirigió entonces la Junta a la Regencia de España para informarle lo ocurrido en Caracas, ofreciéndole no romper los vínculos con la Madre Patria siempre que se constituyese un gobierno legal por la voluntad de toda la nación, prometiéndole al mismo tiempo contribuir con sus rentas y sus esfuerzos en sostener la lucha contra Francia hasta libertar al Soberano.

De nuevo las impolíticas medidas del Gobierno Metropolitano afectaron el natural desenvolvimiento de los hechos. La Regencia llenó de insultos a aquel gobierno y lejos de corresponder a sus generosas proposiciones, les declaró la guerra y los llamó rebeldes sin tomar en consideración los antecedentes que habían producido el movimiento de aquella Provincia ni de la dificultad que representaba cambiar todos los días el gobierno. La Regencia, insiste el marqués, en vez de negociar con el gobierno, lo exaspera con dictados ofensivos, bloquea sus puertos, se dirige a los particulares para fomentar la discordia, y encender la guerra civil. «... ¿A quién pues deberá quejarse la España y atribuir la desunión de las Américas?».

Pero no concluye allí el alegato de Toro. En su afán de justificar el descarrío en el cual había incurrido y para tratar de torcer a su favor la mala opinión que se había formado sobre él y sus hermanos en la Metrópoli, le reprocha a las autoridades españolas la equivocación en la cual habían incurrido al no permitir la instalación de aquella Junta promovida por los principales en 1808. Si así lo hubiesen hecho, se habrían ahorrado todos los trastornos del presente ya que aquella Junta se hubiese visto integrada por «... hombres de juicio y respeto, interesados en mantener el orden para conservar sus propiedades y prerrogativas y no se habría formado después otra por el pueblo, sobre quien necesariamente había de tener un gran influjo como hechura suya».

Pero también se había equivocado el Gobierno Metropolitano al desconocer, rechazar y atacar la Junta del año 1810, ya que «...formada ésta no era un mal tan grave el tolerarla mediante a que lo mismo sucedía en todas las provincias de España».

Precisamente como consecuencia de esta impolítica medida era que los hechos se habían desencadenado en dirección a la independencia; si se hubiese tolerado la Junta, si no se hubiese reaccionado contra ella como lo había hecho la Regencia «... no se habría pensado en Independencia; ni se habría derramado por unos hermanos la sangre de otro».

Esta situación había generado que los españoles, viendo que la Regencia desconocía el gobierno de la Junta, decidieran conspirar levantándose en armas contra el gobierno de Caracas. A este no le quedó más remedio que defenderse y para ello se vio en la circunstancia de admitir los servicios voluntarios de la «gente de color» y de «blancos exaltados», lo cual «... insensiblemente fue dando preponderancia sobre el Gobierno a esta especie de gentes y, creciendo su influencia». El mismo Congreso perdió su autoridad «... hasta el grado de no ser dueño de sus deliberaciones, como se verificó en la publicación de la independencia contra los votos secretos de la mayor parte de los miembros del Congreso».

De acuerdo con la versión del marqués, la mayoría de los diputados –incluidos él y sus dos hermanos– estaban en contra de la Independencia, de manera pues que aquella votación unánime por la declaración de la Independencia había sido producto del influjo maligno de la gente de color y de los blancos exaltados. Y todo ello, gracias a la intemperancia de la Regencia. La incomprensión e intransigencias españolas eran la causa fundamental de que se hubiese llegado a la Independencia. Pero no habían concluido allí los errores cometidos por la Corona contra la afligida Venezuela.

Los desmanes de Monteverde

El marqués continúa su explicación argumentando que al concluir el conflicto, luego de la firma de la capitulación entre Domingo de Monteverde y el Generalísimo Francisco de Miranda, la generalidad del país estaba convencida de los inconvenientes de las revoluciones y se encontraba dispuesta a una reconciliación sincera con la Madre Patria. Pero, nuevamente, las autoridades españolas impidieron que Venezuela recuperase su tranquilidad habitual.

Domingo de Monteverde irrespetó los acuerdos firmados en la Capitulación y llevó al país al estado más deplorable y angustioso:

... los sujetos más virtuosos y respetables se vieron arrastrados ignominiosamente a los calabozos, atadas las manos como facinerosos, y en el traje en que fueron sorprendidos hasta el extremo de no permitir a alguno ni aun tomar los zapatos: el moribundo en una cama, el débil anciano, el ministro del santuario, el padre de una numerosa familia, todos fueron cargados de cadenas y sumergidos en unas bóvedas, donde ya han perecido varios por no tener ni aun aire que respirar, pues se les negaba hasta los auxilios espirituales y como todas las propiedades se hallaban embargadas, morían con el desconsuelo de no dejar a sus mujeres y tiernos hijos otro alimento que las lágrimas; los que han sobrevivido a tantos infortunios son aún más desgraciados; a los insultos diarios añaden el temor de ver terminar sus días de un modo ignominioso por haberse fiado en las promesas de un gobierno que siempre se ha preciado de cumplirlas religiosamente: Las Cortes del Reino y la actual Regencia nos habían ofrecido olvidar lo pasado luego que fuesen reconocidas: el mismo Monteverde en sus proclamas al entrar en Caracas prometió guardar la capitulación. ¿Quién podría dudar de semejante compromiso? Todos creímos ver cesar las calamidades que nos afligían, pero cuánto nos desengañamos.

Todo era desolación y espanto: hambre, las esclavitudes sin el respeto de sus amos, el gobierno sin tropas que oponerles. Restituido el gobierno de España en la provincia, se vivía la misma anarquía que antes y peor aún porque «... entonces gobernaban los exaltados que se llamaban Patriotas; y ahora todos los Españoles ofendidos por el anterior estado de cosas; de suerte que solo obran las pasiones particulares, sin que la razón tenga lugar alguno».

El origen de todos los trastornos estaba, pues, en las impolíticas medidas de España, primero por parte de la Regencia y, luego, por parte del jefe militar de la provincia, Domingo de Monteverde. El marqués no se cansa de repetirlo: «... Así vuelvo a decir que el autor de tantos males ha sido el gobierno español».

Aclaradas las condiciones en las cuales se había visto *obligado* a actuar y expuestos los errores cometidos por España, el marqués solicita que por la inmensa magnanimidad del rey se le otorgase el perdón, que el rey se apiadara de unos hijos descarriados, les enjugase las lágrimas y, finalmente que, «... en nombre de la Justicia, de la equidad y por el mismo interés del Gobierno, le restituyese a él y a tantos desgraciados la libertad y el goce de lo poco que les habrá quedado». No pedía más el atribulado marqués.

Las súplicas de Toro

Por la intervención de Inglaterra

Cuando todavía no había llegado a su destino la representación escrita a la Regencia, el marqués decide escribir una nueva misiva. Esta vez el destinatario de sus explicaciones y requerimientos es el Príncipe Regente de Inglaterra. Dos propósitos tiene el documento: insistir en que toda la culpa de lo sucedido en Venezuela era de las autoridades españolas y proponerle al imperio británico que interviniese para resolver los males que aquejaban a su país[93].

Se extiende el marqués en la exposición de las atrocidades e injusticias cometidas por los españoles contra la «afligida» Venezuela. Describe a los españoles como «... una turba de hombres feroces que han jurado consumar el sacrificio de aquel virtuoso pueblo sin más delito que haber aspirado oportunamente a precaver la subyugación que creía próxima al poder de la Francia».

El ejemplo más elocuente de los desmanes e ignominias cometidos por los hijos de España en la provincia de Venezuela era la manera en que habían actuado en ocasión del terrible terremoto ocurrido el 26 de marzo de 1812. Su descripción de los hechos es como sigue:

---

93 Representación del marqués del Toro y de su hermano el general Fernando Toro, al Príncipe regente de la Gran Bretaña, Trinidad 5 de marzo de 1813, Public Record Office-Colonial Office (PRO-CO) 295/31.

... en estas circunstancias de terror y espanto capaces de excitar a compasión hasta las fieras mismas: en estos días de horror, de llanto y de compasión, en que Venezuela pensaba que no existía sino para herir al cielo con sus clamores, fue que los españoles para oprobio eterno de su nación, imitando la irrupción que en ella hicieron los bárbaros, entraron en nuestro territorio con espada en mano derramando inhumanamente la sangre y haciendo por el terrorismo que los pueblos para no experimentar sobre los estragos de la naturaleza los horrores de la guerra, se avanzasen con instrumentos músicos en lugar de armas ofensivas a recibirles en triunfo de una como conquista que cubrirá la memoria de sus autores de más abominación e ignominia que la de los Filibusteros, Alfingers y Welsers del siglo XVI.

A ello se sumaba la violación flagrante del tratado de Capitulación por parte del jefe de las tropas realistas, Domingo de Monteverde. Si se hubiesen respetado los acuerdos, ese mismo día hubiesen terminado los males de Venezuela. Pero los hijos de España no lo quisieron así. Al momento de deponer las armas, los españoles se avalanzaron como unos bárbaros sobre Venezuela, con la misma violencia que se arroja un sediento lobo sobre una oveja inocente para devorar y beber su sangre. Sordos a los gritos de la justicia y la naturaleza no hubo acto por cruel e inhumano que omitiesen, ni atrocidad que excusasen para exterminar a los sobrevivientes de aquel horror: «Díganlo las provincias de Cumaná, Barcelona y Margarita, de cuyo solo seno, sin contar con las otras han arrancado violentamente para los pontones y bóvedas de Puerto Cabello y La Guaira todos los propietarios, todos los vecinos de alguna representación, todos los que siquiera sabían leer y escribir, dejando otras tantas numerosas familias sacrificadas a las calamidades de la miseria, de la orfandad y aun de la desesperación. Díganlo las órdenes reservadas que se comunicaron por el Nerón Sátrapa de Margarita a los Capitanes de los buques conductores de aquellos infelices para que en el caso de encontrar algún corsario, los hiciese víctimas de las aguas sumergiéndolos con los pesados hierros de que iban sobrecargados. Díganlo las plazas de las ciudades, donde sobre un cañón hacen exhalar a látigo el último aliento de aquel que profiere una palabra que no les agrade. Díganlo el destino de nuestras propiedades embargadas entre sus mismas manos, mientras que nuestras caras madres, nuestras tiernas esposas e inocentes hijos sólo tienen lágrimas con que alimentarse. En fin, Señor, nunca acabaría: nuestras personas condenadas a la infamia, nuestras familias a la miseria y degradación, nuestro país a la desolación y a la esclavitud, todo presenta un cuadro horrendo que hace estremecer a la naturaleza entera. Nosotros nos atrevemos a decir que aun cuando los españoles no tuviesen otros crímenes que los que esta vez han cometido sobre nuestros territorios, ellos deberían pasar entre las naciones cultas por monstruos abominables, y si hasta al cielo mismo pudiese uno gritar pidiendo justicia, era preciso excitar allí un brazo vengador de la humanidad afligida en Venezuela».

Denunciada descarnadamente la ignominia de aquellos bárbaros y sátrapas de España, no quedaba sino exponer las razones por las cuales consideraba que Inglaterra debía intervenir. En su opinión, en Venezuela y en las islas adyacentes podría ocurrir una sublevación social similar a la que había estallado en Haití, si no se atendía con prontitud la disolución del orden y la anarquía que asolaban a aquel desdichado país.

La razón era sencilla: la población de Venezuela estaba compuesta en sus cuatro quintas partes por gente de color, cuyas ideas y ambición se hallaban despiertas por las esperanzas que habían llegado a concebir durante los años iniciales de la Independencia. El único freno que podía contenerlos era el respeto que conservaban a las primeras familias de quienes ellos o sus progenitores habían sido libertos. Pero todos estos se hallaban prisioneros o habían huido del país, al punto que no había quien desempeñara los cargos capitulares. El resultado estaba a la vista, en muy poco tiempo los pardos «... sacudirán el yugo del corto número de españoles opresores, manumitirán a los esclavos y esta multitud de hombres sin principios refrescará desgraciadamente en nuestro país, las trágicas escenas de Saint Domingue, cuyo ejemplo como una chispa eléctrica podrá prender en estas colonias tan inmediatas y compuestas de las mismas clases».

Si los ingleses no querían ver encendida la llama de la revolución negra en sus posesiones del Caribe debían decidirse a intervenir y ofrecerle su protección a la afligida Venezuela. La proposición se hace sin eufemismos:

> ... No está Señor, en los altos decretos de la Providencia mejorar la suerte de nuestro país, sino por la protección de Inglaterra. Disueltos nuestros vínculos con los españoles por la iniquidad y perfidia con que quebrantan los pactos más solemnes, no es posible restablecer jamás con ellos la buena fe y persuadirnos que variarán de opinión. No hay medio alguno para Venezuela entre su total y próximo exterminio, o su enajenación al generoso pueblo que la rescate de su actual servidumbre. Es pues, a V.A. que toca decidir su suerte.

La petición del marqués no tuvo el menor resultado. La estrecha comunidad de intereses y propósitos entre Inglaterra y España en su empeño de derrotar a Napoleón, así como la fortaleza de los vínculos y compromisos entre ambas potencias imperiales, no favorecieron la enajenación de aquellas provincias de la tutela española y su conversión en protectorados del imperio británico. La decisión de Inglaterra fue desconocer a las Juntas que se constituyeron en América y mantener su alianza con España.

Para evitar males mayores

Vista la impenetrable lealtad entre ambas monarquías, no le quedó al marqués más remedio que olvidarse de su quimera de una intervención británica y retomar su táctica inicial de solicitar el perdón de España. Resolvió, entonces, escribir una tercera carta, esta vez dirigida al secretario del Despacho de Gracia y Justicia de la Monarquía. La carta tiene fecha 28 de abril de 1813.

En esta tercera comunicación el marqués se aviene a reconocer que sí había tenido algo que ver con los sucesos de Venezuela. Pero lo justifica argumentando que la única razón por la cual se había animado a involucrarse en todo aquello había sido precisamente para impedir por todos los medios a su alcance que la situación empeorase o tomase caminos peligrosos e irremediables[94].

Explicaba el marqués que, cuando tuvieron conocimiento de la caída de Sevilla y la disolución de la Junta Central, él y su hermano Fernando pensaron en establecer una Junta presidida por el capitán general con el apoyo de las tropas que estaban a sus órdenes y así evitar que lo hiciese primero el populacho, como parecía inevitable si no se tomaba esa medida. Esta determinación era lo que había motivado el viaje de ambos a Valencia en los primeros días de abril.

Instalados en Valencia y mientras dilucidaban si era o no conveniente la promoción de una Junta fueron sorprendidos por la noticia de la Revolución de Caracas. Desde Valencia y en cabildo abierto con los vecinos, él y su hermano apoyaron al gobierno de Caracas, pero esto también lo habían hecho persuadidos de que cualquier otro paso hubiese expuesto el país a una guerra civil.

A todo ello se sumaban otros atenuantes que debían ser tomados en consideración al momento de evaluar la participación que habían tenido en los sucesos de Venezuela. El hecho era que cuando se dispusieron a atender el llamado del nuevo gobierno, lo habían hecho siguiendo el consejo de personas de juicio y respeto quienes les habían hecho ver la importancia de que no abandonasen los negocios públicos «... pues nuestros respetos podrían

---

94 Representación del marqués del Toro y Fernando Toro, al señor secretario del Despacho de Gracia y Justicia, Trinidad, 28 de abril de 1813.

evitar algunos males». Fue por esta razón que admitieron los empleos, los cuales, además, les fueron conferidos a nombre del Señor Fernando vii. Por último, insiste en uno de los argumentos de su primera misiva al explicar que los cargos aceptados eran puramente militares, por consiguiente, cuanto habían ejecutado emanaba de órdenes superiores.

No da explicaciones el marqués respecto a su condición de jefe de las tropas del Poniente que intentaron someter al partido de Coro, pero sí se ocupa de explicar las razones que los habían llevado a participar en el sometimiento de la insurrección de Valencia. En este caso se les había informado que el levantamiento de la ciudad había sido propiciado «... por las gentes de color de aquel partido que se habían levantado y trataban de asesinar a los blancos». En consecuencia, creyeron hacer un servicio al país ahogando en un principio un movimiento tan funesto que bajo el especioso pretexto de Fernando vii encerraba ideas tan siniestras.

Fue a partir de ese momento que empezaron a percatarse de que los fundamentos del gobierno variaban rápidamente. A medida que los negocios públicos tomaban peor aspecto con el nuevo sistema de Independencia, trataron de apartarse de ellos: dimitieron sus hermanos los empleos militares que habían aceptado, se inhibió Fernando de presidir el Ejecutivo, se negó el marqués a aceptar el mando supremo de las tropas, aprovechó una comisión que se le dio para lo interior, pasó a Barcelona y de allí a Cumaná. Esta decisión, según decía el marqués «... no lisonjeaba las locas ideas de los que allí se titulaban patriotas», de manera que muy pronto los acusaron de traidores y reos de lesa patria, se les abrió causa en los tribunales de Cumaná, se desató la execración popular contra ellos, hasta el extremo de ser asaltada la posada que habitaban por más de 300 hombres resueltos a asesinarlos. Decidieron huir a las Antillas.

Ajeno por completo a la insurgencia de Venezuela

Pero sus calamidades y desventuras no concluyeron allí. Tenía el marqués un nuevo motivo de preocupación y otro infundio que desmentir y así se lo hace saber al secretario del Despacho de Gracia y Justicia de España.

Cuando ya se encontraban establecidos en Trinidad, se tuvo noticia en Venezuela de que se preparaba una invasión por las costas de Güiria y que los promotores de la rebelión utilizaban la isla inglesa como base de operaciones. Decían las autoridades españolas que el marqués era uno de los financistas e instigadores del movimiento.

El asunto era delicado. Existía una Ley Marcial en Trinidad que condenaba al destierro inmediato a cualquiera que ofreciese ayuda a los insurgentes así que, la sola sospecha de que pudiese estar involucrado con los insurgentes de Güiria pondría en peligro su permanencia en la isla. A ello se sumaba que Santiago Mariño, al tanto de que Toro se encontraba en Trinidad, le había enviado una carta con fecha 16 de enero de 1813, convocándolo a participar en la rebelión para vengar las injurias de los españoles europeos contra los patriotas americanos. El 27 del mismo mes Toro entregó la carta a las autoridades de la isla con el fin de demostrar que él no tenía absolutamente ninguna relación con la sublevación y que la carta podía ser utilizada en el juicio que se le seguía a los cómplices del oriental.

Este gesto del marqués no disipó las dudas que había sobre su posible apoyo a la expedición. Una carta del gobernador de la isla, Ralph Woodford, al secretario de Estado para la Guerra de Inglaterra, da cuenta de cuál era el parecer del funcionario inglés sobre los Rodríguez del Toro:

... I'm well convenced, and I do not full satisfied at the number 1 find in residence here, of Spaniards, american, keven english connected with the

main and the many of whose names are known. They are protected generally by the marquis del Toro and his brother. The Expedition to sail bay a gift of 2000 dollars, received by them from the Islands of St. Bartholomeu, a few days before they sailed, and I'm credibly informed that S. Mariño has in his possesion a letter from the marquis promising him 5000 dollars, wherever he get a possession of a Port. I'm aware that those gentlemen have presented a Memorial through your Lordship to His Royal Highness the Prince Regente, but, I doubt their sincerity and submit to your losrdship the prudence of removing them, indeed any others there may be good cause to be suspicious of from the Island[95].

Las sospechas de Woodford no pasaron de allí. El marqués debe haberlo convencido de su inocencia, ya que no se le solicitó su comparecencia en el juicio que se le seguía a los facciosos y tampoco fue expulsado de Trinidad. Pero los rumores se mantuvieron. Unos meses más tarde, en agosto, el marqués todavía era señalado como uno de los colaboradores de Mariño. Bernardo Bermúdez, uno de los hombres que seguían al jefe oriental, justo antes de ser fusilado, declaró que «... *the expedition to the Spanish main is protected by the señores Toros, Madrices, Pepe, Alcalá, Pablo Cipriany, who are now in Trinidad and are the correspondents of the spaniards in Grenada*»[96].

Era, pues, de primera importancia dejar claro ante el alto funcionario español que él no tenía ninguna conexión con la empresa de Santiago Mariño, convencerlo de la sinceridad y firmeza de su arrepentimiento. En su opinión era inverosímil que él pudiese haber tenido algún trato con aquellos revoltosos.

En primer lugar, no pudo facilitarles dinero, como se decía, ya que era público y notorio que se encontraba en una situación cercana a la indigencia y que sus bienes se encontraban embargados, ya que el gobierno español, informado de que ellos sostenían

---

95   R. Woodford to the Secretary of State for the War, «Private», N° 3, PRO-CO 295/29, fol. 151.

96   The last confession of Bernardo Bermúdez, Yaguaraparo,7 august 1813, PRO-CO 295/30, fol. 47.

con dinero la loca expedición de Güiria, tomaba medidas para estorbar que se les remitiese cantidad alguna.

Carecía igualmente de asidero la especie que lo señalaba como instigador de la rebelión, sencillamente porque los hombres que capitaneaban a los pardos de Güiria eran los mismos que habían querido degollarlos en Cumaná: «Nadie creerá que unos hombres que poco antes menospreciaron el mando de la provincia se ligan ahora con ellos para encender de nuevo el fuego de la guerra civil».

Insiste, pues, en su inocencia y fidelidad a la Corona española y ratifica su anterior petición: que se le conceda el perdón y se le restituyan sus bienes para ir a concluir sus días en la oscuridad de algún rincón de su país.

Un año más tarde no ha recibido el marqués ninguna respuesta de la Regencia, ni del secretario del Despacho de Gracia y Justicia, ni del Príncipe Regente de Inglaterra. Pero no ceja en su empeño y escribe otra carta. Esta vez se trata de un Memorial dirigido expresamente al rey de España, don Fernando vii. El Memorial tiene fecha 9 de julio de 1814. Para ese momento las noticias eran que, en muy poco tiempo, Venezuela estaría nuevamente bajo el control de la Corona. El Memorial empieza así:

> El Marqués del Toro y Don Fernando Toro, con el más profundo respeto imploran la clemencia de V.M. persuadidos de que como padre benigno verá con indulgencia y compasión los errores y desgracias a que el imperio de las circunstancias ha conducido a dos vasallos que siempre fueron fieles a V. M.[97].

Este es el punto crucial de la comunicación al Monarca: insistir en la tradición de fidelidad que siempre había distinguido al marqués y a sus antepasados con la Corona de España. Preocupado

---

97   Memorial al Rey Nuestro Señor, 9 de julio de 1814, AGI, Caracas, 386, folio 1.

por la ausencia de respuestas a sus anteriores representaciones, admite su equivocación y suplica que se atienda su ruego, que se le otorgue el perdón, se olviden sus errores, le restituyan sus bienes y se le autorice el regreso a su país:

> … expatriados hace más de dos años, privados de nuestros bienes de fortuna y con la amargura de ver que la madre-patria se desentendía de unos hijos más desgraciados que criminales, no nos quedaba otro recurso sino esperar en la Providencia que haciendo triunfar la justa causa de V.M. lo restituirá a sus pueblos para cicatrizar las crueles heridas que afligían a sus vasallos: Este feliz momento ha llegado y con la mayor confianza los exponentes a los pies de V.M., suplican que por un efecto de la innata benignidad de V.M. los declare restituidos a su gracia y olvidado cualquier error involuntario en que puedan haber incurrido en fuerza de las circunstancias, mandando que luego que las armas de V.M. vuelvan a ocupar el país, se nos ponga en posesión de los cortos bienes que habrán quedado.

Enviada esta nueva comunicación, el marqués se mantuvo en Trinidad a la espera de una respuesta que lo redimiera de su pecado.

Sin embargo, no estaba el marqués solo en su ruego. Sus hermanos y su esposa también se ocuparon de interceder ante la Corona para demostrar la lealtad del marqués y su sincero arrepentimiento.

En auxilio del desvalido marqués

El primero que sale en auxilio del marqués es su hermano Diego Rodríguez del Toro. A escasos meses de la fuga del marqués hacia las Antillas, el mismo año 1812, Diego se dirige a las autoridades realistas del gobierno de Cumaná para narrarles las vicisitudes padecidas por su hermano luego de que abandonara las fuerzas patriotas y se refugiara en el Oriente de Venezuela.

Según narraba Diego, Francisco y Fernando Rodríguez del Toro habían llegado a Cumaná procedentes del Centro con el objeto de redimirse con sus otros hermanos de haber tomado las armas en la lucha contra Su Majestad. Continuaba diciendo que para no tomar parte ninguna en la contienda, su hermano había fingido la comisión de dirigirse a los Llanos a levantar tropas de caballería y así abrirse camino hasta Caracas, a fin de hacer conocer en la Capital los ventajosos partidos que podría alcanzar la provincia si proponían la reconciliación con España. De manera, pues, que no se había ocupado de levantar ningunas tropas sino de adelantar la misión que se había propuesto[98].

La misma idea se las había planteado a los miembros del gobierno de Cumaná al llegar a la ciudad y estos estuvieron de acuerdo. Sin embargo, al enterarse el «tribunal de vigilancia» de los propósitos de su hermano se le persiguió, se le abrió causa criminal y se le intimó a presentarse a Caracas a defender la Confederación. Ante la gravedad de las acusaciones y amenazado e insultado por la población, se retiró junto con Fernando a una casa de campo distante de la ciudad poco más de una milla.

Esta resolución no serenó a sus enemigos sino que, por el contrario, avivó sus sospechas y reservas, al punto que una noche una partida armada salió en busca de ellos para ponerlos prisioneros. No lograron su cometido porque don Vicente González, funcionario del gobierno de Cumaná, se apostó en el camino con unos hombres armados a fin de impedir que se cometiese semejante desafuero.

Los desórdenes y acusaciones continuaron. Mientras tanto, el marqués y algunos miembros del gobierno de Cumaná insistían en que lo más conveniente era reconciliarse con la Madre Patria, reconocer las Cortes del Reino y enviar una comisión para dialogar con Domingo de Monteverde y hacerle conocer esta resolución.

---

98 Testimonio de Don Diego Rodríguez del Toro, Cumaná, 6 de octubre de 1812, AGI, Caracas, 386, folio 1.

Nada de esto pudo ejecutarse porque los patriotas, constantes atalayas de sus operaciones, lo impidieron.

Recibió entonces el marqués una comunicación de Francisco de Miranda, en la cual le ordenaba que se presentase en su cuartel general sin excusa improbándole severamente su presencia en aquella ciudad, pues, según decía en el mismo oficio, su comisión era figurada y arbitraria, y su tránsito por todos los pueblos por donde discurrió desde Caracas hasta Cumaná había sido la guía de los enemigos. El marqués se negó a regresar y así se lo hizo saber a Miranda.

Concluía don Diego narrando los sucesos que, finalmente, obligaron al marqués a salir de Cumaná. El 19 de agosto en la tarde se levantó una sedición popular que tomó todas las avenidas de las calles y teniendo de su parte al cuartel de Pardos, gritaban sin cesar pidiendo las cabezas de los Toro, la de don Francisco Xavier Mayz y la de los mismos gobernantes porque abrigaban la idea de una reconciliación con España. Se dirigieron a su casa de habitación –la de don Diego–, encontrando allí únicamente al presbítero don José Félix Blanco, quien se negó a darles paso. Dispusieron entonces saltar las tapias de los corrales, entraron a la casa, registraron todos los aposentos y no encontrando allí a sus hermanos, saquearon y tomaron de los baúles alguna ropa del uso, unos muebles, las pistolas de sus bridones y las escopetas de caza.

Enterados sus hermanos –quienes se encontraban de visita en casa de Francisco Xavier Suárez– que el motivo del tumulto era por causa de ellos, procuraron salvarse dirigiéndose al Palacio de Gobierno y poniéndose al abrigo de la guardia. Allí fueron acogidos y encerrados en un cuarto hasta las cuatro de la tarde del día siguiente.

Después de haber consternado a toda la ciudad, se mantuvo la agitación callejera en la cuadra del Palacio hasta el amanecer, cuando el Gobierno les anunció que los hermanos Toro y don Francisco Xavier Mayz saldrían al día siguiente para las Antillas.

En la tarde del día 20 de agosto, de manera precipitada, en el mismo momento en que abandonaron el Palacio fueron embarcados en dirección a las Antillas, sin ningunas prevenciones de cama, rancho ni otra comodidad.

Concluida su declaración, don Diego demandaba que se solicitasen los testimonios de una serie de testigos que pudiesen corroborar cuanto había dicho. Durante los últimos días de octubre y la primera semana de noviembre cada uno de los testigos rindió testimonio declarando que era totalmente cierta la versión de los hechos narrada por don Diego Rodríguez del Toro.

Tres años después de las diligencias realizadas por Diego, se presentó doña María Socorro Berroterán, esposa del marqués, ante las autoridades realistas de Caracas para insistir en que su marido, como era público y notorio, se había mantenido fuera de Venezuela desde mucho antes de que llegasen los insurgentes Bolívar y Ribas, sin querer acercarse a su casa, a su familia e intereses por el estado de revolución y desorden en que se hallaba el país. En consecuencia, no se podía argüir, como pretendían las autoridades españolas, que tuviese incidencia o participación alguna en las novedades y ocurrencias de Venezuela[99].

Solicitaba que se interrogase a un conjunto de testigos para que declarasen si sabían y les constaba que el marqués se había negado a los llamados de Ribas y Bolívar para que regresara y se uniera a ellos y que si, por todo lo expuesto conceptuaban que el marqués del Toro abominaba el gobierno de la Insurrección.

Aceptada por el capitán general la diligencia de la marquesa se interrogó a don Pedro de la Sierra, español, administrador general de la Renta del Tabaco; don Francisco Mijares de Solórzano, marqués de Mijares; don Francisco Garate, receptor de Alcabalas; don Antonio Fernández de León, marqués de Casa León; don José Duarte, asesor general de la Intendencia de Ejército; y a don Juan

---

99   Doña Socorro Berroterán, marquesa del Toro, ante el capitán general de la Provincia de Venezuela, 2 de mayo de 1815, AGI, Caracas, 386, N° 2.

Bernardo Larray y don Martín de Varaciarte, oriundos de Vizcaya. Todos ratificaron lo expuesto por la marquesa.

El trámite adelantado por la marquesa obedecía a que ese mismo año de 1815 se había reforzado la vigilancia sobre los refugiados de Cumaná para evitar que auxiliasen a los patriotas del Oriente de Venezuela. El propio general Pablo Morillo, jefe de la Expedición Pacificadora enviada por España a Venezuela, dirigió una comunicación al gobernador de la isla de Trinidad solicitándole de manera expresa que detuviese al ex marqués del Toro. La comunicación decía así:

> ... la lealtad que la Inglaterra ha mostrado a la España que la ha hecho su amiga para siempre me dan esperanzas de que V.E. no solo no admita los fugados sino que me mandará entregar los de la nota adjunta, las barcas flecheras que ahí se guarescan y al Ex-Marqués del Toro con todos sus secuaces, incluso al Coronel Sucre...[100]

Woodford se apresuró a responderle que colaboraría inmediatamente con su petición; sin embargo, se permitía tranquilizarlo respecto a la conducta política del marqués. En su informe le decía que el marqués del Toro y su hermano Femando habían manifestado retiro y disposición pacífica desde que él se encontraba en el Gobierno y que esperaba que continuasen así ya que de lo contrario, serían expulsados de Trinidad[101].

Desde la misma España, Pedro, el segundo de los hermanos, también se ocupa de interceder por el marqués y Fernando. Pedro vivía en Madrid hacía varios años, se había casado con una rica heredera, quien lo había dejado viudo y dueño de una inmensa fortuna.

---

100 General Pablo Morillo a Ralph Woodford, Gobernador de la isla de Trinidad, 13 de abril de 1815, PRO-CO, 295/37, fols. 55-56.
101 Ralph Woodford, Gobernador de la isla de Trinidad, Casa de Gobierno de Trinidad, 11 de junio de l815, PRO-CO. 295/37, fol. 64.

En mayo de 1816, Pedro Rodríguez del Toro le escribe al rey de España para narrarle las penalidades padecidas por sus hermanos, primero en Cumaná y luego en la isla de Trinidad, en la cual se encontraban «... mendigando para no verse sometidos a nuevas injurias y mayores atrocidades»[102].

Suplicaba que por un efecto de la Real clemencia de Su Majestad y para evitar la ruina de una familia que tenía dadas tantas pruebas de fidelidad y amor a la Corona, se dignase expedir una Real Orden que los autorizase a regresar al seno de sus familias sin el temor de verse atropellados, que les restituyese los cortos bienes que pudiesen haber quedado y le señalase el Tribunal donde pudiesen vindicar su honor amancillado con epítetos tan falsos como denigrativos. La solicitud de don Pedro fue remitida a consulta del Consejo de Indias.

No cejan los Toro en su empeño de conseguir el perdón real para sus hermanos. En 1817 y visto que la Corona no había dado respuesta a ninguna de las solicitudes hechas por el marqués y sus familiares, tres de los hermanos que se encontraban en Caracas, Juan José, Diego y José Ignacio, toman la decisión de cruzar el Atlántico y suplicarle al rey, desde Madrid, que perdonase a sus desdichados hermanos.

Desde la Corte le exponen al Monarca que Francisco Rodríguez del Toro y Fernando eran inocentes de todo cuanto se les acusaba y que habían sido engañados y forzados a mantenerse bajo aquel abominable sistema, haciéndoles parecer delincuentes ante los ojos de Su Majestad. Nada de ello tenía el menor asidero. La argumentación expresa cabalmente la contradicción flagrante que representaba para la historia y tradición de los Toro el entuerto de la Independencia. Dice así la comunicación de los tres hermanos:

---

102 Don Pedro Rodríguez del Toro, Madrid, 17 de mayo de 1816, AGI, Caracas, 386, folio 4.

... ¿Puede creerse Señor, podrá nadie persuadirse que estos dos individuos, que gozaban de las primeras atenciones y respetos de la Provincia,
de la consideración de los Magistrados, que disfrutaban de una fortuna
más que mediana que investidos el primero con los honores de Título de Castilla, Coronel y Caballero de Carlos Tercero y el segundo que
criado en esta Corte, desde sus más tiernos años, los empleó todos en el
servicio de Vuestra Majestad... ¿podrá creerse vuelvo a decir Señor, que
estos hombres desmintiendo al corazón humano y a la naturaleza misma
quisiesen igualarse con el resto de la especie, con los mulatos y gentes
de color, con sus esclavos mismos? ¿podrá nadie persuadirse que unos
títulos ganados con tantos afanes, trabajo y peligros se cambiasen en un
momento por el simple de ciudadano, que les confundía con la hez del
pueblo ?¿Habrá racional que ignore que en las revoluciones el rico será
despojado de sus bienes para saciar la envidia y ambición del pobre y que
sobre las ruinas de aquel se engrandecerá éste? Si nada de esto es posible
Señor, porque no es posible contrariar a la naturaleza, a la educación, a
los hábitos y costumbres, ¿cómo es que nuestros hermanos pueden haber
entrado en el detestable criminal sistema que arruinando a nuestro país
desde los cimientos les tiene confundidos y lo que es más en la desgracia de Vuestra Majestad? Claro está Señor, no se necesitan más pruebas,
nuestros hermanos se hallan en el número de los más fieles vasallos que
sirven a Vuestra Majestad[103].

No debía dársele más vueltas al asunto. La lealtad del marqués y de Fernando estaba fuera de toda duda: huyeron al Oriente, se desentendieron de la guerra, predicaron la reconciliación
con España, se arrepintieron y suplicaron al rey que perdonase sus
extravíos. La mayor prueba de su extrañamiento y contrición eran
los últimos 4 años y 10 meses de su existencia, sometidos a todo
tipo de privaciones y viviendo pobremente, miserables, apartados
de sus mujeres, sepultados en una montaña, sin más recurso que la

103 Diego Rodríguez del Toro, José Ignacio Rodríguez del Toro y Juan Rodríguez del Toro al Rey de
España, Madrid, 19 de abril de 1817, AGI, Caracas, 386.

generosidad de algunos. Todo lo ocurrido había sido consecuencia de una terrible circunstancia: «... la desgracia de haber sido habitantes de Venezuela al tiempo de su revolución».

La súplica es la misma: que se perdone el extravío cometido por Francisco y Fernando Rodríguez del Toro. Esta petición la sustentan acogiéndose a las disposiciones de la capitulación de San Mateo del año 1812 y al reciente indulto aprobado por Fernando VII el 24 de enero de 1817, en ocasión de su casamiento, en el cual convocaba a todos sus vasallos «... a descansar en el paternal regazo de Su Majestad».

Mientras sus hermanos se ocupan de implorar el perdón del rey, el marqués permanece en Trinidad al margen de los asuntos de Venezuela. Su expectativa, al igual que la de su familia, era que algún día el rey lo perdonase, le devolviese sus propiedades y le permitiese reunirse con los suyos para descansar de nuevo bajo el paternal regazo de Su Majestad.

Estaba convencido de que la Independencia y la instauración de una República constituían una terrible calamidad. Desde Trinidad veía con preocupación y espanto la situación de Venezuela, no estaba conforme con la disolución social que había traído consigo la Independencia, le atormentaba el dislocamiento del orden antiguo y le mortificaba profundamente que su honor estuviese en entredicho. Su mayor aspiración era que todo pudiese volver a ser como antes. Pero las cosas ocurrieron de otra manera.

III Parte
Prócer

Entre la patria y el rey

Requerido por el Libertador

Francisco Rodríguez del Toro en 1815 no tenía la menor intención de regresar a Venezuela a luchar por la patria. Estaba decidido a permanecer en Trinidad a la espera de que el rey volviese a acogerlo en su paternal regazo. Asociado con un francés llamado Hilario Begorrat adquirió algunas propiedades. A comienzos de 1815 pagó 150 pesos fuertes en efectivo por una casa y un solar en la plaza de Arima, una pequeña población situada 26 km al Este de Puerto España. Ese mismo año, también con Begorrat y por 80 pesos compró otra casa que colindaba con la primera por la parte trasera y un solar donde había existido un rancho perteneciente a una india llamada Josefa de Luz[104].

El marqués no vivía en la opulencia ni gozaba de las comodidades y atenciones a las que estaban acostumbrados los mantuanos de Caracas. Sin embargo, recibía regularmente el auxilio de Pedro, dueño de una inmensa fortuna, quien desde Madrid buscaba la manera de atender las exigencias de sus dos hermanos. En 1817, seguramente con recursos enviados por Pedro, otra vez asociado con Begorrat, fundó una hacienda de cacao. La decisión es llamativa ya que habla de su resolución de invertir una suma considerable en aquella isla con el fin de rehacer

---

104 Francisco Febles, notario de Parima, Certificación notariada de los bienes adquiridos por el marqués del Toro y don Hilario Begorrat, Parima, 2 de noviembre de 1818, PRO-CO. 295/48, fol. 375.

su vida económica al margen de que llegase o no el ansiado perdón del rey o del desenlace que tuviesen finalmente los asuntos de Venezuela.

Instalado, pues, en las afueras de Puerto España, transcurrían los días sin mayores novedades. Sin embargo, el mismo año en que funda la hacienda de cacao llega una misiva inesperada. Simón Bolívar, desde Guayana y como jefe indiscutible de las fuerzas patriotas, le escribe al marqués y a su hermano Fernando para reclamarles su largo extrañamiento y conminarlos a regresar cuanto antes a Venezuela. La Patria reclamaba el concurso de dos de los más leales promotores e iniciadores de la «gloriosa revolución de abril». Aprovecha la ocasión para reiterarles sus más sinceras expresiones de cariño y amistad. El contenido de la carta es el siguiente:

> Mis queridos amigos:
> ¿Se han muerto Vds. o han bebido las aguas del Leteo? Un silencio tan profundo me hace pensar que Vds. han cesado de existir en el mundo político. No sentiría tanto este silencio si algo me indicase que conservan aún los sentimientos de amistad que siempre me han profesado. Pero nada en Vds. da señal de vida; a lo menos con respecto a mí. Mi querido Marqués, mi querido Fernando, no sean Vds. tan ingratos con un amigo tan fiel, tan constante y tan tierno como yo. Si Vds. se han olvidado de mí, son muy injustos y merecen mil quejas de mi parto.
> ¡Cuánto celebraría volver a ver a Vds. para que hablásemos detalladamente del caos en que nos hallamos sepultados desde que no nos vemos! Vds. envueltos en las tinieblas del limbo, y yo en los horrores del averno. El resto de nuestros días lo pasaríamos en contarnos recíprocamente, Vds. lo que han sufrido y observado, y yo lo que ha pasado por mí o por mi vista. Entonces nuestros pasados males se convertirían en bienes, pues que ellos divertirían nuestros últimos días.

Querido Fernando: uno que se llama gobierno[105] te ha nombrado, o, por mejor decir, te ha llamado para que vuelvas al poder ejecutivo; sea legítimo o no, yo aprovecho su medida y te llamo con más instancia que el tal gobierno. Añado que el Marqués debe venir también a ocuparse de la patria. El destino que ofrezco a mi querido Marqués es más seguro aunque no sea tan honroso como el de Fernando.

Vengan Vds., queridos amigos, a morir por su país o por lo menos a morir en él. Yo creo que es preferible la muerte a la expatriación y a la vida apática y nula que Vds. sufren. Digo más, que es preferible vivir en cadenas por la patria, a existir fuera de ella en una triste inacción. En fin, amigos, Vds. deben venir a envolver sus cenizas con las de sus padres, amigos y compatriotas: Vds. fueron autores de esta regeneración o mejor diré de esta redención. Vds., pues, no deben abandonarla en medio del torbellino que la agita. La conciencia debe decirles noche y día que el destino que ahora tienen no es el que la patria y el deber les ha señalado. Yo así lo pienso, y me atrevo a decirlo, porque espero que Vds. no se harán sordos al grito de mi solícita amistad.

Por último, amigos, diré a Vds. que ya es tiempo de sacudir el letargo en que Vds. yacen, ya es tiempo de recoger el fruto de los sacrificios: la victoria, la paz y la felicidad nos prometen sus favores, vengan Vds. a saborearlos conmigo, con sus hermanos, con sus amigos, con todos, en fin, pues que todos aman a Vds. cordialmente, pero nadie tanto como Simón[106].

Bolívar, obviamente, estaba al tanto de que los Toro habían desertado en 1812 y habían procurado la reconciliación con España en aquellos días confusos y tormentosos del desmoronamiento de

---

105 Se refiere Bolívar al llamado «Congresillo de Cariaco», reunión promovida en Cariaco por el canónico José Cortés de Madariaga y apoyada por Santiago Mariño con el fin de constituir un gobierno representativo y federal al cual deberían estar supeditados los jefes militares. El propósito de la reunión era desconocer la autoridad de Bolívar, de allí que varios de los jefes militares, entre los que se contaban Rafael Urdaneta y Antonio José de Sucre se abstuvieron de reconocerlo. Puede verse al respecto la obra de Caracciolo Parra Pérez, ya citada, *Mariño y la Independencia de Venezuela*. Madrid, Ediciones de Cultura Hispánica, 1954-1955, 5 vols.

106 Simón Bolívar al señor marqués del Toro y a don Fernando Toro, San Miguel, junio 27 de 1817. *Obras completas*, tomo I, pp. 245-246.

la República. Sabía que se encontraban en Trinidad y que durante los últimos cinco años se habían mantenido al margen de los asuntos venezolanos. Lo que con toda seguridad Bolívar desconocía eran las reiterativas súplicas de los Toro a la Corona española para obtener el perdón y la recuperación de sus bienes.

Al margen de todas estas consideraciones, el interés de Bolívar en convocar a los Toro no se fundaba exclusivamente en la vieja amistad que lo unía a Fernando y también al marqués, sino en el interés y la necesidad en que se encontraba de que otros mantuanos, como él, hicieran causa común con el proyecto republicano. No contaba Bolívar, en ese momento, con muchos aliados provenientes de su misma condición social, entre otras cosas porque la mayoría de los blancos criollos que se habían involucrado en los hechos de la Independencia o se habían arrepentido o habían fallecido en la guerra.

Pero, a diferencia de lo que pensaba Bolívar, para los hermanos Toro la convocatoria del máximo jefe de los insurgentes americanos llegaba en un momento totalmente inoportuno. Ese mismo año de 1817 sus tres hermanos, Diego, Juan José y José Ignacio habían viajado a Madrid, precisamente para gestionar de manera directa el perdón del rey, de modo que si llegaba a saberse que Bolívar no solamente los requería para que se uniesen a la redención de la patria sino que además los reconocía como a dos de los iniciadores de la revolución aquello podría tener consecuencias funestas para el trámite que desde 1812 adelantaban ante las autoridades españolas.

La respuesta de los Toro al llamado de Bolívar fue el más absoluto silencio. Ni una palabra dieron al Libertador.

Dos años más tarde Bolívar insiste en su requerimiento. En esta ocasión las condiciones, desde la perspectiva patriótica, eran mucho más favorables que en 1817. Si bien Caracas, Coro y Maracaibo se encontraban bajo el control de las fuerzas leales a la Monarquía, los Llanos, Guayana y parte del Oriente estaban bajo el control de los patriotas. Bolívar, al finalizar el año de 1818, había convocado un Congreso Constituyente con el fin de formalizar y darle legitimidad al gobierno de la República. El Congreso se había instalado en la ciudad de Angostura el 15 de febrero de 1819 y, antes de finalizar el año, sancionó la creación de la República de Colombia, que unía en una sola nación a Venezuela, la Nueva Granada y Ecuador. Militarmente, las condiciones también eran auspiciosas: desde Guayana se había adelantado la liberación de la Nueva Granada, consumándose en agosto de ese mismo año con el triunfo de Boyacá.

Bolívar estaba convencido de que el triunfo sobre España era inminente y así se lo comunica a los Toro para que se animaran a regresar. Incluso se permite ofrecerles auxilios económicos para el viaje, manifestándoles que la patria los necesitaba. Una vez más les reitera su afecto y el dolor que le causaba su prolongada ausencia:

> Mis queridos amigos:
>
> He vuelto de mi campaña de la Nueva Granada, que ha sido tan feliz como Vds. lo habrán sabido. He vuelto con un ejército capaz de libertar a Venezuela, y de poner en orden a todas las cosas. Desde Santafé escribí a Vds. invitándolos por la última vez, para venir al país nativo, habiendo variado tan favorablemente las circunstancias, que ya casi nos queda poco que desear.
>
> Yo estaré aquí pocos días y Montilla dirá a Vds. cuanto deseen saber, y va encargado por mí para entregarles a Vds. cuanto dinero necesiten para su viaje, el cual espero se haga lo más pronto posible, tanto por que así lo desea mi amistad como el servicio de la patria. Si aquí estuviera Fernando ahora me ayudaría extraordinariamente en muchas cosas que sólo él puede desempeñar. Si el Marqués quiere guardar una vida privada como me dicen todos, también lo puede hacer con honor y comodidad, y si quiere animarse a volver a tomar parte en los negocios públicos, de mucho puede servir un hombre tan amado y respetado, tan bueno y tan recto y tan experimentado

en la escuela del infortunio. Vamos, mis amigos, no se hagan Vds. de rogar más; yo no añadiré más observaciones a las que antes he hecho; me parece que han sido excesivas y aun duras las más de ellas; pero dictadas por el sentimiento de la más alta admiración y del amor más tierno que un hombre puede profesar a otro. Jamás pienso en Vds. sin gemir, jamás escribo a Vds. sin llorar.

Adiós, mis amigos, vengan Vds. a consolar a quien no puede recibir consuelo sino de sus queridos Toros.

BOLÍVAR.

Adición:

Diego no les escribe a Vds. porque viene aún por detrás con el equipaje: pero está bueno y es ya teniente coronel.

Montilla ha seguido directamente a Margarita y ya no va a Trinidad; pero voy a buscar una persona segura para que lleve el encargo que él llevaba para Vds.

BOLÍVAR[107]

De nuevo la respuesta de los Toro fue el silencio más absoluto. Ni el marqués ni Fernando tenían la menor disposición de atender el llamado de Bolívar, mucho menos regresar a Venezuela a asumir responsabilidades gubernativas ni de ningún tipo, máxime cuando, para la fecha en que reciben esta segunda carta del Libertador, ya el rey les había otorgado el perdón.

El ansiado perdón del rey

En efecto, el largo y engorroso expediente del marqués del Toro y de su hermano Fernando finalmente había pasado a estudio

---

107 Simón Bolívar a los señores Francisco y Fernando Toro, Angostura, 15 de diciembre de 1819, *Obras completas,* tomo I, pp. 405-406. El Montilla al que se refiere Bolívar en la carta es Mariano Montilla. El Diego es el sobrino de los Toro, hijo de Ana Teresa Rodríguez del Toro y Vicente Ibarra, quien se había incorporado a las filas de la Independencia desde el año de 1813, a los 15 años, y a partir de 1816 Bolívar lo había designado como uno de sus edecanes.

del Consejo de Indias en mayo de 1817. A manos del fiscal llegaron las tres representaciones del marqués y Fernando, hechas desde Trinidad; el testimonio de Diego hecho en Cumaná en 1812; la diligencia de la marquesa del año 1815, hecha desde Caracas; y las peticiones de Pedro y de Juan, José Ignacio y Diego, hechas desde Madrid.

La opinión del fiscal fue la siguiente:

... puede concederse a los referidos Marqués de Toro y a su hermano Fernando el correspondiente permiso y salvo conducto para que puedan venir libremente a la Península y residir por ahora en el pueblo que elijan librándose la orden competente al Intendente de Caracas para que disponga que de los productos que se hayan recaudado de los bienes secuestrados o embargados a éstos dos interesados se les remita la cantidad o cantidades que estime el Consejo suficientes para su subsistencia atendida su calidad y circunstancia, por ahora y hasta que con conocimiento de causa se provea lo conveniente a cerca de este punto, a cuyo efecto remita testimonio del expediente que se hubiese formado para dicho embargo y secuestro e informando al mismo tiempo sobre el particular cuanto crea conducente y reservándose a los mismos su derecho para que como se solicita por su hermano Don Pedro puedan vindicar su honor en la Real Audiencia de Caracas. Si el Consejo fuese servido podrá acordarlo así, o resolverá como siempre lo más justo[108].

La Sala segunda del Consejo, vista la exposición del fiscal, se pronunció tres semanas después modificando parcialmente lo recomendado por este. Su dictamen fue que se le devolviesen todos los bienes al marqués y a Fernando, que se les concediese permiso para que fuesen a residir donde les acomodase y que pudiesen vindicarse en la Audiencia de Caracas. No obstante, sería decisión del rey resolver lo que fuese de su Soberano agrado[109].

---

108 El Fiscal a la Cámara del Consejo de Indias, 10 de mayo de 1817, AGI, Caracas, 387, folio 4.
109 Sala Segunda del Consejo de Indias, 7 de junio 1817, AGI, Caracas, 387, folios 20-21.

La recomendación del Consejo pasó a consulta de Su Majestad el 4 de agosto de 1817 especificando que aunque pudiese caber algún recelo de que en la primera revolución de Caracas hubiesen podido ser delincuentes, era indudable que se encontraban comprendidos en la capitulación de San Mateo y en el indulto del 24 de enero. Aceptó entonces el rey el fallo propuesto por el Consejo, pero con una nota explícita en la cual se hacían precisiones respecto al tema de la residencia. La nota decía que el pueblo que escogiesen para residencia debía estar a 20 leguas, es decir, a más de 100 km de distancia de la de los sitios reales y a la misma distancia de los puertos de mar. De donde se desprende que el Monarca no quería a los Toro ni cerca de la Corte ni cerca del mar. Todavía había recelos y desconfianza respecto a la actuación del marqués y de su hermano en los sucesos de Caracas.

Seguramente pesaba en el ánimo del rey y de sus consejeros una nota marginal que estaba en el expediente de los Toro. La nota había sido incorporada, originalmente, por el encargado de la Mesa de Caracas del Ministerio Universal de Indias cuando se habían recibido en España las primeras representaciones del marqués, en 1813 y 1814, y luego había sido retranscrita y colocada al pie del dictamen del Consejo de Indias. La nota dejaba en claro que, pese a su arrepentimiento y a sus reiterativas súplicas de perdón, el marqués del Toro y su hermano Fernando habían cometido una serie de hechos criminales: en primer lugar era público y notorio que, habiéndoles confiado Su Majestad varios destinos militares, habían sido los autores de la insurrección y de las Juntas revolucionarias de Caracas que desconocieron la autoridad del rey y de sus ministros; además, el marqués había sido general en jefe de las tropas revolucionarias que intentaron someter a Cevallos, quien delante de Coro lo había derrotado y que su hermano había participado contra las armas del rey en la acción de Valencia quedando con las dos piernas rotas[110].

---

110 Nota de la Secretaría del Ministerio Universal de Indias, en el fallo del Consejo de Indias, 8 de agosto de 1817, AGI, Caracas, 387, folios 20-21.

Independientemente de que hubiesen transcurrido más de cinco años de aquellos sucesos y de las reiterativas súplicas del marqués y de sus elocuentes expresiones de arrepentimiento, pesaba sobre ambos el estigma de haber empuñado las armas en contra de Su Majestad. Una falta que la soberana clemencia y benignidad del rey podía efectivamente perdonar, siempre y cuando se mantuviesen a una distancia prudente de la Corte, de los espacios reales y del mar.

Luego de conocer el fallo de la Corte, el marqués y Fernando no hacen ningún movimiento. Permanecen en Trinidad atendiendo sus asuntos y a la espera que de que se resolviesen en Caracas los engorrosos y lentos trámites que les permitirían recuperar sus propiedades. Transcurren dos años completos sin que ninguna de las diligencias arroje resultados.

Comenzando el año de 1820, Pedro, desde Madrid, insiste sobre el asunto ante la Corte exponiéndole a Su Majestad que lo dispuesto por su Real Clemencia a favor de sus hermanos no se había podido ejecutar en virtud de la penuria en que se encontraba el erario real de la provincia de Venezuela precisada a valerse de cuanto entraba en ella para la subsistencia de las tropas. Sus hermanos permanecían en una situación penosa, aun cuando habían sido perdonados por el rey, seguían privados de sus bienes y sin el consuelo de vivir entre los suyos, mendigando el pan en una isla extranjera[111].

Suplicaba rendidamente a sus pies que se dignase ordenar al capitán general de la Provincia de Venezuela que llevase a efecto el dictamen del Consejo y pusiese en posesión de sus bienes a sus hermanos, así lo esperaba de la innata clemencia de Su Majestad. Esta última petición de don Pedro no tuvo respuesta.

En enero de 1820, justo un mes antes de que don Pedro introdujese su última petición, cambió radicalmente la situación

---

111 Pedro Rodríguez del Toro a Su Majestad, Madrid, 12 de febrero de 1820. AGI, Caracas, 387, folio 2.

en la península. Los liberales españoles descontentos por la restauración del absolutismo y por la descomposición creciente del gobierno de Fernando VII, adelantaron una insurrección entre las tropas españolas que se alistaban para viajar a América a someter a los insurgentes, diversas provincias de sumaron a la revuelta, fue restituida la Constitución de 1812, se convocaron unas nuevas Cortes y se promovió la posibilidad de adelantar una reconciliación con las provincias americanas desafectas en el marco de la Constitución liberal de Cádiz. Se ordenó el cese de hostilidades y se nombraron comisiones que atendiesen las quejas de los americanos. En Venezuela, las autoridades de la monarquía acataron las disposiciones del gobierno liberal.

Gertrudis Toro, hermana del marqués, le escribió a Juan José, quien había viajado a Trinidad para advertirle las ocurrencias de Caracas. Le comentaba que se había publicado con bastante solemnidad la Constitución española y que se había iluminado por tres días toda la ciudad, menos su casa. Para celebrar la ocasión, el Cabildo dio un gran refresco y en la noche un baile al cual fueron convidadas 800 personas. Según había oído decir, el baile estuvo muy malo. También hubo toros en la plaza de San Pablo y canciones y conciertos por la noche.

Pero el motivo fundamental de su carta era anunciarle que, por órdenes del rey, debía hacerse la paz con los americanos, a cualquier costo y que debía cederse en todo lo que pidiesen. A Bolívar le ofrecían que si reconocía la Constitución española, él y todos sus oficiales quedarían con sus mismas graduaciones y que si en las elecciones él tuviera más votos sería elegido como un español sin que nadie chistara. El general Morillo llamaba, pues, a todos los americanos a que volviesen al país ofreciéndoles todo tipo de seguridades, pero nada decía de devolver a cada quien lo suyo, lo cual sería «... el imán más poderoso para atraerlos, porque todos quieren vivir en donde tienen que comer y vestir». La opinión de Gertrudis era que, mientras las ofertas respecto a las propiedades no se concretasen, mejor era que se quedase en Trinidad. «... A todo el que haya tenido bienes de fortuna aquí no debe molestarse en venir, porque es muy doloroso morir de hambre o padecer escaseces a la vista de los que le han robado su patrimonio o su trabajo. En fin, todavía me queda mañana para informarme de lo más que haya, si no adelanto nada soy de opinión que no vengas hasta ver el resultado de los comisionados»[112].

Juan José Toro decidió regresar a Caracas, a su llegada fue designado como uno de los comisionados encargados de representar a España en la negociación del armisticio con los insurgentes. El gobierno de Colombia designó a los militares Antonio José de Sucre, Pedro Briceño Méndez y José Gabriel Pérez.

El 21 de noviembre los comisionados se reunieron en la ciudad de Trujillo, tres días más tarde estaba listo el documento. Pablo Morillo, jefe de las fuerzas realistas, y Simón Bolívar, jefe del Ejército de Colombia, dieron su aprobación al contenido de los acuerdos. La firma se realizó el 25 en la ciudad de Santa Ana de Trujillo y el 27, finalmente, se produjo el encuentro entre Bolívar y Morillo.

Antes de que concluyera el plazo acordado en el armisticio, tuvo lugar un alzamiento en la ciudad de Maracaibo a favor de los patriotas lo que determinó que los combates se reiniciaran en la mayor parte del país. Muy pronto el desenlace de la guerra favorecería el triunfo definitivo de la Independencia. El 24 de junio de 1821 se enfrentaron los dos ejércitos en la sabana de Carabobo y, como se sabe, el triunfo fue para las armas republicanas.

Al conocer la noticia, Francisco Rodríguez del Toro enmudeció. Había sido perdonado por el rey, pero en España estaban gobernando los liberales y no se sabía muy bien cuál iba a ser el resultado de la revolución. En Venezuela se había impuesto la revolución pero todas sus propiedades se encontraban allá. Entre

---

112 Carta de Gertrudis Toro a Juan José Toro, Caracas, 21 de junio de 1820, *Boletín de la Academia Nacional de la Historia*, Caracas, N° 62, 1933, pp. 341-342.

quedarse en Trinidad, irse a España o volver a Venezuela se decidió por esto último. Algún provecho podría obtener del hecho de haber sido uno de los iniciadores de la «gloriosa revolución de abril». El año de 1822 ya se encuentra en su ciudad natal.

El difícil regreso a Venezuela: un panorama desalentador

Cuando Francisco Rodríguez del Toro regresa a Caracas encuentra una situación significativamente distinta a la que existía cuando decidió abandonar el país, en 1812. La antigua provincia de Caracas era parte del territorio del departamento de Venezuela, pertenecía a la República de Colombia y se encontraba regida por una nueva ley fundamental: la Constitución de la República de Colombia sancionada en Cúcuta el mes de agosto de 1821.

De acuerdo con el contenido de la nueva Carta Magna, Colombia era una República y la soberanía residía en la nación. Eran colombianos todos los hombres libres y sus hijos nacidos en las jurisdicciones de los departamentos. También se consideraba colombianos a quienes, en tiempo de la independencia, hubiesen estado en aquellos territorios y permanecido fieles a la causa de la Independencia.

La Constitución no reconocía ningún fuero, había sancionado la igualdad legal de los colombianos, la libertad de expresión y decretado la abolición del Tribunal de la Inquisición. En materia social, la nueva Carta Magna eliminó el tributo indígena y declaró la extinción gradual de la esclavitud; se prohibió la venta de esclavos hacia fuera del territorio de Colombia; se suprimió la introducción de esclavos y quedó establecido que no se permitiría traer más de un sirviente doméstico y se prohibía su venta en el país.

Al igual que en 1811, se fijaban un conjunto de restricciones para el ejercicio del derecho al sufragio: el régimen electoral era de segundo grado y censitario. También se acordó que la Constitución no podría ser modificada en los próximos 10 años, declarándose inalterables las bases de la nación colombiana:

> La nación colombiana es para siempre irrevocablemente libre e independiente de la monarquía española y de cualquiera otra potencia o dominación extranjera; y no es ni será nunca el patrimonio de ninguna familia ni persona. La soberanía reside esencialmente en la nación; los magistrados y oficiales del Gobierno, investidos de cualquier especie de autoridad, son sus agentes o comisarios, y responsables a ella de su conducta pública. Es un deber de la nación proteger por leyes sabias y equitativas la libertad, la seguridad, la propiedad y la igualdad de todos los colombianos[113].

El Congreso de Cúcuta se encargó de elegir a los miembros del Poder Ejecutivo: Simón Bolívar fue electo presidente y Francisco de Paula Santander, vicepresidente. Ambos se juramentaron el 3 de octubre de 1821.

No debía resultar fácil para Francisco Rodríguez del Toro adaptarse a las nuevas circunstancias. Después de una década de ausencia y luego de expresar las más adversas opiniones respecto al rumbo que habían tomado los acontecimientos, se veía en la situación de regresar a su país y resignarse a la idea de que la Independencia era un hecho y de que viviría bajo el orden republicano.

Ninguno de los nobles titulados que apoyaron el gobierno de la Junta Suprema y contribuyeron a la creación de la República formaba parte del nuevo estatuto político. Don Martín Tovar y Blanco, conde de Tovar, ya anciano, había muerto el mismo año de 1811, la misma suerte había corrido Antonio Pacheco y Tovar, conde de San Javier. El heredero del marquesado de Ustáriz, Francisco Javier Ustáriz, había sido ultimado de un machetazo en Maturín en diciembre de 1814; el conde de la Granja, Fernando

---

113 Constitución de la República de Colombia, en José Félix Blanco y Ramón Aizpurúa, *Documentos para la vida pública del Libertador*, tomo VIII, p. 25.

Ascanio y Monasterios fue asesinado de un lanzazo en El Valle cuando salió a recibir a las huestes de Boves en 1814; el heredero de la merced, Luis José Escalona, solicitó la carta de sucesión, se mantuvo leal a la Corona y huyó de Venezuela después del triunfo de Carabobo; finalmente, el marqués de Mijares, inicialmente partidario de la Independencia, se mudó de bando y abandonó el país cuando triunfaron las armas patriotas.

A su llegada pudo constatar, igualmente, que muchos de los mantuanos que a diferencia suya se habían mantenido firmes en la causa independentista habían muerto: Antonio Nicolás Briceño había sido fusilado en la ciudad de Barinas, en junio de 1813. Dionisio Palacios también había fallecido en combate. En diciembre de 1814, perdieron la vida en Maturín Vicente y Narciso Blanco y Juan Jerez de Aristeguieta, ejecutados a lanzazos. Los hermanos Ribas, Juan Nepomuceno y José Félix, también murieron en la guerra. El primero en Maturín y el segundo ajusticiado en Tucupido el 31 de enero de l815. Su cabeza había sido enviada a Caracas y expuesta en una jaula de hierro en la puerta de la ciudad.

La nobleza de la provincia no solamente había sido abolida constitucionalmente, sino que la guerra y las circunstancias se ocuparon de extinguirla físicamente. Tal como le expresaría Bolívar en una carta al marqués unos años más tarde, en ocasión del fallecimiento de Fernando Toro:

> ... Parece que se ha verificado la fábula de Saturno; la revolución se está comiendo sus hijos, los más los ha destruido la espada, y los menos han perecido por la hoz del infortunio, más cruel que la atroz guerra[114].

Eran pocos los mantuanos que se habían mantenido fieles a la Independencia y habían logrado sobrevivir: estos pocos ocupaban

---

114 Simón Bolívar al señor general Francisco Rodríguez del Toro, Guayaquil, 30 de mayo de 1823, *Obras completas*, Tomo I, p. 757.

responsabilidades diversas en el nuevo régimen. Martín Tovar Ponte se encontraba en las Antillas cumpliendo comisión del gobierno; Lino Clemente, desde finales del año 1821, había sido nombrado comandante del departamento del Zulia; Cristóbal Mendoza, miembro del primer triunvirato en 1811, presidía la Corte Superior de Justicia del Departamento de Venezuela; y Juan Pablo Ayala, luego de participar en la Guerra de Independencia, cumplía funciones militares en el gobierno de Colombia.

Otro rasgo distintivo de la nueva situación era la composición del Cabildo de Caracas, otrora recinto exclusivo del mantuanaje caraqueño, integrado ahora por personas de la más diversa procedencia. De acuerdo con el nuevo estatuto republicano, los cargos de Regidor ya no se sometían a subasta pública para que los adquiriesen quienes, además de demostrar su calidad, pudieran comprarlos, sino que estaban sujetos a un proceso eleccionario al cual podían concurrir los electores que fuesen propietarios y tuviesen una renta decente. El reglamento no establecía ninguna consideración especial respecto a la procedencia social o familiar del aspirante.

La mayoría de los miembros del cuerpo capitular le eran totalmente desconocidos, a excepción de Bernardo Herrera, su sobrino; Juan Crisóstomo Tovar, hermano de Martín Tovar Ponte; y Andrés Narvarte, quien también había participado en los hechos del año diez. No tenía mayores noticias de la prosapia, ascendencia ni trayectoria del resto de los miembros del cuerpo capitular.

Sin embargo, el aislamiento de Toro y la carencia de relaciones y vínculos en la nueva República no era total. Contaba con un importante amigo: Simón Bolívar, el hombre más poderoso de Colombia. Todavía tenía en su memoria las cartas que le había enviado a Trinidad conminándolo a regresar y que nunca había contestado. Este era el momento propicio para restablecer la conexión con el Libertador de Colombia. La antigua y estrecha relación de Fernando con Bolívar podría contribuir a favorecer el reencuentro; sin desestimar el hecho de que Bolívar había estado casado con María Teresa Rodríguez del Toro, su prima hermana, y que sus padres habían sido grandes amigos y socios en más de una oportunidad. Sería Bolívar su tabla de salvación. Debía dejarle saber que estaban de regreso y que su único deseo era verlo de nuevo para estrecharlo entre sus brazos. En ello puso especial empeño el marqués del Toro, luego de que estuvo en Caracas.

La vida en el orden republicano

El reencuentro con Bolívar

Para sorpresa y tranquilidad del marqués, al poco tiempo de encontrarse en Caracas, reciben una carta de Bolívar. Está escrita desde Quito. Ni el más mínimo reclamo por su silencio, ni el más mínimo reproche por su indiferencia. Todo lo contrario, saluda que finalmente hayan decidido regresar a su país y se contenta genuinamente de saberlos en Caracas:

> ¿Será verdad, mis queridos amigos, que están Vds. En Caracas? Yo me doy la enhorabuena si esta noticia no es falsa, porque, al fin, la parte de esperanzas que Vds. podían conservar, se habrá cumplido, y ya los males serán menores en el seno de la patria, de la familia y de la amistad. Mucho gozo he sentido al saber de un modo muy vago que Vds. han venido a ver los hogares que tanto tiempo ha habían abandonado. En medio del tumulto de la guerra, y en medio de las agitaciones de los negocios públicos, mi amistad ha tenido un momento de placer pensando que mis queridos Toros serán muy pronto abrazados, rodeados de los objetos que más aman. Yo iré a Caracas a principios del año que viene, y nada exagero al decir que mi mayor deseo será volver a estrechar en mis brazos a mis más queridos y más desgraciados amigos, aunque los más dignos de ser los más afortunados[115].

---

115 Simón Bolívar a los generales marqués del Toro y Fernando Toro, Quito, 21 de junio de 1822. *Obras completas*, tomo I, p. 644.

Les comenta entusiasta el éxito de su campaña sobre Pasto asegurándoles que la paz y la libertad marchaban tras los pasos del Ejército de Colombia. Pocos meses más tarde, desde Cuenca, reciben una nueva carta. En esta ocasión está dirigida a Fernando en respuesta a una que este le escribiera a su llegada a Caracas. Bolívar se lamenta sinceramente de la disminuida condición física en la que se encuentra su amigo y trata de tranquilizarlo ante su insistente requerimiento de que regrese a Caracas sin demora:

... Mi querido Fernando:

Recibí ahora días tu primera carta de Caracas; ella destila la tristeza, que ha penetrado hasta el fondo de mi corazón. Primeramente tu salud destruida, y amenazando el fin de tus males. Nada puede serme más agudamente doloroso. Tu carrera paró en los campos de Valencia, y con ella todos los elementos de la vida; fuiste el primogénito de la historia de tu país, y has sobrevivido a ti mismo, por la mala suerte de tus heridas, eternamente lamentables; ellas han privado a tu patria de su mejor ciudadano; permite a la amistad esta expresión del sentimiento íntimo. En fin, tú te pintas un muerto caminando, y mi aflicción te representa lo mismo. He recogido mis fuerzas para responderte, y sin poderlo remediar, he aumentado tu amargura con estas letras. Yo había pensado evitarte este nuevo dolor, pero no he podido resistir a mi corazón. Perdona, querido Fernando, a la ternura de una amistad que es mucho más pura que antigua. Tú me pintas la suerte de Caracas como es y debe ser. Tú me pides que vuelva sin demora, porque Caracas tiene privilegios sobre mí. Conozco más que nadie los derechos que tiene sobre sus hijos el suelo nativo; debes creerme, estoy devorado constantemente por las más crueles inquietudes con que me presento a Caracas. Un espíritu profético me acerca males remotos e inciertos; yo los saboreo en la amargura de un hijo que mira destrozar el seno de su propia madre, y la criatura de sus entrañas. Piensa, después de esta confesión sincera, lo que la previsión me persuade y me hace experimentar, pero oye: yo pertenezco ahora a la familia de Colombia y no a la familia de Bolívar; ya no soy de Caracas sola, soy de toda la nación que, mi constancia y mis compañeros, han formado, creyendo que para mantener en tranquilidad esa desolada Venezuela, debemos asirla a la Nueva Granada, que llega hasta estas afortunadas regiones.

Mi querido Fernando, mucho siento no volar a estrecharte en mis brazos y a participar de tus dolores, a disminuirlos, y consolarte en cuanto estuviera de mi parte; pero ya tú sabes que el hombre social es un monstruo de la naturaleza, que no escucha sus gritos y no obedece sino al fantasma del deber. Sin embargo, yo no desespero de salir muy pronto de esta tortura que desnaturaliza los verdaderos afectos y los bienes únicos y positivos. Concluida mi comisión del Sur marcharé a Bogotá, y de allí a Caracas a ser ciudadano para ser libre, y sacar mi agobiada cabeza del enorme peso de responsabilidad que gravita sobre ella[116].

No se limita Bolívar a expresarle sus sentimientos a Fernando y ponerlo al tanto de sus deberes políticos y sus expectativas futuras, también tiene unas palabras de afecto para el marqués. En la misma carta le dice a Francisco Rodríguez del Toro:

... Mi querido Marqués: a Vd. también dirijo las expresiones de esta carta, aunque con menos aflicción, porque sé que Vd. ha conservado la salud de un atleta y la alegría de un filósofo, superior a todas las calamidades y resignado a ver con desprecio los golpes de la fortuna. Me dicen que Vd. vive alegre a pesar de tantas causas de tristeza; y para que pueda divertirse un tanto más voy a llevarle un par de caballos que Vd. escogerá entre los de Chile, el Perú y Quito; también Fernando escogerá los suyos: ya que no puede arrastrar los pies, tendrá en qué montar con un poco de agrado.

Sus saludos y manifestaciones afectivas las hace extensivas a toda la familia sin olvidarse de Juan, el otro hermano que había sido comisionado de Morillo para la firma del armisticio.

---

116 Simón Bolívar a Fernando Toro, Cuenca, 23 de septiembre de 1822, *Obras completas*, tomo I, pp. 683-684.

No se inhibe Bolívar de explicarle a Fernando sus ideas acerca de la importancia y posibilidades de la unidad colombiana, del papel que le correspondía cumplir a cada una de las entidades que formaban parte de la nueva nación, qué tipo de previsiones había tomado para continuar la guerra en dirección al Perú, y sus pareceres respecto a la situación de Chile, Argentina y México. Pero aquí no termina este frondoso intercambio epistolar. También el marqués se anima a escribirle al Libertador.

La primera carta del marqués a Bolívar, de la cual se tiene noticia, tiene fecha 4 de octubre de 1822 y está escrita desde Caracas. Da cuenta de los pormenores familiares, de la muerte de José Ignacio, uno de sus hermanos; del delicado estado de salud de Fernando y de la tranquilidad que les ocasionaba haber pisado el suelo de la patria liberada por su espada, sus sufrimientos y su heroísmo. El propósito de la misiva, además de reiterarle su cariño y amistad, es pedirle que no los olvide y que regrese pronto a Venezuela:

> ... no nos escasees en ninguna ocasión tus letras, que recibimos con un transporte consecuente al lugar que ocupas en nuestros corazones. Pero no es esto lo que queremos, muy triste consuelo el del mudo lenguaje; ojalá que no recibamos ninguna otra tuya, sino a ti mismo en estos brazos que lánguidos ya de tenerlos abiertos te aguardan con impaciencia para descansar. Si los tuyos te necesitan para su consuelo, Caracas tu privilegiada Patria, entre cuantas tienes en Colombia, gime sin intermisión como una desventurada Madre por el amor y los celos de ver a otras queriéndote prohijar. Caracas, orgullosa de haberte producido, rabia al ver que son otros países los que están disfrutando la influencia del primer Genio del siglo que te comunicó; y Caracas, en fin que tiene un derecho indisputable, quiere no verte separado ni un instante de su vista. Caracas, dijimos en fin y tenemos que repetirlo, te espera en una ansiosa agonía; su amor, su ternura y sus graves males la aseguran sin vacilar tu pronta vuelta, y entonces leerás en nuestros propios corazones los sentimientos

de amistad, de consideración, de gratitud y de cuanto no puede expresar la pluma, que tienen por ti[117].

Curiosamente, ahora son los Toro los que le reclaman a Bolívar su ausencia de Caracas y le exigen su pronto retorno. Antes de que termine el mes, los Toro vuelven a suplicarle a Bolívar que vuelva. Ahora la motivación no es afectiva ni tiene su origen en la nostalgia que les ocasiona no poder estrecharlo entre sus brazos. Francisco Rodríguez del Toro y su hermano Fernando estaban persuadidos de que el caos se apoderaría de Venezuela si Bolívar no estaba allí para impedirlo. Todo lo que había costado tantos sacrificios se perdería irremisiblemente si Bolívar no regresaba. Se lamentaban del desorden y de las pasiones imperantes y le suplicaban encarecidamente que se regresara pronto:

... Te esperamos Simón, como los náufragos que alcanzan a ver una tabla en medio de las ondas que luchan; acércate, acércate pues, para asirnos de ti, de modo que podamos pisar la tierra. Pocos habrá o acaso ninguno que te hablen este lenguaje, cada uno llora en el silencio los males que amasa. Pocos o ninguno te impondrán de este estado de cosas, mas en nosotros sería un crimen ocultártelas y con justicia te quejarías de nuestro silencio, que sería una traición a la confianza. A nosotros a quienes has oído siempre, escúchanos en esta ocasión atentamente. Tú sabes que nunca hemos sido aspirantes, pero ahora que los años, los males y la experiencia nos han obligado a hacer la paz hasta con la noble ambición de gloria, nuestra voz es más imparcial, sólo apetecemos el orden, y que no sea un delito en nuestra familia su extracción, ni el sacrificio que hemos hecho de esta misma, de nuestras consideraciones, de nuestra fortuna, de nuestra existencia por último al frente del enemigo. Tantos males no se remedian con órdenes, es necesaria la presencia del mismo que arrancó el país de manos de los opresores y sin duda que no fue para entregarlo

---

117 Francisco Toro a Simón Bolívar, Caracas, 4 de octubre de 1822, *Memorias del General O'Leary*, tomo II, pp. 467-468.

a ser la presa de muchos. Santa Fe y Quito no son de más importancia política que Venezuela, y la primogénita de la libertad americana es bien acreedora a poseer en su seno a su Libertador; corre, pues, y vuela a él, entre tanto no pueden manifestarte más su impaciencia lo que te repiten que te aman de corazón: Francisco y Fernando.

P.D. –Vente pronto, Simón mío, pues no quisiera morirme sin abrazarte y podría sucederle si tardas, a tu

Fernando[118].

Expresan, pues, sin eufemismos sus temores frente al desorden, la anarquía y el caos que se vivía en Venezuela como consecuencia de la disolución social; no ven con simpatía el imperio de la igualdad, la práctica de la libertad, el triunfo de la independencia; añoran la autoridad depositada en un solo individuo; les preocupa que pueda considerarse un delito su extracción social, cuando en el viejo orden era un privilegio. Pero, al mismo tiempo, el marqués no desperdicia la oportunidad de presentarse ante el propio Libertador como uno de los que sacrificó fortuna y existencia para enfrentar a los enemigos y exponerle sus reservas frente a la situación que se vivía en Caracas. En su opinión, todo el esfuerzo realizado no se había hecho para que se convirtiese en «... presa de muchos». Era preciso que Bolívar se pusiese al frente de la situación inmediatamente.

Antes de que termine el año de 1822, el día de Navidad, muere Fernando Toro. Físicamente disminuido desde que cayera combatiendo en la campaña de Valencia, había vivido todos esos años incapacitado y bajo el cuidado de su hermano. Transcurren varios meses antes de que Bolívar se entere de la muerte de su amigo. La carta que le escribe al marqués manifestándole su pesar es expresión de los estrechos vínculos afectivos que lo unían a Fernando, «... ¡el mejor de los hombres!»:

---

118 Francisco y Fernando Toro a Simón Bolívar, Caracas, 26 de octubre de 1822, *Memorias del General O'Leary*, tomo II, pp. 468-469.

... Mi querido Marqués:

Es una fortuna para entrambos el que se hayan pasado muchos días entre la muerte del pobre Fernando y éste en que escribo y Vd. recibe mi carta. Ni Vd. ni yo podríamos tolerar el dolor que nos causaría una pérdida tan lamentable. Yo he perdido mi primero y mejor amigo, Vd. Ha perdido un hermano como Femando. ¡Como Fernando, el mejor de los hombres! sí, mi querido Marqués, hemos quedado solos en el mundo sin nuestros excelentes compañeros, hermanos y amigos. Ya Vd. está sin dos hermanos, y yo sin un millón de amigos, compatriotas y parientes. Parece que se ha verificado la fábula de Saturno; la revolución se está comiendo sus hijos, los más los ha destruido la espada, y los menos han perecido por la hoz del infortunio, más cruel que la atroz guerra. Yo no dudo que el desgraciado Fernando ha sido destruido más por la tristeza que por la muerte. Era imposible por su carácter que sobreviviese más tiempo a tanta humillación, tanta miseria y a tristezas infinitas. Mucho ha sufrido, pero lleva el consuelo de haber dejado a su patria libre y a su amigo triunfante[119].

En la misma carta lo pone al tanto de sus campañas, planes mi litares, hazañas, victorias y le promete regresar a Venezuela, en lo que pudiese desembarazarse de sus compromisos en el Sur. Se compromete, pues, con el marqués a regresar a Caracas, pero no con la idea de mandar sino para que su autoridad pudiese servir en los casos graves y para intervenir como mediador entre quienes quisieran consultarlo o escucharlo.

No se alteró, pues, en lo más mínimo la relación de Bolívar y Francisco Rodríguez del Toro luego de que este huyese a Trinidad; tampoco afectó esta amistad el largo silencio que mantuvo el marqués frente a los reclamos y súplicas de Bolívar para que volviese. Podría afirmarse, entonces, que uno de los mayores «capitales políticos» del marqués a su regreso era la

---

119 Simón Bolívar al señor general Francisco Rodríguez del Toro, Guayaquil, 30 de mayo de 1823, *Obras completas*, tomo I, p. 757.

vieja amistad que lo unían a él y a su familia con el Libertador de Colombia.

De hacerlo público se ocupa el propio marqués al hacer entrega a la prensa de la primera carta que les remite Bolívar desde Quito, a fin de que fuese publicada y la sociedad caraqueña estuviese enterada de la estrecha cercanía que existía entre ellos. Atrás y en el olvido quedaban sus súplicas al rey y su rechazo a los cambios que había suscitado aquella «funesta revolución».

No carece de sentido que se reanudase rápidamente y sin mayores contratiempos la conexión entre Bolívar y los Toro, habían sido amigos desde antiguo, pertenecían a un mismo entorno social, eran miembros de las más importantes familias de la sociedad caraqueña, tenían referentes comunes respecto al orden, la disciplina, la autoridad y hablaban un mismo lenguaje. De manera pues, que resultaba natural y perfectamente comprensible el restablecimiento inmediato de aquella amistad, luego de 10 años de silencio y distanciamiento.

Sin embargo, en el nuevo orden político, parecía importante cultivar y frecuentar otras amistades. Desaparecida casi en su totalidad la nobleza de Caracas y surgida al calor de la guerra una nueva estirpe, la de los caudillos, se aviene el marqués a ampliar su círculo de allegados. A partir de 1822, a la correspondencia del marqués se añade un nuevo destinatario: el general José Antonio Páez.

Amigo cercano de El Catire Páez

Comienza así un llamativo contacto personal entre Francisco Rodríguez del Toro, antiguo marqués, y José Antonio Páez, un individuo del común, sin prosapia, linaje ni calidad de ningún tipo, pero al mismo tiempo, después de Bolívar, el más importante y prestigioso caudillo de la Guerra de Independencia.

José Antonio Páez provenía del llano, no tenía parentesco alguno con las familias principales de Caracas, sus padres eran gente modesta y de escasos recursos, no tenían blasones ni hidalguía, mucho menos limpieza de sangre, De rústicas maneras y precaria ilustración, El Catire Páez se había alistado en el Ejército Patriota y había combatido ininterrumpidamente por el triunfo de la causa independentista desde el inicio de la guerra; el control de los Llanos y el éxito de sus campañas habían contribuido de manera determinante en la victoria definitiva del Ejército Patriota sobre las armas del rey. Por su desempeño militar en la Batalla de Carabobo había sido distinguido con el grado de general en jefe de la República. Luego de este combate Bolívar había designado a Páez comandante militar de uno de los distritos militares en los cuales había dividido a Venezuela, con el fin de garantizar la consolidación militar de la Independencia. En 1822, el general José Antonio Páez era el hombre más poderoso de Venezuela.

En el pasado, un noble titulado, propietario de haciendas y esclavos no tenía necesidad alguna y mucho menos estaba expuesto a contemporizar ni relacionarse con nadie que no fuese de su misma condición, pero las cosas habían cambiado.

Se ocupó, entonces, el marqués de entablar una estrecha amistad con «El Catire» Páez, a pesar de las enormes distancias que lo separaban de aquel hombre del pueblo llano, quien apenas 10 años atrás jamás hubiese compartido la mesa de los Toro.

Una carta de Francisco Rodríguez del Toro a Páez da cuenta de este novedoso vínculo. En 1823 le escribe de su puño y letra a su «querido general y amigo» para comunicarle su preocupación por no tener noticias de los acontecimientos de Maracaibo. Le reclama su silencio y le invita, muy cordial y solícitamente a que lo visite en su hacienda Mucundo, en los valles de Aragua, para compartir unas peleas de gallos. El texto es el siguiente:

Mi querido general y amigo:
Cuánto silencio de parte de Ud. en medio de tanto estrépito en Maracaibo, no puedo menos que extrañarlo mi amigo si Ud. se recuerda que a su

cecretario previno que el parte de qualquiera noticia me la comunicase y aqui se han dibulgado varios sin dar yo acercion a ninguna, mas entre amigos nunca se formalizan las causas y se absuelven con el arrepentimiento y enmienda: dígame Ud. pues quales son positivamente los acontecimientos de Maracaibo, porque yo a nada he dado acenso de quanto se ha dibulgado no habiendo tenido una comunicación de Ud., y la espero para formar juicio; si fuese personalmente como la deceo seria para mi más satisfactorio, puesto que le tengo a Ud. preparadas de quince a veinte peleas de gallos superiores y siempre muy dispuesto a complacerle en todo, su más affmo y att. servidor

Francisco Toro

…

Mi amigo, en este estado recibo su apreciable del corriente y con razón recojo todas mis amistosas reconvenciones que atribuí como debía a causas particulares que veo justificadas. Reitero a Ud. que le espero a esparcirse en estos campos y a dar un buen rato a su mejor amigo que actualmente se refresca con las ricas ubas[120].

En atención a las nuevas circunstancias y a las exigencias políticas del momento, Francisco Rodríguez del Toro se aviene, no solamente a sostener correspondencia con el general Páez sino a invitarlo a que disfrute de una especialísima jornada de gallos en Mucundo, la antigua hacienda del mayorazgo de los Toro. Esta relación afectiva con Páez sumada al restablecimiento de su amistad con el Libertador, tendrá consecuencias en el futuro político de Francisco Rodríguez del Toro. En octubre de 1823 es nombrado Intendente del Departamento de Venezuela.

Fiel a esta nueva amistad, una de las primeras iniciativas del marqués, inmediatamente después de aceptar la Intendencia fue escribirle al general Páez para manifestarle que deseaba contar con su apoyo y amistad a fin de garantizar el buen desempeño en sus

---

120   Francisco Rodríguez del Toro a José Antonio Páez, Mucundo, 6 de julio de 1823, Archivo General de la Nación (AGN), Sección *Intendencia de Venezuela*, tomo CLXV, folios 172-173.

funciones. En la misma carta le ofrece su casa de Caracas para que cuando estuviese de visita en la capital le sirviera de alojamiento, a «... vuestra merced quantas veces vaya a ella, y yo espero que vuestra merced no piense en otro ni me niegue el gusto que tendré en esto». En la postdata le reitera «... la oferta de alojamiento no es de aquellos de cunpliento, usted hira siempre a mi casa donde tendra su quarto»[121].

Alto funcionario de la República de Colombia

El cargo de Intendente para el cual fue designado el marqués del Toro transcurrido apenas un año de su regreso constituía la más alta responsabilidad gubernativa del departamento de Venezuela. El Intendente era el agente inmediato del Poder Ejecutivo, debía velar por la tranquilidad y el buen orden del departamento, garantizar la seguridad y los bienes de las personas, y hacer cumplir las leyes y órdenes del Poder Ejecutivo. Era el responsable de que se realizaran las elecciones, velar por que las municipalidades cumpliesen sus funciones y cuidar que las fiestas nacionales se celebrasen en las fechas y con el esplendor y boato correspondientes. Era su obligación promover la agricultura, el comercio y la industria en su departamento; estaba a su cargo la inspección sobre el reparto de bagajes, alojamientos y subsistencia de las tropas, y satisfacer los sueldos de los oficiales y cuerpos militares acantonados en su jurisdicción.

El 14 de octubre toma posesión del cargo. Ese mismo día dirige su primera proclama «... a sus conciudadanos»:

Compatriotas: la imperiosa voz de la patria me arranca del lugar que había elegido para terminar mis días. El Gobierno me pone a la cabeza de vosotros para hacer vuestra felicidad; pero el convencimiento de mi

---

121 Francisco Toro al general José Antonio Páez, Mucundo, 6 de octubre de 1823, AGN, Sección *Intendencia de Venezuela*, tomo *cliv*, s/f.

insuficiencia me hace ver con terror un encargo que exige luces muy superiores a las mías; me alienta sin embargo la confianza que debe inspirar un pueblo que ha hecho tantos sacrificios por su libertad, y mi decidida determinación a proteger las virtudes: ayudadme, pues, compatriotas en tan ardua empresa, llevad al cabo vuestra comenzada obra, extendamos los bienes de una justa administración sobre todo el departamento de Venezuela y repose tranquilo el ciudadano sumiso a las leyes[122].

Se ocupa igualmente de difundir y saludar la victoria del Ejército Patriota en la campaña del Zulia, ocurrida durante el mes de julio y de hacer un llamado a la unidad de todos los colombianos bajo el estandarte de la independencia de la República. La ocasión es propicia para enaltecer la figura del Libertador y solicitarles a los colombianos que fuesen dignos de los sacrificios hechos por el más grande héroe de Colombia:

> ... Hoy es el día del cumpleaños del Héroe de Colombia, del LIBERTADOR de su Patria, del GRAN BOLÍVAR; hagámosle el obsequio más digno imitándole; no contribuyáis pues, a malograr sus esfuerzos y sacrificios; y entonando todos en perfecta y sólida unión himnos de gratitud hacia él, formemos os repito una sólida familia[123].

Poco tiempo después emite una nueva proclama. En esta ocasión, para festejar el triunfo sobre el último bastión realista de Puerto Cabello y felicitar a los bravos defensores de la patria,

---

122 Francisco Rodríguez del Toro, General de División de los Ejércitos de Colombia, Intendente del Departamento de Venezuela a sus Conciudadanos, Caracas, 14 de octubre de 1823, AGN, Sección *Intendencia de Venezuela*, tomo CLIV.

123 Francisco Rodríguez del Toro, Intendente de Venezuela, Caracas, 28 de octubre de 1823, José Félix Blanco y Ramón Aizpurúa, *Documentos para la vida pública del Libertador*, tomo IX, pp. 27-28. Este y los demás documentos relacionados con el ejercicio de la Intendencia por parte del marqués están reproducidos en la obra citada, salvo los que fueron tomados de la Sección *Intendencia*, del Archivo General de la Nación.

conducidos por el general José Antonio Páez, primera autoridad militar del departamento de Venezuela.

Ahora bien, más allá de las proclamas que saludan la consolidación de la Independencia y el triunfo de la patria sobre sus enemigos, le toca al marqués asumir esta alta responsabilidad en medio de una difícil coyuntura. A la amplitud y complejidad de las atribuciones y exigencias que contemplaba el cargo se sumaba el tenso ambiente político del momento y los fuertes enfrentamientos que suscitaban las medidas y órdenes emanadas del gobierno de Bogotá.

Un ejemplo de ello fue la discordia que generó la ejecución de la «Ley sobre expulsión de desafectos y peligrosos para el sosiego de la República», aprobada por el Congreso de Colombia el 1.° de julio de 1823. El propósito de esta ley era reprimir la «ingratitud y osadía» de quienes insistían en oponerse a la Independencia, perturbando el orden público y destruyendo las instituciones. En atención a ello el Congreso autorizaba al Poder Ejecutivo para que expulsara del territorio de la República a los individuos españoles o americanos cuya permanencia en Colombia fuese peligrosa por su desafección al sistema de la Independencia.

Una semana más tarde, el vicepresidente de Colombia fija en un decreto los términos que determinarían la ejecución de la Ley y nombra al general Carlos Soublette encargado de ponerlo en práctica. El 10 de septiembre el Intendente Carlos Soublette fija las condiciones que normarían la medida de expulsión. Sus órdenes eran terminantes:

> Todos los españoles y canarios que existan en el cantón, serán expulsados del territorio, dentro del término de quince días, contados desde hoy. Todas aquellas personas que por su arraigo y relaciones puedan inspirar seguridad y confianza, se les permitirá residir en sus casa y transportarse por sí solos al puerto de la Guaira; todas las que no tengan este arraigo serán aseguradas desde luego y conducidas con escolta.

Cinco días después de asumir la Intendencia, el general Toro se enfrenta a Soublette en relación con la ejecución del polémico decreto. Las diferencias tenían su origen en la posición asumida por Toro frente a la medida, la manera en que se estaba procediendo y respecto a quién le correspondía ponerlo en práctica. Estimaba Toro que la ejecución del decreto debía estar a cargo del Intendente, además su parecer era que debía atenderse con prudencia y moderación.

Trataba Toro de salirle al paso a los numerosos reclamos y alegatos de aquellos ciudadanos que se veían afectados por la medida sin ninguna posibilidad de apelación. Soublette, por su parte, se asombraba de que el Intendente tomase empeño en atender los reclamos de las familias de los expulsados. En su opinión todo ello obedecía a los rumores que habían circulado en la ciudad de que Toro tenía la intención de derogar la medida: el desencuentro entre Toro y Soublette fue resuelto a favor de Soublette. La ejecución del decreto estaría a cargo de este y según sus criterios y procedimientos.

No fue este el único inconveniente que tuvo que enfrentar el marqués al frente de la Intendencia. Empezando el año de 1824 se vio envuelto en una nueva y complicada controversia, esta vez con el Cabildo de la ciudad.

Ocurrió que en la primera semana de enero Toro nombró a Francisco Barrutia juez político del Cantón cuando este ocupaba el cargo de alcalde primero del Cabildo caraqueño. En atención a ello, Toro se dirigió al Cabildo a fin de que supliese la vacante que dejaba Barrutia. El Cabildo rechazó el nombramiento hecho por Toro argumentando que de ninguna manera podía el Intendente disponer de un funcionario electo por el pueblo estando en posesión y ejercicio de la confianza que le había sido depositada. El Intendente no tenía, pues, autoridad alguna para romper y disolver estos sagrados vínculos ni para privar al pueblo ni al Cabildo de uno de sus principales funcionarios. Tampoco podía

Barrutia, bajo estos mismos principios, aceptar el nombramiento hecho por el Intendente[124].

El asunto molestó visiblemente a Toro, quien se presentó al Cabildo intempestivamente a exigir que se depositara la vara en el alcalde de segunda elección y, no contento con ello, fijó multas de 200 pesos a cada uno de los capitulares que se resistían a obedecer sus órdenes. El *impasse* fue sometido a consideración de la Corte de Justicia y esta falló a favor de la Municipalidad, declaró nulo el nombramiento, impuso una multa de 500 pesos al Intendente y obligó a Barrutia a mantenerse en el Ayuntamiento.

La prensa se ocupó de ventilar los detalles del incómodo incidente denunciando los procedimientos violentos y arbitrarios del Intendente. Una larga reseña de todo el episodio fue publicada en el Nº 46 de *El Colombiano*. La respuesta de Toro fue devolver a la dirección del periódico 65 ejemplares del Nº 46 de *El Colombiano*, correspondientes a la suscripción que mantenía la Intendencia, acompañados de una breve nota que decía así: «... el Intendente no paga papeles para que lo insulten»[125].

Tampoco tuvo buenas relaciones el Intendente con los miembros de la Corte Superior de Justicia. El caso es que los miembros de la Corte reclamaban ante la Intendencia que no se les hubiesen abonado los salarios correspondientes a los meses de diciembre y enero. El 14 de enero el Intendente se dirigió al ministerio respectivo, a fin de que le informase quiénes eran los reclamantes, a quiénes se les había hecho la negativa y cuáles eran los motivos que la habían ocasionado para solventar oportunamente las providencias convenientes a su abono.

---

124 El Cabildo de Caracas al Intendente, 14 de febrero de 1824 y Acta de la Municipalidad de Caracas, 18 de febrero de 1824. Blanco y Aizpurúa, *Documentos para la vida pública del Libertador*, tomo IX, pp. 218-220.

125 La denuncia de este procedimiento adelantado por el Intendente es publicada en *El Colombiano*, Caracas, Nº 47, 20 de marzo de 1824, p. 2.

La respuesta que recibe el Intendente muestra, por una parte, la penuria económica en la cual se encontraba el departamento y, por la otra, la inevitable necesidad de satisfacer en primer lugar el mantenimiento de las tropas y de la oficialidad. El informe que explica la demora en el pago de los jueces dice así:

> ...si no han sido pagados dichos sueldos por los meses de diciembre y enero últimos ha sido porque en el primero se hallaron en esta ciudad las tropas que obran en el Departamento y los ingresos de esta tesorería no fueron suficientes para cubrir los socorros diarios de ellas, habiendo sido preciso pedir prestado para atender a los sueldos de los oficiales y la gratificación que se le dio a la tropa de llaneros que se retiraba a sus casas. Y por el segundo, como lo que ha entrado apenas ha alcanzado para las raciones, nadie ha sido pagado ni por lo que respecta a militares ni a empleados y aunque en el presente mes se ha cumplido a los militares una pequeña parte, también ofrecimos al señor secretario de dicha Corte, 500 pesos de los 2000 que vinieron de la Guaira, con mucha instancia en virtud de recomendación de Vuestra Merced, que lejos de dar orden contraria para su pago las ha reiterado[126].

La respuesta no satisfizo a los miembros de la Corte, quienes insistieron en su queja, exigiendo la cancelación total de los salarios que se les adeudaban.

El Intendente escribe, entonces, una carta personal a su apreciado amigo, el general José Antonio Páez, para ponerlo al tanto de la situación, manifestarle los funestos efectos que estaba ocasionando la intemperancia de los jueces sobre la tranquilidad política del departamento y solicitarle su pronto regreso a la capital:

Mi apreciado General y amigo:

---

126 «Informe al Intendente sobre motivos para no cancelar sus sueldos a los Ministros de la Corte», 12 de febrero de 1824, AGN, Sección *Intendencia de Venezuela*, tomo *clxvii*, folio 12.

Tengo escrito a U. dos largas cartas en días pasados y por consiguiente no haré ahora más que saludarlo y suplicarle su pronto regreso a esta ciudad porque la Corte de Justicia la tiene en una completa anarquía y yo tan aburrido que me veo casi decidido a abandonarla en manos de mi asesor. La Corte me promueve diariamente competencias tan extravagantes como escandalosas sin más origen que la pretensión de que la tropa perezca hambre, antes que dejar ella de recibir sus sueldos íntegros. Esto lo hacen para buscar pretextos para incomodarme, con la idea que los complazca por eximirme de semejantes tropiezos, pero yo nunca convendré, nunca en perjudicar a hombres llenos de servicios y cuyo mérito jamás podrá ponerse en paralelo con los de un togado. Adiós, hasta que tenga el gusto de abrazarlo, su mejor y más apreciado amigo, Francisco Rodríguez del Toro[127].

Cuando todavía no ha terminado de resolver el conflicto con la Corte, enfrenta Toro otro espinoso enredo cuyo desenlace determinará su salida de la Intendencia.

El 24 de marzo de 1824, le remite una comunicación al comandante de armas de Caracas, general Juan Pablo Ayala, para solicitarle que designe a un oficial y su respectiva escolta a fin de ejecutar la expulsión del territorio de Rafael Diego de Mérida en cumplimiento de una disposición vigente del gobierno contra este señor.

La solicitud del Intendente es cuestionada por Ayala en atención a que, desde su punto de vista, la mencionada petición violentaba la Constitución o Ley política del Estado sobre esa materia. Se permitía recomendarle que consultara la medida con el asesor de la Intendencia para evitar así infringir la Constitución y las leyes. Además, añadía Ayala, que no podía proceder contra Mérida ya que este había interpuesto un recurso ante la Corte Superior de Justicia y esta lo había aceptado.

---

127 Francisco Rodríguez del Toro a José Antonio Páez, 25 de febrero de 1824, AGN, Sección *Intendencia de Venezuela*, tomo CLXVIII, folio 155.

El Intendente remite un nuevo oficio al comandante Ayala, tres días más tarde, con el mismo propósito, exponiéndole que de ninguna manera se humillaría a darle explicaciones que solo daría al Supremo Gobierno en el caso de que se lo exigiese y reitera la petición de la escolta. Pero Ayala insiste en su alegato y se niega a facilitársela.

Páez también interviene en el asunto advertido por el Intendente de la negativa de Ayala. Desde Achaguas envía un oficio al comandante de armas de Caracas solicitándole información sobre el particular y este insiste en sus argumentos. Juan Pablo Ayala es removido de su cargo y es nombrado en su lugar el general Ramón Ayala.

Transcurridos más de dos meses de su primera comunicación al comandante de armas para que se cumpliese la medida de expulsión contra Rafael Diego de Mérida, Toro se dirige al general Ramón Ayala, nuevo comandante de armas y solicita una escolta de un sargento, un cabo y doce soldados municionados, la cual debería estar a disposición de la Intendencia a las doce de aquel mismo día, 6 de junio de 1824.

Para sorpresa del Intendente, el nuevo comandante de armas no le envía la escolta solicitada sino que le remite una comunicación en la cual le solicita que se sirva indicar el objeto del servicio público a que iba a ser destinada.

Ante el reclamo airado de Toro, Ramón Ayala le responde al día siguiente y justifica su proceder apoyándose, como su antecesor, en la Constitución y las Leyes, las cuales fijaban explícitamente las circunstancias en las que debía prestarse ayuda militar al Intendente.

A la resistencia manifiesta de ambos comandantes de armas se suma el fallo de la Corte Superior de Justicia, con fecha 2 de junio, a favor de Rafael Diego de Mérida en atención a que, desde el 22 de febrero de 1824, se había levantado la sanción contra este y, por tanto, no había motivo para proceder a la expulsión.

El 9 de junio, Francisco Rodríguez del Toro abandona la Intendencia. Solamente ocho meses se mantuvo en el más alto cargo del departamento.

Pero sus infortunios no concluyeron allí. Muy rápidamente fue blanco de los ataques de quienes adversaban su presencia en el nuevo orden republicano, sacando a relucir sus inconsistencias con la causa de la Independencia.

En el ojo del huracán

Las denuncias contra el marqués

Con su renuncia a la Intendencia no terminan las desventuras del marqués. Unas semanas antes de abandonar el cargo, se publica en Caracas un agrio folleto en su contra cuya autoría se atribuye a Rafael Diego de Mérida. Definitivamente las cosas habían cambiado en Venezuela. Jamás se imaginó el marqués que su nombre se ventilaría públicamente y de manera tan descarnada.

El folleto llevaba por título «Noticias biográficas curiosas» y dejaba al descubierto, por primera vez y sin eufemismos ni consideraciones de ningún tipo, el dudoso compromiso del marqués con la causa de la Independencia.

Acusaba el autor a Toro de ser el responsable del fracaso de la campaña de Coro, denunciaba su deserción de las filas patriotas en el año de 1812 y su extrañamiento e indiferencia con los acontecimientos de su patria, hasta que había concluido la guerra, momento en el cual había regresado para obtener como premio a su «traición» y «desprendimiento», la Intendencia de Venezuela. El contenido de la denuncia era del siguiente tenor:

> ... por consecuencia de las medidas que se tomaron después del memorable 19 de abril de 1810, para consolidar nuestro propósito se confió al Marqués del Toro el mando del brillante ejército que había de obrar sobre Coro; que convertido en mofa y escarnio con admiración de todos

y erogación de más de un millón de pesos fue esta quijotesca campaña precursora infalible, robustecida con los estragos del terremoto del 26 de marzo de 1812, de las catástrofes subsecuentes, pues animó la horda española al mando del insigne General Monteverde, hasta internarse en Venezuela. Que con el objeto de contenerlas salió de Caracas el Marqués para auxiliar al General Miranda y que en lugar de cumplir este deber siguió por el llano al oriente, difundiendo terror y espanto al patriotismo hasta embarcarse para la isla de Trinidad, no con poco escándalo y oposición del pueblo de Cumaná; permaneciendo en aquella indiferente y pacientemente, desde el año de 1812 hasta el de 1822, en que haciendo a su regreso a la República dimisión de sus títulos de Castilla, obtuvo en remuneración de la deserción de los ejércitos de ella y del desprendimiento en que vivió, la Intendencia de Venezuela[128].

El asunto era delicado. No solamente se desenmascaraban las inconsecuencias del marqués con la causa republicana, sino que se hacía en un momento en que las pasiones y tensiones políticas eran particularmente sensibles respecto a quiénes habían luchado efectivamente por la Independencia y quiénes se habían puesto en contra de la patria o se habían mostrado indiferentes a su suerte. Este era uno de los aspectos fundamentales del decreto de expulsión cuyo propósito no se reducía a perseguir y expulsar a los españoles desafectos, sino también a los traidores americanos. Tenía, entonces, motivos el marqués para preocuparse por las denuncias de Mérida, máxime cuando había ocupado la más importante posición política del departamento, lo cual le había otorgado una enorme visibilidad.

Precisamente a este último aspecto se refiere el autor de las «Noticias biográficas curiosas» cuando cuestiona la presencia del marqués del Toro en la Intendencia. Se preguntaba Mérida « ¿... Y podrá en estas circunstancias ser Jefe de esta República un título

---

128 Unos venezolanos. *Noticias biográficas curiosas*, Caracas, por José Núñez de Cáceres, 24 de mayo de 1824, p. 4.

de Castilla, un indiferente a su transformación política, aquel mismo que en sus mayores conflictos la abandonó y dejó a discreción del enemigo? No debe serlo, pero lo es. Y, ¿cuáles son los resultados? Los más espantosos y subversivos».

Pasaba, entonces, el autor del libelo a denunciar las arbitrariedades cometidas por Toro desde la Intendencia del Departamento de Venezuela: sus infracciones a las leyes, el intento de suspender la ejecución del Decreto de Expulsión, el atropello cometido contra la Municipalidad, la sustitución de funcionarios para colocar a sus allegados y, por supuesto, los abusos cometidos contra él mismo –Rafael Diego de Mérida–, víctima inocente de las atrocidades del Intendente, ¡contra quien el alto funcionario había echado el resto!

La primera denuncia era de corrupción. Decía Mérida que Toro se había beneficiado personalmente durante su permanencia en la Intendencia y había favorecido el pago de acreencias a sus familiares cercanos. En octubre de 1823, al encargarse de la Intendencia, se había hecho pagar 500 pesos cuando no le correspondían sino 335, ya que había tomado posesión del cargo el 14 de octubre; en noviembre cobró 500 pesos más y en diciembre 700. La conclusión era sencilla: el intendente se había pagado a sí mismo 1700 pesos por dos meses, de donde se infería que estaba dispuesto a beneficiarse con una renta anual de 10 200 pesos, en lugar de los 4000 que le correspondían por el cargo.

Pero eso no era todo. El 22 de marzo el Intendente había ordenado pagar en efectivo a doña Teresa Toro, su inmediata consanguínea, 2589 pesos por el valor de 323 reses, que dijo tomaron las tropas del coronel José María Zamora. Con el fin de privilegiar a su parienta se habían pasado por alto las reclamaciones de otras personas y se habían postergado urgencias administrativas de la Intendencia.

El 7 de mayo el Intendente volvió a proceder de la misma manera al autorizar que se cancelaran 1722 pesos a Juan José Toro y a Gertrudis Toro, herederos de Miguel Toro, su tío, por los sueldos devengados por este durante los años de 1810 a 1812 como miembro del Consulado de Caracas. Esta decisión era denunciada y descalificada por Mérida, ya que no solamente beneficiaba de manera directa a sus hermanos postergando a otros acreedores, sino que se reconocían deudas contraídas en tiempos de la Junta que gobernaba a nombre del rey, a lo que se sumaba el hecho de ser un pago por un concepto que no había beneficiado en nada a la República, cuando había reclamaciones por montos entregados para satisfacer las exigencias de la guerra y estos no se cancelaban o se reconocían por mitad.

Las arbitrariedades, abusos y excesos cometidos por el marqués en la Intendencia eran demostración de su «... fanático orgullo»; de la creencia en la que estaba de considerarse «... superior a todos» y que, por tanto, podía avasallar al simple ciudadano con un «... *Yo lo quiero, yo lo mando*, tristes reliquias del despotismo Monárquico» a las que pretendía recurrir el marqués con sus ilimitadas arbitrariedades ejecutadas en todos los ramos de la administración pública.

Lo que denunciaba el libelista era, ni más ni menos, que el regreso, de manos del marqués del Toro, a las formas y métodos del antiguo sistema opresor. Se permitía recordarles a sus lectores que esto era inadmisible en una República en la cual habían sido extinguidos todos los títulos de honor y las distinciones hereditarias concedidas por el gobierno español. Sin embargo, había hombres como el marqués del Toro, que permanecían «embriagados con ellos y querían ser superiores a las leyes».

Un mes más tarde, el autor vuelve a la carga contra el marqués con otro folleto titulado «Apéndice a las Noticias biográficas curiosas». Su propósito era reiterar las acusaciones hechas en el primero y criticar la escandalosa arbitrariedad con que animosamente y con una prevención criminal había procedido el ex intendente Toro contra su persona, sometiéndolo a la vindicta pública y despedazando las leyes con el único objetivo de ver satisfechos sus «caprichos despóticos y arbitrarios».

Aprovechaba la ocasión para denunciar un nuevo caso de corrupción; esta vez había sido a favor de su sobrino Mariano Herrera, a quien la Intendencia canceló 1000 pesos para cubrir el costo de 100 reses tomadas de un hato suyo el año de 1822.

Un año después publica Mérida un tercer escrito. Esta vez no sale en forma de folleto sino como artículo de prensa en el periódico *El Colombiano*, del día 30 de marzo de 1825. En este artículo Mérida vuelve sobre la actuación de Toro en tiempos de la Independencia. Lo acusa de ser el principal autor de tanta sangre inmaculada derramada en Venezuela por su desempeño en la Campaña de Coro; persevera en el tema de su deserción de las filas patriotas y de su extrañamiento e indiferencia al recluirse en la isla de Trinidad, recusa su condición de ciudadano colombiano por haberse mantenido al margen de la guerra y bajo la protección de Inglaterra, aliada de España y enemiga de la República, cuando muchos otros habían perdido la vida defendiendo la patria y, para finalizar, incorpora otro dato a la larga lista de infamias y traiciones cometidas por Toro: el de la delación que hiciera el marqués en 1808 contra Francisco de Miranda, precursor de la Independencia:

> ... Sus primeros pasos los señaló exhibiendo al gobierno español las comunicaciones que le hizo el General Miranda en 1808 pidiéndole su cooperación para libertar a estas provincias de la fiera dominación en que yacían, de cuya felonía resultó la desgracia de aquella grandiosa empresa[129].

Las tres entregas de Mérida insisten en un mismo asunto: la notable diferencia que separaba a quienes eran patriotas de aquellos

---

129 Rafael Diego de Mérida al señor Redactor de El Colombiano, *El Colombiano*, Caracas, 30 de marzo de 1825, p. 2.

que no eran dignos de ser tenidos por tales. Solamente los «verdaderos Patriotas» eran los llamados a gobernar, los que a costa de su sangre y de su fortuna habían comprado la libertad e independencia de la patria.

La conclusión natural de su discurso era sencilla: Francisco Rodríguez del Toro no podía ser considerado ni incluido en la nómina de los patriotas. Su traición y sus largos años de ausencia, así como su desempeño en la Intendencia eran, sin la menor duda, «... irreconciliables con todo verdadero patriota».

El asunto no era para nada sencillo. Por primera vez se veía el marqués del Toro en la incómoda y delicada circunstancia de que se pusiese en entredicho su compromiso con la Independencia, de que se cuestionara de manera implacable su condición de patriota y de que se le señalara como un decidido infractor de las leyes. Todo aquello representaba, sin la menor duda, una injuria atroz contra su honor y reputación.

No obstante, había un aspecto que favorecía al marqués en todo esto: el controversial e inconveniente historial de su implacable delator, Rafael Diego de Mérida. El tuerto Mérida, como se le conocía comúnmente en Caracas, no era ningún santo. Había sido escribano de Cámara de la Real Audiencia y como tal había actuado en la causa contra la revolución de Gual y España; en 1808, al igual que el marqués, había estado involucrado en la llamada Conjuración de los Mantuanos y había salido del país. A su regreso a Venezuela, luego de los sucesos del 19 de abril, se unió a la Sociedad Patriótica. En 1812 fue condenado a arresto por doce días por haber proferido insultos y frases ofensivas contra Francisco de Miranda en el salón de sesiones del Congreso. Se mantuvo en las filas de la causa emancipadora. No obstante, en 1816, luego de acompañar a Bolívar en la preparación de la expedición de Los Cayos, desertó y se refugió en Curazao, desde donde redactó e imprimió panfletos contra la revolución de independencia y contra el propio Bolívar. El *Correo del Orinoco* había publicado en el Nº 6 del 12 de agosto de 1818 una carta de Mérida acusando a Bolívar por sus «... miras ambiciosas y su despotismo» y en la cual afirmaba que él mismo se había ocupado de escribirle una carta al abate de Pratt para ponerlo al tanto de la verdadera historia de la Revolución de Venezuela, y de los desórdenes y estragos causados en la Provincia por los Insurgentes, a cuya cabeza se hallaba un joven loco, ambicioso, cobarde e ignorante, llamado Simón Bolívar»[130].

Como consecuencia de estas acciones y otras denuncias, pesaba sobre Mérida una prohibición de ingreso al país, emitida el día 27 de noviembre de 1821, pero este había logrado burlarla y se encontraba en Venezuela. Para el momento en que publica sus folletos contra el marqués se le señalaba como uno de los más fervientes defensores de la Ley de Expulsión; como tal formaba parte del círculo de allegados de Carlos Soublette, quien había intercedido a favor de Mérida para que se levantase la medida de prohibición de ingresar a Colombia. La medida que favoreció a Mérida se emitió en Bogotá, en febrero de 1824, y llegó a Caracas en abril, cuando ya Toro había solicitado que se ejecutase la expulsión. Ello explica el fallo de la Corte a favor de Mérida, dejando sin efecto la persecución adelantada por el Intendente. Todo este embrollo constituye el telón de fondo que anima la publicación y los feroces ataques de Mérida contra el marqués.

¿Podía el marqués quedarse callado y pasar por alto las denuncias y acusaciones de Rafael Diego de Mérida? De ninguna manera. Sin embargo, no acude Toro a los tribunales de la República para defenderse contra las injurias de Mérida y reparar su honor mancillado, como hubiese hecho en los viejos tiempos, seguramente porque desconfiaba de los miembros de la Corte, quienes ya habían fallado en su contra y le habían reclamado airadamente sus salarios. Resuelve, entonces, responder él mismo a las

---

130 *El Correo del Orinoco*, Angostura, 2 de agosto de 1818, p. 3.

imputaciones de su detractor para desmentir todas y cada una de las calumnias vertidas en su contra, limpiar su reputación y mostrarse ante la sociedad como un patriota de conducta intachable.

En defensa de su honor mancillado

Seis meses después de su salida de la Intendencia, el marqués ofrece al público un folleto titulado «Manifiesto que hace Francisco Rodríguez de Toro de sus hechos administrativos en la Intendencia de Venezuela».

Su primer interés era destacar el sacrificio que había hecho aceptando la Intendencia. Solo había aceptado en atención al estado lamentable en que se encontraba el departamento, «a las lágrimas que corrían» y al descontento general existente como resultado del ciego rigor con que se había tratado de ejecutar el Decreto de Expulsión[131].

Expuestos los motivos que lo llevaron a admitir aquella alta responsabilidad, fija su posición frente al Decreto de Expulsión y desmiente las acusaciones que se habían publicado en su contra. No estaba el Intendente de acuerdo con la «desastrosa expulsión absoluta»; consideraba que se habían cometido todo tipo de excesos en su ejecución y que se había perseguido y expulsado a numerosos españoles que habían servido a la patria o habían empleado su influjo para salvar vidas y proteger familias desamparadas. Todos ellos, para vergüenza del gobierno colombiano, se encontraban en las Antillas almacenados en la miseria y dolorosamente separados de sus familias.

Estaba persuadido de que, después de una revolución, los principios que debían regir a un buen gobierno eran la ilustración y la beneficencia. Se había guiado por ellos y se había hecho visible para todos el éxito de su misión. En su concepto, desde el

---

131 *Manifiesto que hace Francisco Rodríguez de Toro de sus hechos administrativos en la Intendencia de Venezuela*, Caracas, Imprenta de Valentín Espinal, 1825, p. 1.

momento mismo en que tomó posesión de la Intendencia, se había producido una mutación en el departamento. Los caraqueños, libres de la opresión, se entregaron a su carácter pacífico y generoso contribuyendo a la armonía y a la paz de la República.

No había, pues, el menor motivo para esparcir dicterios y calumnias en su contra. Todo lo publicado por Mérida eran las más flagrantes mentiras. Recurre el marqués a la vieja fórmula de solicitar testimonios jurados de su proceder, tal como se acostumbraba hacer en el pasado, para despejar las dudas que pudiesen haber despertado las injurias de Mérida contra su honor y reputación.

La gestión queda a cargo de su hermano Juan José Toro, quien solicita se levante testimonio a los ministros departamentales que trabajaban en la Intendencia en tiempos del marqués, a fin de que testificaran si los pagos que había decretado a varios individuos de su familia por acreencias sobre el erario nacional, si habían sido hechos arreglándose a la práctica de su antecesor y que si en las solicitudes de sus consanguíneos se había inhibido de todo conocimiento sometiéndolo al asesor.

A la solicitud de Juan Toro responden los ministros departamentales Juan Manuel Landa y Vicente Lecuna. Ambos testifican que el señor general Intendente había seguido, en todos los casos, la práctica de su antecesor, inhibiéndose cuando se había tratado de sus consanguíneos. Con ello, a juicio de Toro, quedaba desmentida la calumnia respecto a los pagos improcedentes que había hecho a favor de sus parientes.

Juan Toro también le escribe al general José Antonio Páez para solicitarle que diese su testimonio y expusiese su parecer respecto al desempeño del marqués al frente de la Intendencia, como una forma de contribuir a reparar la reputación de su hermano, el general Francisco Toro. La respuesta de Páez a Juan Toro es como sigue:

No puedo dejar de decirle que a más de las apreciables cualidades que po-see el Sr. General Francisco Rodríguez del Toro, observé particularmente en todo el tiempo que como Intendente del departamento desempeñó este destino, que arregló la subsistencia del ejército a mi mando en todos los puntos del distrito, caminando siempre con la mejor armonía, acier-to y acuerdo en los asuntos del servicio. Conceptúo por consiguiente que dejó comprobados perentoriamente su hombría de bien, su espíritu público y su amor al gobierno de la República, a la cual sirvió con buen éxito con desinterés personal y con una religiosa adhesión a sus leyes[132].

No tenía el general Páez la más mínima queja sobre la actua-ción de Toro en la Intendencia. En ese aspecto, podía el mar-qués estar tranquilo. También se ocupó Francisco Rodríguez del Toro de justificar el pago excedentario recibido por sus servicios como Intendente. Aclaraba que la suma no había sido tan ele-vada como denunciaba su detractor, ya que del ajuste de sueldo hecho a su salida de la Intendencia había resultado que *solamente* se le habían entregado 540 pesos adicionales. Los argumentos que esgrime en su defensa expresan cabalmente su manera de pensar al respecto. No consideraba que había ningún reclamo que hacerle. Dice así el marqués en su defensa:

... esta cantidad (los 540 pesos) no fue indebida, ni aun pudo considerar-se anticipada, sino como un pequeñísimo pago, sin agravio ni perjuicio de ningún otro acreedor del Estado, en razón de los muchos millares de pesos a que por varios títulos tengo claro e indisputable derecho. Es sabi-do de todos que desde el principio de nuestra emancipación en el año de 10 comencé a servir en la campaña correspondiéndome crecido sueldo y que, según los decretos de la materia debí y debo disfrutar el de General de División. Jamás he recibido un maravedí, sirviendo siempre a mis pro-pias expensas. Involuntariamente recuerdo también que soy acreedor al

132 General José Antonio Páez a Juan Toro, Cuartel General de Caracas, 2 de noviembre de 1824, reproducida en el mismo Manifiesto, p. 32.

Estado por suma considerable de pesos que importan las suministraciones hechas de mis bienes al ejército. Cuatro mil hombres que en el dicho año de 1811 restituyeron el orden a Valencia, de los cuales muchos aún viven, vieron los muchos auxilios que con mano de Señor y de Jefe extraje para los campamentos de mi inmediata hacienda de Mucundo, entonces en toda prosperidad. La línea sitiadora de Puerto Cabello el año 1813 y aun la que últimamente la estrechó hasta rendirle, recibieron recursos de todas clases de la misma hacienda. De estas contribuciones efectivas, que por lo menos valen diez mil pesos, ni de otras cuantiosas que omito, vencido de la repugnancia que me causa esta relación, jamás he pedido indemnización, como innumerables con justicia lo han logrado[133].

En conclusión, el gobierno republicano tenía con él deudas superiores a la irrisoria suma de 540 pesos. No veía cómo podía su detractor acusarlo de peculado sin tomar en cuenta las enormes sumas que había erogado en beneficio de la patria.

También el marqués le sale al paso al descrédito que pretendía sembrar Mérida ante la opinión pública por su condición de noble titulado. Rechaza categóricamente que pudiese considerarse oprobioso la dignidad del marquesado del Toro con que el gobierno español lo había condecorado. Lejos de constituir un baldón en su biografía, el título de marqués representaba demostración inequívoca de las virtudes de sus ancestros y de las cualidades que distinguían a su poseyente, máxime cuando había renunciado a él en beneficio de los ideales republicanos. No podía, pues, considerarse todo aquello como un escarnio, sino todo lo contrario, como inequívoca demostración de su desinteresado sacrificio por la salud de su patria:

Se ha engañado en su propósito pensando que puede sonrojarme la memoria de este título sostenido por las virtudes de tres de mis mayores,

---

133 Manifiesto que hace Francisco Rodríguez de Toro..., pp. 29-30.

cuya beneficencia y humanidad se conservan en instituciones públicas y en los corazones menos agradecidos. Tampoco lo desmerecí yo con un vicio conocido, ni fue para mí un pábulo de fatuidad opresora de mis semejantes y haciendo justicia a la justicia yo enmudecería si Mérida me presentase un ciudadano honrado que me sostuviese que fue desgraciado por mi o no tratado como un amigo o como un hombre. La dicha puerilidad, repito, no me deshonra, porque es motivo de más convencerse que habiéndome adherido a la República desde su concepción, lo que ninguno ignora en Venezuela, no fue por un brutal despique de resentimiento personal, ni por miras de ambición o fortuna, sino que olvidando las distinciones de que gozaba, me entregué a cultivar los sentimientos públicos de franqueza y libertad que juzgué preferibles y forman un republicano. Aquí me impone silencio el rubor de poder parecer que aprovecho la ocasión de elogiarme[134].

Un hombre probo y de trayectoria intachable

No tenía, pues, el menor asidero la ristra de calumnias elaborada por Mérida para mancillar su honor y reputación. Era el marqués un hombre probo, sujeto a las leyes, justo, incapaz de favorecer a sus consanguíneos, que había hecho innumerables servicios a la patria y que había abandonado títulos y distinciones en aras de la República. Todo lo contrario de su detractor, Rafael Diego Mérida.

Desenmascara entonces el marqués al autor de los libelos en su contra. Mérida era un hombre que había seguido al gobierno español para pasarse luego al partido de la Independencia, del cual «... con la misma alevosía se separó». Por este motivo el Congreso de Angostura le depuso el rango de ciudadano, lo expulsó del país, lo redujo a la condición de peregrino y libró órdenes para que no se le admitiese en los puertos de la República.

---

134 Manifiesto que hace Francisco Rodríguez de Toro..., pp. 37.

Decía el marqués que el apego y defensa de Mérida al Decreto de Expulsión tenía un único motivo: conseguir que se le permitiese la vuelta al país a disfrutar con frente serena unos bienes que dejó y que en el todo o en gran parte destilaban todavía sangre colombiana.

Era este proscrito, oportunista y falso, quien lo denunciaba y pretendía mancillar su honor, un hombre «envejecido en la ratería y mezquindad», quien inspirado en una «rabia feroz» libraba contra él un combate «indecente y capcioso». No tenía, pues, mayor sentido, detenerse en «... las sandeces y muy abstractas indicaciones con que enervado ya el arrojo de Mérida intenta herirme al través, para evitar el golpe de la reacción. Con semejante prolijidad, ofendería además a mis compatriotas porque sería creerles destituidos hasta de un vulgar discernimiento que es bastante para hacer diferencias entre la realidad y estas insidiosas invectivas».

No consideraba prudente el marqués insistir en desmentir a Mérida. La verdad estaba a la vista y no exigía mayores comentarios. Sin embargo, no se inhibe de denunciar a la Corte de Justicia por haberse prestado a las maquinaciones de aquel impostor y por no haber dado en sus fallos la prueba de imparcialidad que debía distinguirle. En su opinión, la Corte se había propuesto contrariar sus designios pacíficos al frente de la Intendencia. Sería el público quien, a la vista de los hechos, se formaría un juicio al respecto.

Ninguna de las imputaciones que hace Mérida respecto a su conducta en tiempos de la Independencia, su responsabilidad en el fracaso de la campaña de Coro, su deserción de las filas patriotas y su extrañamiento voluntario en la isla de Trinidad ocupan la atención del marqués. Sobre cada una de estas denuncias guarda el más estricto silencio.

No obstante, como quiera que Mérida insiste en denostarle, publicando las mismas y nuevas calumnias en el periódico *El Colombiano*, se ve en la circunstancia de inducir la publicación de un nuevo folleto que lleva por título *La opinión de un hombre libre* en defensa de las leyes y el decoro del gobierno contra la calumnia e impostura de las noticias biográficas y el artículo del Colombiano n. 99. El folleto no está firmado por él. Al pie de la publicación aparece como responsable de su contenido «Un hombre libre». Sin embargo, no cabe la menor duda de que su redacción y publicación estuvo alentada y supervisada directamente por el marqués.

El folleto refuta las «sandeces y abstractas indicaciones» de Mérida; se indigna su autor ante el hecho de que pudiese mancillarse impunemente el honor y estimación de un ciudadano, tal como lo había hecho contra Toro el responsable de las «horrendas imputaciones» y «atroces injurias vomitadas» en *Las noticias biográficas* y en el artículo de *El Colombiano*.

El primer infundio que se atiende en esta entrega es el que se refiere a la supuesta entrega de las cartas de Miranda al gobierno español ejecutada por Toro antes de la Independencia. Se horroriza el autor del folleto de tan espantosa acusación:

Decir que el general Toro exhibió al Gobierno español las comunicaciones del general Miranda, es la más execrable blasfemia que puede pronunciar la impudencia. Bien sabidos son cuántos y cuáles fueron los servicios del general Toro a la patria desde los primeros momentos en que se concibieron los proyectos de sacudir la dominación española. ¿Cómo pues podrá persuadirse el más estúpido que el general Toro, poco tiempo antes hubiese contrariado con su conducta estos sacrosantos principios? ¿Cómo imaginar siquiera que él que supo arriesgándolo todo reservar en su pecho los secretos de la revolución proyectada antes del año de diez, pudiera comprometer su honor y reputación entregando al Gobierno español las comunicaciones del general Miranda? Es preciso no haber conocido ni tratado jamás al general Toro o que la prostitución en el decir haya relajado el buen juicio, para creer que quepa en su corazón una felonía semejante, que solo podrán concebirla los que estuvieren acostumbrados a practicarla y véase aquí que la primera época que se presenta bajo los más denegridos colores es la más honrosa para el general Toro y la que por sí sola haría su apología[135].

Respecto a su exilio en Trinidad excusa el autor a su defendido exponiendo que no había hecho otra cosa que seguir la suerte del común y llevar el rumbo que a todos, incluso al Libertador, les había impuesto el desenlace del año 1812. Se había visto obligado a permanecer en Trinidad, como muchos otros lo habían hecho en diferentes islas de las Antillas en los años sucesivos. El marqués del Toro y su hermano Fernando se sometieron gustosos a las privaciones del exilio, antes que plegar su cerviz al yugo español. Aun en medio del retiro y del sombrío silencio de los bosques fueron perseguidos y mucho tuvieron que sentir del gobernador de la isla que sorprendiendo unas comunicaciones que les dirigiera el presidente Libertador, les intimó a desocupar el territorio. De no haber sido por la interposición del señor Hilario Begorrat y de otras personas respetables que hablaron a su favor, habrían tenido que salir ignominiosamente de aquel lugar.

Todo el contenido de los libelos no eran sino calumnias e imposturas provenientes de la «procacidad y audacia» de Rafael Diego Mérida. Desmentidas como estaban cada una de ellas, convencido el público de su falsedad, debía el gobierno actuar y exigir la reparación del honor nacional castigando severamente los injustos resentimientos de un calumniante impostor. Mientras esto ocurría, el general Toro podía reposar tranquilo en el testimonio de su defensor, en la conciencia de cada uno de los colombianos y aun de sus enemigos, respecto a sus justos procederes e incuestionable compromiso con la causa de la patria.

Concluye así la polémica entre Mérida y el marqués. Era el gobierno quien debía intervenir en el asunto para castigar al detractor y reparar el honor del marqués.

---

135 *Un hombre libre. La opinión de un hombre libre en defensa de las leyes y decoro del gobierno, contra la calumnia e imposturas de las noticias biográficas y artículo del Colombiano n. 99*, Caracas, Imprenta de Devisme Hermanos, 1825, pp. 3-4.

Ese mismo año de 1825 el gobierno de Colombia nombra a Mérida cónsul en Curazao. No era propiamente un castigo, pero sí una manera de obligarlo a salir de Venezuela. Permanece en Curazao al margen de los asuntos domésticos hasta que el año de 1828 resuelve publicar un folleto titulado *Angustias de Colombia en 1828*, bajo el seudónimo José Ángel Santos. No le gustó a Páez el contenido del folleto. Ordenó que se le suspendiese el suelo y se le negase, otra vez, el ingreso a Colombia. Desde esa fecha no se vuelve a tener noticias suyas.

Resuelto el tema de Mérida, el marqués coloca especial cuidado en mantener y fortalecer su vínculo con el Libertador, en cultivar y estrechar sus nexos con el general José Antonio Páez y en buscar la manera de que pudiese, efectivamente, borrarse para siempre jamás la idea de que había traicionado la revolución y que prevaleciera, más bien, que había sido uno de los iniciadores de la revolución, un patriota sin mancha. Su más importante logro será obtener el reconocimiento de Prócer de la Independencia, máxima distinción que podía obtener en tiempos de la República. De ello se ocupará hasta el fin de sus días.

Patriota sin mancha

Iniciador indiscutible de la Revolución de Abril

En julio de 1825, transcurridos unos pocos meses del desagradable incidente con Mérida, el marqués del Toro le escribe una emotiva carta a Simón Bolívar para felicitarlo por el triunfo obtenido en Ayacucho, insistirle en que no demorase por más tiempo su regreso a Venezuela y ponerlo al tanto de sus penas:

> Mi amado Simón:
> Creía para esta fecha haber tenido el placer de verte; pero cada día pones mayor distancia entre nosotros y se desalienta mi esperanza de abrazarte. Cuando por la batalla de Ayacucho libertaste a los hijos del Sol y pusiste a tus pies a los opresores del Imperio de los Incas, juzgué que ni querías más gloria, ni que la América del Sur podía pedirte nuevos sacrificios; creía llegado el tiempo de disfrutar de los hechos y que volarías a tu Patria, al seno de tu familia, cubierto ya de tantos laureles como has acumulado, y que no soportan una sola cabeza, mas me equivoqué y esperé en vano que vinieses a ensanchar mi ánimo, a quien esa loca fortuna está reclamando con urgencia e importunidad el capital y réditos del tiempo que me fue propicia; yo con mi filosofía le he hecho frente y desairándole bastantes golpes, pero cuando en cada año me arrebata un hermano triunfa de mí sin duda. Hacen hoy diez y ocho días que desapareció Teresa en veinticuatro horas a manos de un cólico, o de un médico, y con este presente me recibió Caracas a donde

acababa de llegar huyendo de las calenturas que asolan los valles de Aragua, en donde vivía rústicamente, pero libre de las pasiones bajas y del Genio del mal que preside en esa ciudad. He aquí mi situación presente, Simón, la pasada no ha sido más feliz y la que está por venir no se anuncia más favorable; sin embargo, yo me prometo afrontar los males y esperar después de tan tempestuosa borrasca un día en que apareciendo el Sol con más brillantez disipe los nublados y nos ofrezca la serenidad y la calma; éste será cuando tú vengas como deseo. Adiós mi querido Simón; Juan te saluda con mis propios sentimientos y como cada uno de los individuos de la familia de tu más apasionado.

[Sigue en letra del marqués]

Adiós mil veces, mi adorado Simón. Yo no me muero hasta verte; cuando tenga este gusto, nada me queda que desear en la vida, pero no lo hagas desear tanto a quien sólo desea respirar por darte un soberano abrazo junto con toda su familia y la mayor parte de estas provincias que te aman de corazón
Francisco R del Toro[136].

Se alegra el marqués y así se lo dice a Bolívar de su triunfo sobre los «opresores» del imperio incaico: los reyes de España, sin duda. La lealtad del marqués ya no es con la Corona española, como lo había sido en el pasado, sino con la República y con el máximo jefe de la nueva nación: el Libertador Simón Bolívar.

Bolívar le escribe al marqués desde Oruro y comparte con él la alegría que le ocasionaba el éxito alcanzado en Ayacucho y el nacimiento de una nueva República, Bolivia, la cual inmortalizaría su nombre y el del general Sucre. En la misma carta reconoce en el marqués al primer jefe de los ejércitos libertadores: «... ¿no se siente Ud. arrebatar por el entusiasmo de la gloria al oír tan bellas

---

136 Francisco Rodríguez del Toro a Simón Bolívar, Caracas 13 de julio de 1825, *Catálogo donación Villanueva a la Academia Nacional de la Historia*, Caracas, 1965, p. 106.

cosas; Ud. que fue el primero en llevarlos al combate y Ud. que fue mi primer coronel, mi primer general?»[137].

No debía albergar ningún motivo de preocupación respecto a su futuro en la República. El mismísimo Bolívar lo reconocía como su primer general, su amistad con Páez se mantenía firme y las denuncias en su contra habían cesado con el envío de su detractor a Curazao.

El 1.º de marzo de 1826 Páez lo nombra comandante de armas de la ciudad de Caracas. Si bien no era el más alto cargo del departamento, se trataba de la máxima autoridad militar de la capital y expresión inequívoca de la confianza y amistad que le profesaba José Antonio Páez. Muy poco tiempo después tendrá ocasión de demostrarle a Páez que el sentimiento era recíproco. Cuando estallen los sucesos de La Cosiata, en abril de aquel mismo año, el marqués del Toro se encuentra entre quienes defienden al jefe militar de Venezuela frente al gobierno de Bogotá. Los hechos ocurrieron de la siguiente manera.

El gobierno de Bogotá había ordenado un alistamiento general de ciudadanos para defender a la República de sus enemigos en atención a que, según se decía, el rey de España pretendía renovar las hostilidades. Transcurridos varios meses todavía no se habían ejecutado las órdenes de Bogotá y habían ocurrido protestas contra el impopular decreto que mandaba reclutar a todos los hombres útiles para las armas entre la edad de 15 a 50 años. En diciembre de 1825, el general José Antonio Páez, comandante general del departamento de Venezuela, emitió un bando sobre alistamiento de milicias, a fin de cumplir con las exigencias del gobierno central, pero los vecinos no obedecieron al llamado; Páez ordenó a las tropas recorrer la ciudad y aprehender a cuantos hombres encontrasen, sin excepción alguna.

---

137 Simón Bolívar al general Francisco Rodríguez del Toro (marqués del Toro), Oruro, 25 de septiembre de 1825, *Obras completas*, Madrid, Ediciones Alonso, tomo II, s/f, pp. 218-219.

Inmediatamente el malestar se hizo patente y hubo denuncias por los excesos cometidos en la ejecución de la medida. El general Páez fue acusado por el Intendente Juan de Escalona (quien había sustituido al marqués en la Intendencia) y por la Municipalidad de Caracas ante el gobierno de Bogotá por los abusos cometidos en el cumplimiento del Decreto de Alistamiento. El gobierno de Bogotá aceptó la acusación, destituyó a Páez de la Comandancia General, nombró en su lugar a Escalona y designó a Cristóbal Mendoza para la Intendencia.

La medida generó la respuesta inmediata de la Municipalidad de Valencia. El 27 de abril la ciudad de Valencia se pronuncia contra la destitución de Páez, desconoce el gobierno de Bogotá y restituye a Páez en el mando militar del departamento. Los miembros de la Municipalidad de Caracas, quienes inicialmente habían acusado a Páez, se suman al pronunciamiento de Valencia y deciden desconocer el gobierno de Bogotá. El 8 de julio, el vicepresidente de Colombia, general Francisco de Paula Santander, declaró a José Antonio Páez en rebeldía.

Sin lugar a dudas, se trataba de la más delicada crisis política por la que había atravesado la difícil y compleja unidad colombiana desde su constitución efectiva, en 1821. Sin embargo, no es nuestro propósito discurrir aquí sobre este complicado episodio de nuestra historia, sino destacar la posición asumida por el marqués del Toro en esta delicada coyuntura.

El general Toro, desde la Comandancia de Armas de Caracas, apoyó el movimiento a favor del general Páez y, al mismo tiempo, se ocupó de mantener informado a Bolívar de cómo veía él los acontecimientos. Desde su punto de vista, el problema no era Páez sino Santander, quien por odio o por temor manejaba torpemente los asuntos de Venezuela. Era Santander el responsable del incidente y el principal causante de los males que agobiaban a los habitantes de Venezuela. No tenía dudas el marqués respecto a que la opinión general estaba con el Libertador:

«... todo lo esperan de ti. Tú eres la columna y la base de este edificio; que nosotros no podemos más que apuntalar hasta tu llegada...» Se permitía, entonces, sugerirle un conjunto de recomendaciones:

> Si yo me encontrara en tu lugar, me situaría en Panamá, como punto céntrico de la República, tomaría posesión de la Presidencia, oiría las quejas y razones de unos y otros, y cortaría en fin el nudo gordiano. Estando tú a la cabeza del Gobierno, cesan todas las desconfianzas y tus órdenes serán recibidas con satisfacción; toda otra medida conciliatoria, que no sea precedida de la separación de Santander, es inútil, y sólo servirá para calmar el mal por un momento y morir después desesperado.

Además la ocasión resultaba propicia para hacer énfasis en su condición de iniciador de la gesta emancipadora. Este hecho, en su opinión, le confería una especial autoridad a la hora de ofrecer soluciones que contribuyesen a resolver la crisis. Le decía el marqués a Bolívar que quienes habían principiado la revolución y la habían sostenido «...por espacio de dieciséis años» estaban en condiciones de conocer mejor que otros «... el curso de este cometa político, cuya larga y oscura cola amenaza siempre a tu pobre Patria». Solo la amistad y el interés de ver eternizada su gloria lo hacían hablar; aun cuando su mayor deseo era verlo y estrecharlo entre sus brazos, le aconsejaba que no viajase a Caracas[138].

En síntesis, las recomendaciones del marqués eran: salir de Santander, imponer su autoridad y mantenerse lejos de Caracas.

Bolívar no atiende las recomendaciones del marqués. No destituye a Santander, viaja a Venezuela, se reúne con Páez y lo nombra jefe superior civil y militar de los departamentos de Venezuela, Orinoco y Maturín, confiriéndole así mayor poder del que tenía cuando estallaron los sucesos de La Cosiata.

---

138 Francisco Rodríguez del Toro a Simón Bolívar, Caracas, 13 de julio de 1826, *Memorias del General O'Leary*, tomo II, pp. 470-471.

Entrañable amigo del Libertador

Bolívar llega a Venezuela en diciembre de 1826. Cuando el marqués se entera de que Bolívar está próximo a llegar a Caracas, le escribe entusiasmado:

> Mi siempre amado Simón:
> No es la pluma ni tampoco la lengua quien podrá explicarte mis sensaciones al saber que pisas nuestro suelo, y que muy en breve puedo abrazarte; es el silencio quien en semejantes casos toma la palabra. Deseaba con ansias anticiparme a todo otro mortal a ir a tu encuentro, pero creo que conviene que yo haga este sacrificio de esperar hasta que llegues a estas inmediaciones. Avísame el día que resuelvas tu entrada. Entre tanto dispón de corazón de quien más te ama.
> El marqués del Toro[139].

El 10 de enero Bolívar y Páez hacen su entrada en Caracas. Cuatro días más tarde el marqués ofrece una cena bailable en su residencia de la casa de Anauco, hoy conocida como Quinta de Anauco. La cena es en honor a Bolívar. Una descripción de la fiesta la hace sir Robert Ker Porter, cónsul y encargado de negocios de Gran Bretaña en La Guaira y Caracas. A las nueve de la noche se dirigió a la residencia del marqués a ver la prueba de amistad y respeto que el viejo marqués hacía al Libertador:

> ... Todo el camino hasta la casa estaba decorado como lo estuvo el que lleva de Valencia a Caracas: arcos, templos, palmas, plátanos, laurel, plantas, cortinas, banderas y flores. Las calles estaban llenas de peatones y las casas resonaban con música de varios tipos incitando al canto y el baile: todo en honor de Bolívar y Colombia. Estas demostraciones de alegría alcanzaban al más humilde de los colombianos en el último extremo de la ciudad, cuyos

---

139 El Marqués del Toro a Simón Bolívar, Anauco, 5 de enero de 1827, *Memorias del General O'Leary*, tomo II, p. 472.

oscuros grupos aquí y allá se meneaban en un ilegítimo fandango al son del rasgueo de una guitarra de negros acompañada por el repiqueteo rítmico de una cantidad de guisantes secos en una caja cilíndrica. Al compás de esta armonía –si es que así puede llamarse– cantaban y bailaban esos grupos delirantes de alegría, divirtiéndose hasta el regreso de su jefe favorito, para poder echarle otra mirada a quien sin duda era su ¡Libertador! Al llegar encontramos la casa llena de damas, oficiales y civiles. La guardia cívica mantenía fuera a la gente, que, por otra parte, colgaba de las ventanas. El baile estaba en pleno apogeo, y el humo de los cigarros era tal que la sala apenas era habitable para aquellos cuyas narices y ojos están habituados a tan abominable costumbre. Yo, por supuesto, después de ver al Marqués, pedí que se me condujera ante S.E. el Presidente y con mucha dificultad logré pasar a un cuarto más pequeño –el dormitorio del anfitrión– donde no había nadie más que el objeto de mi deseo, balanceándose en una hamaca. Al oír mi nombre instantáneamente saltó del chinchorro y nos sentamos en un sofá. Conversamos largo y tendido sobre los acontecimientos recientes y el estado del país[140].

La cercanía entre Bolívar y el marqués no pasó desapercibida para nadie. La cena fue un suceso social y, por supuesto, político. Bolívar estuvo en Caracas hasta el mes de julio y en varias ocasiones pernoctó en casa del marqués. De hecho, su última noche en Caracas la pasó en la casona de Anauco, de donde salió el 5 de julio para no regresar con vida a Venezuela.

Desde La Guaira tomó un barco en dirección a Cartagena. Al llegar allí le escribe al marqués y le manifiesta su preocupación por el futuro de Venezuela: «... no puedo ni debo perder de vista a Venezuela sobre cuyo destino e intereses debo velar y a cuyo suelo debo consagrar mis restos. Ud. sabe Marqués que es mi más vehemente deseo, es la ambición que me domina: es la venganza que debo tomar de los que me persiguen»[141].

---

140 Sir Robert Ker Porter. *Diario de un diplomático británico en Venezuela, 1825-1842*, Caracas, Fundación Polar, 1997, p. 183.
141 Simón Bolívar al marqués del Toro, Cartagena, 12 de julio de 1827, *ibidem*, tomo xxx, p. 433.

Finalizando el año de 1827, recibe el marqués otra carta de Bolívar anunciándole que probablemente regresaría a Caracas y recomendándole que tomase para los dos la casa de Anauco. Toro le contesta que ya la había adquirido, pagó por ella 3257 pesos. Si se piensa cuánto representaba esa suma en tiempo actual, el marqués había conseguido un muy buen precio. Sería como haber pagado hoy un monto cercano a los 90 000 dólares por la casa incluyendo todo el terreno.

Aprovecha la ocasión para hacerle algunos comentarios respecto a la situación política:

> ... la opinión general de todos los políticos que piensan, está de acuerdo que esta República no ha de marchar bajo de estos principios y que sólo tú puedes salvarla de un naufragio; así discurren todos. Los que piensan de otro modo no pasan de una docena en todo el Departamento y son tan conocidos que en todos estos lugares los citan como autores. Nada espero favorable de la Gran Convención, sin embargo que se ha procurado por todos los medios que los electores sean hombres de probidad, las opiniones son tan varias que yo creo que el día que la Convención decida, sea lo que fuere, es la señal de alarma. Entre tanto todos los partidos esperan que la decisión será conforme a sus planes, lo que no puede ser, y son vistos los resultados; pero si la suerte quiere que te coja por acá esa tempestad, no tenemos que temer. El General Páez, Peña, Carabaño, etc, están siempre de acuerdo en la marcha que les dejaste; lo mismo creo a Mendoza, que es cuanto ocurre a tu amigo que te ama de corazón, Francisco R. del Toro[142].

La Gran Convención a la que hace referencia el marqués se reúne finalmente entre los meses de abril y junio del año 1828 en

---

142 Francisco Rodríguez del Toro a Simón Bolívar, Mucundo, 3 de diciembre de 1827, *Catálogo donación Villanueva a la Academia Nacional de la Historia*, Caracas, 1965, p. 161. Las personas a que hace mención en su carta, además del general Páez, son Miguel Peña, Francisco Carabaño y Cristóbal Mendoza.

la ciudad de Ocaña y es un fracaso. Los partidarios de la política de Bolívar se retiran de la Asamblea y acusan de intransigente al bando contrario. La Convención se disuelve sin que se llegue a ningún acuerdo y, el 24 de junio, en Bogotá, Bolívar se encarga del gobierno supremo, suspende el régimen constitucional y asume la dictadura. El general Páez, jefe superior en lo civil y militar de los departamentos de Venezuela, Orinoco y Maturín, lanza una proclama a favor de la asunción del poder supremo por parte del Libertador. Las autoridades de Caracas ordenan que se alumbren y adornen las casas durante tres días para celebrar el acontecimiento. Se celebró un *tedeum* en la Catedral y se exhibió el retrato de Bolívar en la Plaza Mayor.

Ese mismo año, el 28 de octubre, se celebra el día de San Simón. Nuevamente hay *tedeum* en la Catedral, cantos, salvas de cañón y toros en la Plaza Mayor. Para culminar la apoteosis, una cena de gala brindada por el marqués del Toro en su residencia de Anauco: «... mucha gente hablando y presumiendo... y mucho ajo» es el comentario que hace Porter de la velada[143].

La velada no fue exclusivamente un evento social, se trataba de una demostración visible y elocuente del apoyo que brindaba el marqués a la asunción de la dictadura por parte del Libertador de Colombia.

Para esta fecha ya no se encontraba Toro en la Comandancia de Armas de Caracas y no hay referencias respecto a que haya ocupado ninguna otra responsabilidad en lo civil o en lo militar. En julio de 1828, Bolívar le había escrito una carta a Páez recomendando al marqués para algún cargo. En su carta le dejaba saber que «... este antiguo amigo me dice que necesita emplearse para vivir. Me indica que serviría la inspección de milicias, pero estando en manos de Luzón, que es un antiguo servidor e inválido y sabiendo que Carabaño ha deseado este destino; no he querido despojar

143 Sir Robert Ker Porter, *Diario de un diplomático británico en Venezuela, 1825-1842*, p. 354.

al uno ni desairar al otro. Sin embargo yo recomiendo a Ud. a este amigo para que se le destine, si Ud. lo tiene a bien, una vez que está en actividad y gozando del sueldo de su grado»[144].

La recomendación de Bolívar no tuvo consecuencias. Sin embargo, ello no parece haber afectado la amistad entre Páez y el marqués. Al año siguiente se convoca a las personas notables de la ciudad a fin de que formasen parte de la Sociedad Económica de Amigos del País. Francisco Rodríguez del Toro es uno de los primeros que aparece en el decreto de convocatoria que firma Páez el 26 de octubre de 1829.

La presencia de Toro como miembro de esta institución es más decorativa que efectiva. En el estudio hecho por Haydée Farías sobre esta Sociedad, la autora destaca la figuración que muchos de sus miembros tuvieron en las altas esferas del poder público nacional y regional; no aparece el nombre de Toro en ninguna de ellas[145].

¡Viva el general Toro, viva, viva!

No tenía mayor peso la presencia o incidencia del marqués en el desenlace de los asuntos políticos y militares de Venezuela; recibe en su casa, promueve encuentros sociales, pero no es factor decisivo en la vida política nacional. No figura su nombre ni hay mención alguna de que haya estado entre quienes promovieron el movimiento separatista del año 1829; tampoco formó parte del Congreso Constituyente de Venezuela en 1830. Fallecido el Libertador en diciembre de 1830, todo parece indicar que el marqués se mantuvo al margen de la política, ya que no hay noticias de sus andanzas por esos años. Si bien no se vio afectado por la

---

144 Simón Bolívar a José Antonio Páez, Bogotá, 16 de julio de 1828, Simón Bolívar, *Obras completas*, tomo II, p. 918.
145 Haydée Farías de Urbaneja. *La autoridad de la «Sociedad Económica de Amigos del País» en la política gubernamental*, Caracas, Universidad Central de Venezuela, 1991, pp. 30-33.

persecución que se desató contra los seguidores de Bolívar, tampoco se le asignó ninguna responsabilidad política en los destinos de la República.

En 1835 estalló la Revolución de las Reformas, encabezada por José Tadeo Monagas y Santiago Mariño. El presidente José María Vargas fue depuesto de su cargo y expulsado del país. La rebelión fue sometida por Páez, quien restituye a Vargas en la presidencia. Sin embargo, pocos meses después, este renunció irrevocablemente y se encargó del poder el vicepresidente Andrés Narvarte.

No hay indicio alguno de que el marqués estuviese implicado en la revuelta. No obstante, el marqués del Toro estaba persuadido de que se sospechaba de él. El 21 de enero de 1839, producto de las diligencias que adelanta para certificar que no había participado en la revolución, recibe un oficio del general Rafael Urdaneta, para ese entonces secretario de Estado en los Despachos de Guerra y Marina, asegurándole que el Gobierno no tenía prueba alguna de que hubiese prestado servicios a la revolución de 1835, ni que de modo alguno la hubiese favorecido. El Gobierno no tenía quejas sobre su desempeño y por tanto lo consideraba en su empleo de general de división[146].

El 15 de noviembre de 1840 recibe un reconocimiento público por los servicios prestados a la patria y por su adhesión y lealtad a la República. El homenaje tiene lugar en su propia casa, en ocasión de la celebración de un banquete cívico promovido por «Su Excelencia, el Ciudadano Esclarecido», general José Antonio Páez, para celebrar la constitución de dos compañías organizadas de la Milicia nacional.

La reseña del acto, publicada por la *Gaceta de Venezuela*, destaca muy especialmente la presencia de «... los respetables veteranos de la Independencia, esos vivos monumentos de heroísmo,

---

146 General Rafael Urdaneta al general de división Francisco Rodríguez del Toro, Caracas, 21 de enero de 1839, Archivo Histórico de la Asamblea Nacional (AHAN), tomo 182, folio 447.

hoy al fin de su carrera, con lágrimas en los ojos y conmovido el corazón, viva demostración de que no se ha extinguido el germen de las pasiones generosas que allá en la primavera de sus vidas los encendió en el fuego de la libertad»[147].

Transcurridos 30 años de los sucesos del año 1810, se reconocía en Toro a uno de los «respetables veteranos de la Independencia». Todo parece indicar que las denuncias de Mérida no habían tenido efecto sobre la opinión general y que el marqués del Toro había logrado salirse con la suya haciendo prevalecer la idea de que había sido uno de los iniciadores de la revolución y uno de sus más consecuentes defensores.

El mismísimo general Páez lo ratificó ante los miembros de la Milicia al reconocer el heroísmo del general Toro y al llamarlos a seguir el ejemplo del viejo combatiente de la Independencia:

> Este día, es para mí, señores, de los más gratos: yo veo unidos aquí con el lazo del patriotismo a hombres de todas las épocas, firmes apoyos de la libertad y origen de grandes esperanzas, (¡... *bravo, bravo, bravísimo. Unión, Unión...!*) Veo a los que han tenido ya la dicha de servir bien a la patria, y a la nueva generación que se prepara para servirle con igual gloria, con igual denuedo; siendo una coincidencia feliz el que esta reunión se ha hecho en el modesto retiro del primero que llevó a los venezolanos al campo del heroísmo a conquistar la Independencia (¡*Viva el General Toro, viva, viva!!...*) como si los nuevos soldados de la libertad y de la ley: la brillante Milicia Nacional, viniesen a comenzar desde aquí una carrera igualmente heroica a la que nos dio el ser Nación independiente soberana[148].

---

147 «Banquete cívico», *Gaceta de Venezuela*, Caracas, 15 de noviembre de 1840, p. 2. Las recepciones en casa del marqués eran frecuentes, según se desprende del Diario de Porter. El 4 de octubre de 1839 había ofrecido una cena de gala por el día de San Francisco, el 7 de junio de 1840 hubo otra cena, el 5 de julio otra para festejar el aniversario de la Independencia y el 8 de noviembre un desayuno que ofrecían Páez y el marqués en la misma quinta Anauco.
148 «Discurso del general José Antonio Páez en el Banquete Cívico», *Gaceta de Venezuela*, 15 de noviembre de 1840, p. 2.

«*¡Sí venimos, sí, sí, del General Toro tomaremos ejemplo!*» decían los concurrentes y el general Toro, desde su asiento, hacía mil demostraciones de gratitud, y mil ofertas de consagración a la causa pública.

Al concluir el acto el señor Huizi agradeció la gentileza del anfitrión y convocó para una nueva recepción que las Milicias ofrecerían al general Páez el próximo domingo. El general Toro de nuevo ofreció su casa para que se realizara la velada. Los milicianos presentes se retiraron voceando vivas al general Toro: «... ¡Viva el General Toro, viva, viva, el general Toro y cuanto valga y cuanto tenga! Bravo, Bravo!»[149].

Pero la tranquilidad del general Toro no era completa. El 6 de marzo de 1841 se dirige a la Cámara de Representantes para solicitar una resolución que lo liberara de toda nota que pudiese manchar su reputación como patriota. El asunto era que no había atendido el marqués un toque de alarma hecho por el gobierno el pasado año de 1835, cuando los sucesos de la Revolución Reformista y, debido a ello, se le había suspendido el pago de su pensión de cuartel correspondiente a la tercera parte de su sueldo como general de división. Consideraba el marqués que la sanción era injustificada y, además, que con ello se le irrogaba una ofensa en su honor y se manchaba su reputación.

El texto de su comunicación es como sigue:

Exmo. Sr. Presidente de la Cámara de Representantes:
Con mucha pena tengo que distraer hoy en un asunto que me es propio, la alta atención de V.E. destinada por la ley a emplear en negocios de interés nacional. Pero no encontrando en el Presidente Ejecutivo la facultad necesaria para relevarme de la pena que el mismo me ha impuesto: considerando mi honor ofendido y apareciendo manchada, a los ojos de mis conciudadanos, mi lealtad a esta Patria, por cuya independencia y

---

149 «Banquete Cívico», *Gaceta de Venezuela*, 15 de noviembre de 1840, p. 2.

libertad renuncié gustoso en otra época honores y distinciones, y a la que he prestado servicios, si no eminentes, fieles por lo menos; es necesario que V. E. me oiga y me acuerde la justicia que reclamo:

La funesta revolución de 8 de julio de 1835, fecunda en desgracia para la Patria y para muchos venezolanos, ha hecho de mí una víctima inocente. Sí señor víctima inocente porque no habiendo pertenecido a la revolución, habiéndola desaprobado y procurado impedirla en los momentos que estallaba, me encuentro hoy penado como cualquiera de los que concurrieron a ella o engrosaron después sus filas, y ha traído sobre mi honor resultados que sólo debieran recaer sobre el criminal. Yo era entonces General de División con goce de la tercera parte del sueldo. Cuando vi que el Gobierno y que mis consejos no fueron bastantes para impedir que tomasen parte en ella personas sobre quienes yo había creído ejercer alguna influencia, cerré mi casa en el acto y me retiré a mi campo de Anauco a llorar en secreto los males que sufría mi Patria. Esto prueba que ni yo tenía parte en ella, ni los revolucionarios contaban conmigo para nada. Pero ¿para qué esforzarme en mi vindicación, cuando el Gobierno me ha declarado inocente después que el vértigo de las pasiones se pretendió hacerme culpable y no se encontró el delito?

En cuanto a no haber concurrido a un toque de alarma, he probado ante el Gobierno que me hallaba enfermo; y aunque los médicos no lo hubieran certificado fácil es concebir lo que influirían sobre mi espíritu acontecimientos que lacerando a mi Patria, debían también atraer funestas consecuencias sobre miembros de mi propia familia y que en mi edad y posición social, mucho es que no me hayan conducido al sepulcro. Se me ha penado por un acto que yo no sabía que me obligaba. Enhorabuena que en adelante se aplique a esta falta la pena impuesta, es ya un mandato y debe cumplirse. En cuanto a mi Sr. es inaplicable, es injusto y VE. en ejercicio de sus augustas atribuciones, tiene el deber de salvarme de la deshonra que me irroga. Patriota sin mancha, encanecido en el servicio de mi Patria, el más tremendo fallo que recayese sobre mi reputación, sería a mis ojos menor que cualquier nota que me haga aparecer, como desleal a los principios que promoví, proclamé y juré en 1810, mi carácter bien conocido me da derecho a esperar que mi reclamo no será visto como reducido a embolsar una suma de dinero. No señor, yo reclamo el goce de mi tercera parte del sueldo porque la privación de ella envuelve una injustificada pena que ofendiendo a la Majestad de la Nación hace recaer sobre mí la terrible nota de infiel al Gobierno de mi Patria...[150]

La cantidad era una suma insignificante, ascendía a 1000 pesos anuales aproximadamente. De manera que no era ese el origen de la molestia del marqués, sino el hecho de que se le hubiese penado por una falta que no había cometido, lo cual era una injusticia y una ofensa a su honor, el valor más preciado para un hombre de bien.

La respuesta de la Cámara no satisfizo la demanda de Toro. Se limitó a restituirle en el goce de la tercera parte de su sueldo, pero no emitió ninguna resolución en la cual constase que no había cometido ninguna falta que manchase su reputación de patriota intachable y leal servidor a la República.

Cuatro nuevas representaciones dirige Toro a la Cámara de representantes exigiendo una declaración expresa de lealtad a la patria, único medio que podría subsanar el agravio hecho al más antiguo servidor de la República. En la segunda, fechada el 28 de febrero de 1842, les expresa «... Quiero descender al sepulcro como he vivido: limpio y sin mancha, ¿me lo negaréis?»[151].

La tercera la remite al año siguiente de su puño y letra para encarecerle al Congreso que se pronuncie respecto a que no había cometido ningún crimen que mereciera la pena impuesta. No obtuvo respuesta. Todavía en febrero de 1844 volvía sobre el mismo asunto:

---

150 El general de división Francisco Rodríguez del Toro al Presidente de la Cámara de Representantes, 6 de marzo de 1841, AHAN, tomo 182, folios 448-450.
151 El general Francisco Rodríguez del Toro a la Cámara de Representantes, 28 de febrero de 1842, AHAN, tomo 182, folio 452.

... hace tres años aguardo la declaratoria de la Honorable Cámara que proteja mi honor en vida y salve mi memoria en la posteridad. Vuestra declaración a más de hacer resplandecer vuestra Justicia, salvará a un veterano de la Libertad, de la amargura que le causa la sola sospecha de que pudiera tenérsele por culpable[152].

Tampoco se molesta el Congreso en responderle. Escribe, entonces, una quinta comunicación en la cual hace mención expresa del punto crucial de todos los reclamos, su honor:

… el honor es inminentemente el alma del militar, el exponente no puede menos de recomendar a la alta atención de esta Honorable Cámara el gran daño que le irroga la prolongada duración de aquella sombra[153].

La Cámara no responde ninguna de las comunicaciones del marqués. Se limita exclusivamente a ordenar que se le restituya el pago y punto. El tema del honor no era asunto que ocupase a los diputados de la República.

Pero no concluyen aquí los trámites y diligencias del marqués del Toro. Un último trámite realiza en vida: la solicitud de su pensión de invalidez por los servicios prestados a la patria.

---

152 El general Francisco Rodríguez del Toro a la Cámara de Representantes, 21 de febrero de 1844, AHAN, tomo 182, folio 457.
153 El general Francisco Rodríguez del Toro a la Cámara de Representantes, s/f, AHAN, tomo 182, folio 460.

Prócer de la Independencia

General pensionado del Ejército Libertador

Concluida sin resultados su discordia con el Congreso, el marqués da inicio a un nuevo trámite ante las autoridades de la República. En esta oportunidad, la misiva va dirigida al comandante de armas de la provincia de Caracas y el propósito es solicitar la pensión de inválido que le correspondía por los servicios prestados a la patria desde el inicio de su Revolución. La comunicación tiene fecha 12 de julio de 1850 y en ella expone las razones que sustentan su petición. Dice así el oficio de Toro:

> Francisco Rodríguez de Toro, General de División de los Ejércitos de la República, representa a Vuestra Señoría y expone que: desde 1810 consagró a la Patria sus servicios en la carrera de las armas y tuvo la honra de ser el 1ro que marchase a campaña mandando un ejército sobre territorio de Coro, en sostenimiento de la Independencia de Venezuela, siendo de pública notoriedad que no hubo género de sacrificios que no hiciera en defensa de los principios proclamados el 19 de abril, en cuyo pronunciamiento tuvo su gran parte y sostuvo con sus cuantiosos bienes, que pospuso hasta su aniquilamiento por el bien de la Patria[154].

---

154 Francisco Rodríguez del Toro al comandante de armas de la Provincia, 12 de julio de 1850, *Crónica de Caracas*, Caracas, abril-junio 1958, p. 519.

Precisamente, como consecuencia de aquellos sucesos ocurridos 40 años atrás, su salud se había visto debilitada adquiriendo males incurables que constantemente lo afligían y lo tenían incapacitado totalmente para ocuparse de nada. Se encontraba, además, en una edad tan avanzada que no tenía manera de ganarse la vida ni fuerza para conservar el resto de existencia que le quedaba. En virtud de ello, esperaba que el gobierno se sirviera «... ejercer un acto de justicia acordándole sus goces de inválido, para mejorar su posición y tener la satisfacción de que el Gobierno de Venezuela no lo desatendió en su última solicitud».

Dos testigos dan fe de lo expuesto por el general Toro: el general Mariano Montilla, quien al igual que Toro había defendido la causa emancipadora desde el 19 de abril, y el coronel Francisco Avendaño, también con una nutrida hoja de servicios desde los días iniciales de la República.

El primero, sin entrar en mayores detalles, certifica lo dicho por Toro en una declaración fechada el 13 de julio del mismo año. El segundo, un día más tarde, certifica por escrito que, efectivamente, el general Toro había prestado sus servicios a la patria desde la transformación política ocurrida aquel 19 de abril, a lo cual añadía constarle que la salud del dicho Francisco Rodríguez del Toro se había quebrantado desde entonces, siendo de advertir que siempre lo conoció «achacoso y valetudinario».

Las declaraciones de los dos militares van acompañadas de sendos informes médicos. Uno firmado por el doctor Carlos Arvelo, quien dejaba saber que, desde muchos años atrás, el general Francisco Rodríguez del Toro sufría males muy graves que habían puesto su vida en el último peligro.

Los síntomas que padecía Toro, según apuntaba Arvelo, provenían de «... la lesión de estructura que experimenta el órgano central de la circulación sanguínea». Así lo había constatado en sus últimas visitas al solicitante. Se trataba, pues, de una dolencia «indestruible», lo cual ocasionaba que su existencia estuviese en permanente amenaza y que su vida tuviese que sobrellevarla de manera achacosa y llena de privaciones, inutilizándolo para ocuparse en ningún género de negocios y colocándolo en el caso final del artículo segundo de la ley de inválidos vigente. El informe tenía fecha del 20 de julio de 1850.

El otro informe médico suscrito por el doctor Antonio José Rodríguez, tres días más tarde, no contradice el diagnóstico de Arvelo. Según aclaraba el doctor Rodríguez, la enfermedad del general Toro era de larga data y aun cuando llegaba a mostrar mejorías momentáneas no era dable que se curase radicalmente. En opinión del facultativo, el mal padecido por Toro no solo era antiguo sino que muy probablemente hubiese tenido su origen «... en las fatigas militares, pues que todo esfuerzo en las marchas, trasnochadas y las emociones del alma son causa más que suficientes para producirlo». En consecuencia, dejaba saber que el mencionado general se encontraba inutilizado para el servicio de las armas y para procurarse subsistencia por sí mismo[155].

La solicitud fue aprobada ese mismo año. El general Toro, a los 89 años de edad recibía una pensión del gobierno venezolano, en atención a que el solicitante había empuñado las armas en defensa de la patria desde los días iniciales de la Independencia y no se encontraba en capacidad para ganarse el sustento.

Si bien era cierto que no podía ganarse la vida debido a su avanzada edad, el marqués no se encontraba en la inopia. Según se desprende de las cláusulas de su testamento, otorgado cuatro años antes de solicitar la pensión de invalidez, era dueño de una considerable fortuna.

---

155 Expediente de solicitud de pensión del general Francisco Rodríguez del Toro, reproducido en *Crónica de Caracas*, pp. 520-522.

Acaudalado propietario

El documento había sido firmado y registrado el 4 de noviembre de 1847[156] y en él se da cuenta de su respetable patrimonio. Los albaceas y herederos únicos y universales de su testamento fueron su hermano Diego Toro, su sobrino Bernardo Herrera y el señor Ramón de Muso, quienes recibirían lo que quedase líquido de su fortuna, luego de deducir las deudas y de cumplir con las indicaciones que tenía hechas respecto a sus legítimos hermanos.

Era voluntad del poderdante que sus albaceas declarasen que, habiendo muerto su esposa, la señora Socorro de Berroterán, y siendo él su único heredero y albacea, había cumplido con todas las disposiciones de la difunta. Igualmente, debían declarar que no era deudor a nadie de ninguna cantidad de dinero u otra especie, ni de ninguna otra cosa. Había cumplido con su esposa y sus acreedores, en consecuencia su honor y reputación quedaban sin mancha.

La única deuda que tenía y que constaba en documento público era con unas sobrinas suyas, hijas de su hermano Juan Toro; sin embargo, en atención a que el arreglo según el cual se fijó la mencionada deuda perjudicaba los intereses de sus herederos y sucesores, para inteligencia y gobierno de estos, y principalmente para evitar pleitos entre personas de la familia, les encargaba que procurasen entenderse pacíficamente, sin irrogarle perjuicio alguno a sus herederos y que siguiesen de cerca y con atención las aclaraciones que tenía hechas por escrito sobre esta materia.

Era voluntad del poderdante que sus albaceas se ocupasen de identificar y resolver los asuntos relativos a las pensiones vencidas de los arrendatarios de sus haciendas y las deudas de sus

---

156 «Testamento del general Francisco Rodríguez del Toro», reproducido en *Crónica de Caracas*, revista del Concejo Municipal del Distrito Federal, Caracas, abril-junio 1958, N° 33-36, pp. 538-546.

acreedores, todo lo cual podrían verificar en los documentos y apuntes que se encontraban entre sus papeles.

Era voluntad del poderdante que sus albaceas hiciesen el inventario pormenorizado de sus bienes y cumpliesen con las indicaciones que dejaba escritas sobre el reparto de todos sus haberes. Estas eran las siguientes:

Una parte de la hacienda Mucundo, situada en Guacara y dedicada al cultivo de la caña y del café, debía entregársele a los herederos de su hermano Fernando Toro, quien había fallecido sin hacer testamento.

De la hacienda San Bernardo, situada en Ocumare del Tuy y dedicada al cultivo del café, debía deducirse el tercio y mitad del quinto de ella o de su valor y entregársele al deudo que de conformidad con la fundación del título de marqués del Toro era el inmediato sucesor de la merced nobiliaria al momento de publicarse la ley que abolió en la República los mayorazgos y las vinculaciones. A este mismo sucesor debía otorgársele la misma porción del área en que existió la casa de don Sebastián Rodríguez del Toro, su padre y tercer marqués del Toro, la cual había derribado completamente el terremoto de 1812. Ambas, la casa y la hacienda, formaban parte del vínculo fundado por el marquesado y que sucesivamente había pertenecido a los primogénitos de la estirpe.

Dejaba establecido el otorgante que se donase a sus legítimos hermanos, doña Gertrudis Toro de León y Diego Toro, la habitación baja de la quinta de Anauco y la mitad de su jardín; y a los hijos de sus hermanas Teresa y Ana Teresa, mujeres que fueron de los señores Martín Herrera y Vicente Ibarra, la habitación del alto y la otra mitad del jardín. Los beneficiarios de estas donaciones debían proceder fraternalmente en la división de la propiedad y, en caso de dudas, la decisión recaería en sus sobrinos: Bernardo y Esteban Herrera; Diego Ibarra y Pedro Casas, de común acuerdo con sus hermanos Gertrudis y Diego Toro. Aclaraba que ninguno podría enajenar su derecho sobre la finca y que solo podrían vender su parte si el comprador era cualquiera de los cointeresados o alguien de la familia.

El uniforme de general, bordado en oro, con espada, charreteras, bandas y demás, el cual había utilizado en los años iniciales de la República, debía entregársele a su sobrino el general Diego Ibarra, hijo de su hermana Ana Teresa y quien desde su primera juventud se había comprometido con la causa de la Independencia.

De sus haberes debían entregársele 1000 pesos a su ahijado Manuel María Aurrecoechea, ya que siempre había sido servido y estimado por este.

A otra de sus ahijadas, la señora Simona Díaz, debía abonársele la cantidad establecida en una donación que le tenía hecha según documento escrito por su propia mano y la cual se encontraba en poder de la beneficiaria. Era una manera de retribuir a su ahijada los servicios que le había prestado la madre de esta cuando él y su hermano Fernando se encontraban en Colonias –se refiere a la permanencia de ambos hermanos en Trinidad, durante los años transcurridos entre 1812 y 1822.

Era voluntad del poderdante que, luego de su muerte, fuesen libres y exentos de toda servidumbre todos los criados que tenía al inmediato servicio de su persona. Estos eran: Manuel, Magdaleno, Apolinaria, mujer de Magdaleno y sus hijos; Juan Carlos, Francisca, Albino, Rita, mujer de Albino y sus hijos: Paula, Luciana, María Antonia, Andrés y Sebastián.

Todos estos siervos, según indicaba el poderdante, además de quedar en libertad debían beneficiarse con algunas porciones de tierra pertenecientes a la quinta de Anauco. A Manuel se le entregaría un pedazo que le señaló en los límites del jardín con sus linderos; a Juan Carlos, el otro pedazo inmediato al de Manuel, que también estaba deslindado; a Rafael y a su hermano Segundo, hijos de Magdaleno: al primero el pedazo de tierra que se encontraba en las inmediaciones de la quebrada por el Oriente y por el Sur con el cerro contiguo a la casa y al segundo el pedacito inmediato al de Rafael. A los dos se les debía otorgar escritura y prevenirles al mismo tiempo que, en caso de que fuesen a venderlos, sólo podrían hacerlo a favor de los dueños de la casa.

A su criada Francisca, quien le había servido con lealtad por muchos años, debía hacérsele escritura formal de una casa que le tenía donada en Caracas, lo cual constaba en un documento simple que se encontraba en posesión de la citada Francisca. Además, mandaba que le entregasen 400 pesos para su subsistencia.

Todos los criados del poderdante, según constaba en sus apuntes, se verían beneficiados con una cantidad en plata, de acuerdo a una memoria que él mismo les había asignado y que cada uno de ellos tenía en su poder. No recordaba muy bien si a todos les había entregado la tal orden ni si algunos de ellos la tenía por duplicado; sin embargo, recomendaba a sus albaceas pagarles la suma indicada a todos aquellos que presentasen el documento y a los que no tuviesen ningún papel que igual se les diese algo, el monto que los albaceas considerasen proporcionado: «... era su ánimo y determinación hacer a todos y cada uno de esos criados una gratificación en plata por los servicios prestados».

Era su voluntad que todos los demás criados que correspondían a sus haciendas Mucundo y San Bernardo fuesen libres cuando sus herederos dejasen de existir y, mientras tanto, no podrían ser enajenados.

Para concluir, fijaba que a cada uno de los albaceas, como retribución por su trabajo, se les diese la cantidad de 1000 pesos; estos «honorarios», al igual que todas las erogaciones que contemplaba el testamento, debían hacerse de las pensiones de arrendamiento de sus dos haciendas: San Bernardo y Mucundo[157].

De acuerdo con la enumeración de sus bienes y servidumbre y de las disposiciones y erogaciones de su testamento, no

---

157 Testamento de Francisco Rodríguez del Toro, otorgado el 4 de noviembre de 1847, *Crónica de Caracas*, revista del Concejo Municipal del Distrito Federal, Caracas, abril-junio 1958, Nº 33-36, pp. 538-546.

queda la menor duda de que Francisco Rodríguez del Toro gozaba de una posición bastante acomodada. Podría afirmarse que, para el estándar de vida de un venezolano de su tiempo, el marqués del Toro era un hombre rico: vivía en la Quinta de Anauco, una casa de varias habitaciones, mobiliario de primera calidad, patios, jardines ornamentales, un amplio terreno y rodeado de sirvientes, aproximadamente quince personas entre los criados y los hijos de estos, quienes estaban al servicio de su persona y atendían el aseo y manutención de la casa y los jardines. Tenía arrendadas dos importantes haciendas: una de café y otra de caña y café con sus casas, repartimiento, oficinas, máquinas y criados en buen número, las cuales le reportaban una renta más que suficiente para satisfacer sus necesidades. Ello explica, además, que pudiese celebrar en su casa las nutridas recepciones que solía realizar y que fueron reseñadas páginas atrás.

El testamento da luces respecto a un detalle digno de ser destacado: la diferencia de su patrimonio, 40 años después de la Independencia, con lo que había sido la extraordinaria fortuna de su padre, el iii marqués del Toro, reputado como el hombre más rico de la provincia de Venezuela. No podía hacerse la misma afirmación respecto a su hijo, el heredero del marquesado. En la Venezuela de mediados del siglo xix se decía que el hombre más rico del país era el general José Antonio Páez. El otro aspecto que queremos destacar es el de la división del patrimonio. Con la muerte de Toro se dividió en numerosas e insignificantes porciones lo poco que quedaba de lo que había sido la más importante fortuna criolla de la época que precedió a la Independencia. La fortuna de los Toro no era ni sería lo que había sido en tiempos de la dominación española.

Por su testamento también sabemos que no tuvo descendencia, ni dentro ni fuera de la casa. Según se decía en la ciudad, doña Socorro Berroterán, la esposa del marqués por más de 50 años, había decidido mantenerse pura y casta para regresar al Señor tal como había venido al mundo, sin mancha ni pecado carnal, de manera que no le permitió al marqués hacer vida marital con ella. Tampoco hay indicios de que hubiese tenido hijos fuera del hogar, ya que no hay mención de ello en su testamento ni se conoce que hubiese habido reclamos al respecto ni en vida del marqués ni después de muerto.

El 7 de mayo de 1851, luego de recibir los santos óleos, el general Francisco Rodríguez del Toro falleció en su cama. Todavía no había cumplido los 90 años. La ceremonia luctuosa lo consagró como decano de los próceres de la Independencia.

Decano de los próceres de la Independencia

Al enterarse de su muerte, su hermana Gertrudis dispuso trasladar el cadáver desde la casa de Anauco hasta su casa, en el centro de la ciudad, a fin de prepararlo para los actos fúnebres. De acuerdo con lo dispuesto por Toro en su testamento, su cuerpo debía ser conducido a su última morada «... con toda decencia y con los sufragios de costumbre». Era su voluntad que, por el bien de su alma, se hiciesen algunas limosnas. Y así se hizo.

La noticia del deceso apareció destacada en la *Gaceta de Venezuela*. La declaración oficial sobre el significado de tan lamentable defunción estuvo a cargo del ministro encargado del despacho de Guerra y Marina, quien, a nombre del gobierno, manifestó su profundo sentimiento al ver desaparecer «... el último de los venezolanos que concibiendo la atrevida empresa de libertar a su patria del gobierno peninsular, la llevaron a efecto, firmando el acta de tan sacrosantos derechos; el primero a quien cupo la honra de marchar a campaña, mandando un ejército, sobre el territorio de Coro en apoyo a los principios proclamados el 19 de abril, cuyo pronunciamiento sostuvo, como es público, con sus cuantiosos bienes y hasta ver afianzada la independencia de Venezuela, no ahorrando para ello ningún género de sacrificios y, últimamente, el segundo jefe que obtuvo de la república el grado honroso de general y que hasta ayer era el decano de tan ilustres próceres»[158].

En la reseña publicada en *El Diario de Avisos y Semanario de las Provincias* decía que la desaparición física del marqués solo podía atribuirse al gran peso de los años que contaba, casi 90. Se destacaba igualmente que el difunto era uno de los 37 «venerables patriotas» que el 5 de julio de 1811 habían rubricado el Acta de Independencia: «... el único actor vivo de aquella grande, trascendental y para siempre memorable escena». Todos los demás habían desaparecido de la faz de la tierra. Era, sin lugar a dudas, el único sobreviviente de los fundadores de la nación.

Los preparativos de la ceremonia se hicieron desde la casa de Gertrudis; allí se embalsamó el cadáver y de allí partió la carroza, el 11 de mayo, con el féretro del marqués directo a la Santa Iglesia Catedral. Concluida la ceremonia religiosa, el cortejo se dirigió a la iglesia de la Santísima Trinidad a fin de que fuese sepultado en el panteón de la familia, último destino del difunto.

Mil papeletas de convite fueron distribuidas. Todo estaba preparado para solemnizar el triste acto. A la cabeza del cortejo iba un caballo de batalla ricamente enjaezado y adornado con velo y penacho funerarios; a las dos extremidades del falcón delantero de la urna se colocaron los señores generales Mariano Montilla y Justo Briceño, también próceres de la Independencia. El Cabildo Eclesiástico de la capital, con la mayor parte del clero, celebró los oficios religiosos desde la casa de Gertrudis hasta la iglesia. Los deudos fueron acompañados por el presidente de la República, general José Gregorio Monagas, y por todos sus ministros, seguidos de varios miembros del cuerpo

---

158 Declaración del ministro de Guerra y Marina en la Gaceta de Caracas, citado por Francisco González Guinán, *Historia contemporánea de Venezuela*, Caracas, Presidencia de la República, tomo v p. 180.

diplomático, la mayor parte de los altos funcionarios civiles y militares, y una nutrida representación de hombres de ciencia, industria comercio.

La nota de prensa destacaba que la crecida comitiva, la asistencia de las principales dignidades de la Iglesia y del Estado, el plañido de las campanas, la marcha de las tropas, las fúnebres armonías de las bandas, el pueblo congregado en la carrera, la descargas de fusilería y los disparos de cañón eran claro anuncio de que se trataba de una inhumación fuera de lo común.

El hombre de 89 años a quien se despedía con toda pompa y boato era un caso excepcional: había sobrevivido a la Guerra de Independencia, a los campos de batalla, a las penalidades del destierro y a los 40 años de violencia ininterrumpida que habían asolado al territorio venezolano desde aquel 19 de abril de 1810.

A esta singular longevidad se sumaba el hecho de que el difunto era un militar y un hombre con bienes de fortuna. Esta conjunción constituía otro signo de peculiaridad. Si el muerto hubiese sido un civil, sin contacto alguno con espadas y charreteras, si no hubiese gozado de una posición acomodada –afirmaba el cronista–, seguramente su muerte no habría convocado a la más importante representación de la sociedad, ni hubiese sido ejecutada con estrepitosos honores y magníficas demostraciones.

De manera, pues, que la mismísima Providencia se había ocupado de cuidar que la muerte del último representante de los fundadores de la nación fuese un hecho notable, visible y extraordinario. En atención a ello se había molestado en reservar para esta ocasión a un sujeto como el marqués del Toro, a lo que además de las circunstancias antes dichas se unía el hecho de ser uno de los más destacados representantes de la antigua aristocracia. Este último aspecto, en opinión del articulista, era lo que le daba a su muerte trascendencia histórica, ya que permitía recordar un hecho digno de conservar para la posteridad:

... Que los hombres que emanciparon esta tierra no se lanzaron a los peligros inminentes de una revolución de sangre y exterminio en busca de honores y medros personales, sino que al contrario, muchos de ellos gustosamente renunciaron los títulos con que el hombre se envanecía en el régimen antiguo, ofrecieron sus riquezas para llevar a cabo la grande obra y purificaron con su sangre el suelo en que debía reinar la libertad. Por eso hemos visto que todo un país republicano, en donde tanto repugna cuanto tiene relación a distinciones de nobleza, ha consentido sin esfuerzo en conservar de hecho un solo título: el del Marqués del Toro[159].

Era pues un caso único el que ofrecía el marqués del Toro, ya que al momento de constituir un régimen republicano, los venezolanos tomaron la determinación de desechar y abolir para siempre las odiosas jerarquizaciones y desigualdades de tiempos precedentes; sin embargo, en atención a las virtudes y el desprendimiento del marqués, supieron reconocer en él a un hombre íntegro y probo, y así lo demostraron el día de su muerte acompañándolo hasta su última morada. Era esta la conclusión del autor de la reseña luctuosa.

Para finalizar, volvía una vez más a destacar la intervención de la Providencia al escoger al marqués del Toro para dar el último adiós a los fundadores de la nación; una combinación de virtudes y circunstancias ponían en evidencia la atinada selección del Altísimo:

El último fundador superviviente debía ser el primero que desenvainó la espada para defender la independencia, y el único tal vez que no la esgrimió en contienda fratricida; debía obtener el primer grado en la milicia para obligar la sociedad a dispensarse en su muerte los estrepitosos honores militares: debía ser el amigo de Bolívar: debía poseer cuantiosos bienes de fortuna: debía saber hacer generoso uso de ellos para atraerse

---

159 «Meditación en los funerales del marqués del Toro», *Diario de Avisos y Semanario de la Provincia Caracas*, Serie 5ª, Nº 33, 14 de mayo de 1851, p. 1.

simpatías y formar un centro de reunión de las entidades de todos los partidos: debía ser hombre deposición social dignamente conservada en una tierra en donde todo es tan mudable: debía tener una familia numerosa y ramificada extensamente: debía ser demócrata en sentimientos y en acciones, y aristócrata y caballero en sus modales y en los usos de la buena sociedad: debía ser sobriamente amigo del placer para gozar, conservarse y alcanzar longevidad: debía en fin hallarse en buen consorcio con la política reinante y morir en el centro del gobierno; y todo esto, ¿para qué? Para que la muerte del último de los 37 fuese un suceso notable en esta capital y la prensa lo recogiese y consignase en el papel, y lo pusiese en noticia de toda la república[160].

La concurrida comitiva que le dio el último adiós al marqués, la vistosa ceremonia y la lista de virtudes que lo singularizaban quedaron consignadas en la crónica matutina de aquel 14 de mayo, y en el mismo acto quedaron registradas para la historia.

Al momento de su muerte se construyó una premisa fundamental en la valoración de la trayectoria pública de Francisco Rodríguez del Toro: la inexistencia de contradicciones entre su condición de aristócrata, de noble titulado, símbolo inequívoco de las jerarquizaciones y el orden desigual propio del orden antiguo y su condición de patriota, fundador de la nacionalidad, general de la República y abnegado defensor de la causa independentista. Ambas circunstancias convivían en aquel hombre que dejaba de existir, y ambas circunstancias, lejos de ofrecerse como contradictoria paradoja, se presentaban, más bien, como el hecho que debía destacarse y preservarse para la posteridad. Esta interpretación, en gran medida, es la que recogen las distintas versiones historiográficas sobre el personaje. Ninguna mención a su larga trayectoria de fidelidad a la Monarquía, ni una palabra sobre su deserción de las filas patriotas, silencio absoluto sobre sus reiteradas súplicas, cero

---

160 «Meditación en los funerales del marqués del Toro», *Diario de Avisos y Semanario de la Provincia de Caracas*, N° 33, 14 de mayo de 1851.

comentarios sobre su extrañamiento de Venezuela y su ausencia de respuesta a las cartas de Bolívar. En vida y después de muerto prevaleció la versión que lo muestra como iniciador de la revolución y prócer indiscutible de la Independencia.

Un último detalle contribuyó a ello. Cuando Antonio Guzmán Blanco decretó el 27 de marzo de 1874 que la iglesia de la Santísima Trinidad se convirtiese en Panteón Nacional para conservar los restos de los próceres de la Independencia ya el marqués se encontraba allí y allí permanece hasta la actualidad.

Comentario final

EL MARQUÉS FUE UN HOMBRE leal a la Corona, fiel a los principios de sus mayores, protector del estatuto desigual de la sociedad y atento a los tratamientos y preeminencias que le correspondían como noble titulado, oficial de la milicia y regidor del Cabildo caraqueño. No dudó, ni por un momento, cuál era su posición en tiempos de la monarquía: se opuso a Gual y España, persiguió a Miranda y promovió una Junta leal al reino para detener a los franceses.

En 1810 –al igual que lo hicieron los mantuanos que, como él, habían sido consecuentes con la monarquía en los años precedentes–, se unió al movimiento juntista de Caracas, defendió el nuevo gobierno, combatió a los disidentes en Coro, participó en la campaña de Valencia, fue miembro del Congreso Constituyente, votó a favor de la Independencia, estuvo conforme con la abolición de los fueros y privilegios y se mantuvo en las filas del ejército republicano hasta mayo de 1812.

Ante la inminencia de la derrota, desencantado y horrorizado por el rumbo que habían tomado los acontecimientos, desertó de las filas patriotas, huyó hacia Oriente, promovió la reconciliación con España, escapó a las Antillas y se residenció en Trinidad.

A partir de ese momento rompió con el pasado reciente, renegó de la Independencia, le pidió perdón al rey, no respondió al llamado de Bolívar y trató de rehacer su vida en la isla de Trinidad. Su esperanza era que lo ocurrido pudiera revertirse, que todo volviera a ser como antes.

Concluida la guerra regresó a Venezuela. Hizo borrón y cuenta nueva: atrás y en el olvido quedaron su deserción, su huida, sus súplicas a la Corona y su extrañamiento en Trinidad. Visto que la Independencia y el establecimiento de la República eran hechos irreversibles, se avino a la nueva situación. Retomó su amistad con Bolívar, se relacionó con Páez, ocupó la más alta posición administrativa del departamento, se defendió de sus detractores, recuperó sus propiedades y obtuvo el reconocimiento de sus contemporáneos por su participación en los días iniciales de la heroica gesta de la Independencia.

No fueron fáciles los años en que vivió el marqués del Toro. La Independencia fue, sin duda, el más dramático, confuso y contradictorio proceso de nuestra historia. Quienes vivieron aquel tiempo enfrentaron la vorágine que representó la ruptura abrupta e irremediable con el pasado español, la construcción veloz y atropellada de nuevos referentes, el estallido de un feroz conflicto armado y el establecimiento, finalmente, de un nuevo orden en el cual podían advertirse los signos de la mudanza pero también los ingredientes inconmovibles del pasado reciente. Las visibles inconsistencias del marqués, sus idas y venidas no son exclusivamente expresión de una peripecia personal, sino también manifestación dramática de los cambios y reacomodos que generó el proceso de la Independencia entre nosotros.

Paz a sus restos.

Fuentes

Archivos

Archivo Arquidiocesano. Caracas.

Sección Capellanías.
Sección Matrimonios.

Archivo de la Academia Nacional de la Historia. Caracas.

Archivo de Manuel Landaeta Rosales.
Sección Civiles.
Papeles de Felipe Francia.

Archivo del Concejo Municipal de Caracas. Caracas.

Actas del Cabildo.
Guerra contra Inglaterra.
Libro de Informes.

Archivo Histórico de la Asamblea Nacional, Caracas.

Archivo Histórico Nacional. Madrid.

Orden Calatrava.

Orden Carlos III.
Orden Santiago.

Archivo General de Indias. Sevilla.

Audiencia de Caracas.
Indiferente General.
Títulos de Castilla.

Archivo General de la Nación. Caracas.

Sección Ayuntamientos.
Sección Capitanía General.
Sección Disensos y Matrimonios.
Sección Gran Colombia. Intendencia de Venezuela.
Sección Testamentarías.

Public Reccord Office. Kew Gardens, Londres.

Colonial Office.

Hemerografía

El Colombiano, Caracas, 1824-1825.

El Correo del Orinoco. Angostura, 1818-1821.

Diario de Avisos y Semanario de las Provincias, Caracas, Serie 5.ª, No. 33, 14 de mayo de 1851.

Gaceta de Caracas, 1808-1822. Caracas, Edición Fascimilar, Academia Nacional de la Historia, 1986, xv vols.

Gaceta de Colombia, Bogotá, 1825.

El Patriota, Caracas, Academia Nacional de la Historia, (edición facsimilar) 1961.

Documentos impresos

Blanco, José Félix y Ramón Azpúrua. *Documentos para la vida pública del Libertador*, Caracas, Ediciones de la Presidencia de la República, Bicentenario del Libertador, 1977, xv vols.

Bolívar Simón. *Obras Completas*, Madrid, Ediciones Alonso, 2 vols, sf.

Bolívar, Simón. *Obras Completas*, La Habana, Editorial Lex, 1950, 3 vols.

Catálogo donación Villanueva a la Academia Nacional de la Historia; Caracas, 1965.

Congreso Constituyente de 1811-1812, Caracas, Publicaciones del Congreso de la República, ediciones conmemorativas del bicentenario del natalicio del Libertador Simón Bolívar, 1983, 2 tomos.

Conjuración de 1808 en Caracas para formar una Junta Suprema Gubernativa (Documentos Completos), Caracas, Instituto Panamericano de Geografía e Historia, 1968.

Cortés, Santos Rodulfo, *Antología Documental de Venezuela 1492-1900*, Caracas, 1966.

El 19 de abril de 1810, Caracas, Instituto Panamericano de Geografía e Historia, Caracas, 1957.

García Chuecos, Héctor. *Documentos relativos a la Revolución de Gual y España,* Caracas, Instituto Panamericano de Geografía e Historia, 1949.

«Instrucción sobre el modo y operaciones con que deberá conducirse el señor Marqués del Toro en la comisión que lleva a las fronteras del Departamento de Coro de orden de la Suprema Junta Gubernativa de Venezuela», Caracas, 24 de mayo de 1810, *Boletín del Archivo General de la Nación,* Caracas, julio-agosto 1945, No. 129.

Konetzke, Richard. *Colección de documentos para la Historia social de la formación social en Hispanoamérica.* Madrid, Consejo Superior de Investigaciones Científicas, 1962.

Lecuna, Vicente. *Cartas del Libertador,* Caracas, Banco de Venezuela, Fundación Vicente Lecuna, 1964 - 1970, 8 vols.

Mago de Chópite, Lila y José Hernández Palomo. *El Cabildo de Caracas (1750-1821)* Consejo Superior de Investigaciones Científicas, Universidad Pedagógica Experimental Libertador, Sevilla 2002.

O´Leary, Daniel Florencio. *Memorias del General O´Leary.* Caracas, Ministerio de la Defensa, 1981, 34 vols.

«Papeles referentes al marqués del Toro», en *Crónica de Caracas,* Caracas, Concejo Municipal del Distrito Federal, 36, (abril-junio 1958), pp. 503-524.

Romero, José Luis. *Pensamiento Político de la emancipación (1790-1825)*. Caracas, Biblioteca Ayacucho, 1977, 2 vols.

Testimonios de la época

Díaz, José Domingo. *Recuerdos de la Rebelión de Caracas*, Caracas, Academia Nacional de la Historia, 1961.

Expulsión de españoles con los espurios americanos. Curazao, Imprenta de la Verdad, 1823.

Heredia, José Francisco. *Memorias del Regente Heredia*, Caracas, Academia Nacional de la Historia, 1986.

Perú de Lacroix, Luis. «Páginas de Luis Perú de la Croix», *Boletín de la Academia Nacional de la Historia*, abril-junio 1936.

Porter, Sir Robert Ker, *Diario de un diplomático británico en Venezuela, 1825-1842*, Caracas, Fundación Polar, 1997.

Rodríguez del Toro, Francisco. *Manifiesto que hace Francisco Rodríguez de Toro de sus hechos administrativos en la Intendencia de Venezuela*, Caracas, Imprenta de Valentín Espinal, 1825.

Yanes, Francisco Javier. *Historia de la Provincia de Cumaná*, Caracas, Ediciones del Ministerio de Educación, 1949.

Un hombre libre. La opinión de un hombre libre en defensa de las leyes y decoro del gobierno, contra la calumnia e imposturas de las noticias biográficas y artículo del Colombiano n. 99, Caracas, Imprenta de Devisme Hermanos, 1825.

Unos venezolanos. *Noticias biográficas curiosas*, Caracas, por José Núñez de Cáceres, 24 de mayo de 1824.

Unos venezolanos. *Apéndice a las Noticias Biográficas Curiosas*, Caracas, Imprenta de Valentín Espinal, 20 de junio de 1824.

Urquinaona, Pedro de. *Relación documentada del origen y progresos del trastorno de las provincias de Venezuela*, Madrid, Imprenta Nueva, 1820.

Bibliografía

Altez, Rogelio. *El desastre de 1812 en Venezuela: sismos, vulnerabilidad y una patria no tan boba*, Caracas, Fundación Empresas Polar, Universidad Católica Andrés Bello, 2006.

Amunátegui Solar, Domingo. *La Sociedad Chilena del siglo XVIII. Mayorazgos y Títulos de Castilla*, Santiago de Chile, Imprenta, Litografía i Encuadernación Barcelona, 1901, 2 vols.

Anna, Timothy. *España y la Independencia de América*, México, Fondo de Cultura Económica, 1986.

Anes Álvarez, Gonzalo. *El Antiguo Régimen. Los Borbones*, Madrid, Tomo IV, Historia de España, Alfaguara, 1975.

Arcaya, Pedro Manuel, *El Cabildo de Caracas período de la Colonia*, Caracas, Librería Historia, 1986.

Artola, Miguel. *Antiguo Régimen y Revolución Liberal*, Madrid, 1979.

Baralt, Rafael María y Ramón Díaz, *Resumen de la Historia de Venezuela*, Caracas, Ediciones de la Presidencia de la República, 1983, 3 vols.

Bulnes, Gonzalo. 1810. *Nacimiento de las Repúblicas Americanas*, Buenos Aires, Juan Roldón y Cía, 1927, 2 vols.

Büschges, Christian, «Honor y estratificación social en el distrito de la Audiencia de Quito (siglo XVIII)», en *Revista de Indias*, vol. LVII, Nº 209, enero-abril 1997.

Cortés, Santos Rodulfo. *El Régimen de Las Gracias al Sacar en Venezuela durante el período hispánico*, Caracas, Academia Nacional de la Historia, 1978, 2 vols.

Costeloe, Michael. *La respuesta a la Independencia: La España Imperial y las revoluciones hispanoamericanas. 1810-1840*, México, Fondo de Cultura Económica, 1989.

Chaunu, Pierre. *La Independencia de América Latina*. Buenos Aires, Ediciones Nueva Visión, 1973.

Domínguez Ortiz, Antonio. *Las Clases privilegiadas en la España del Antiguo Régimen*, Madrid, Ediciones Istmo, 1979.

Domínguez Ortiz, Antonio. *La Sociedad española en el siglo XVIII*, Madrid, Consejo de Investigaciones Científicas, 1955.

Farías de Urbaneja, Haydée. *La autoridad de la «Sociedad Económica de Amigos del País» en la política gubernamental*, Caracas, Universidad Central de Venezuela 1991.

Febres Cordero, Julio. *El primer ejército republicano y la Campaña de Coro*, Caracas, Ediciones de la Contraloría, 1973.

González Guinán, Francisco, *Historia Contemporánea de Venezuela*, Caracas, Presidencia de la República, 1954, 15 vols.

Guillamon Álvarez, Javier. *Honor y honra en la España del siglo XVIII*, Madrid, Universidad Complutense, 1981.

Gil Fortoul, José. *Historia Constitucional de Venezuela*, Caracas, Editorial Las Novedades, 1942, 3 vols.

Grisanti, Ángel. *Emparan y el golpe de Estado de 1810*, Caracas, Tipografía Lux, 1960.

Grisanti, Ángel. *El proceso contra don Sebastián de Miranda. Padre del precursor de la Independencia continental*, Caracas, Editorial Ávila Gráfica, 1950.

Guerra, François-Xavier. *Modernidad e Independencias*, Madrid, Mapfre, 1992.

Iribarren Celis, Lino. «La campaña del marqués del Toro sobre Coro», *Boletín de la Academia Nacional de la Historia*, Caracas, No. 170, abril-junio 1960.

Iribarren Celis, Lino. *La Guerra de Independencia en el Estado Lara. Ensayo de interpretación histórica. Caracas*, Editorial Ávila Gráfica, 1951.

Langue, Frederique. *Aristócratas, honor y subversión en la Venezuela del siglo XVIII*, Caracas, Academia Nacional de la Historia, 2000.

Lecuna, Vicente. *Catálogo de errores y calumnias en la Historia de Bolívar,* New. York, The Colonial Press Inc, 1956, 2 vols.

Lecuna, Vicente. «El marqués del Toro. Centenarios de bolivarianos ilustres», *Revista de la Sociedad Bolivariana,* Caracas, 28 de octubre de 1951, N° 32, p. 378.

Lucena Salmoral, Manuel. *Los Códigos Negros de la América Española,* Madrid, Ediciones Unesco-Universidad de Alcalá, 1996.

Lynch, John. *Las Revoluciones Hispanoamericanas. 1808-1826,* Barcelona, Editorial Ariel, 1985.

Maravall, José Antonio. *Poder, honor y élites en el siglo XVII,* Madrid, Siglo XXI, 1984.

Madariaga, Salvador. *Bolívar,* Madrid, 1951, 2 vols.

Marqués de Rojas, *El General Miranda,* Paris, Librería de Garnier Hermanos, 1884.

McKinley, Michael. *Caracas antes de la Independencia,* Caracas, Monte Ávila Editores Latinoamericana, 1993.

Meza, Robinzon y Hector Molina. *La lucha por el poder en Venezuela durante el siglo XVIII. Conflitos y acuerdos del Cabildo de Caracas con las Autoridades Coloniales.* Mérida, Fundación para el desarrollo cultural del Municipio Tovar, Grupo de Investigación sobre Historiografía de Venezuela, 1997.

Montenegro y Colón, Feliciano. *Historia de Venezuela,* Caracas, Ediciones de la Academia Nacional de la Historia, 1960.

Parra Pérez, Caracciolo. *Historia de la Primera República*, Caracas, Academia Nacional de la Historia, 1959, 2 vols.

Parra Pérez, Caracciolo. *Mariño y la Independencia de Venezuela. Madrid*, Ediciones de Cultura Hispánica, 1954-1955, 5 vols.

Parra Pérez, Caracciolo. *Mariño y las Guerras Civiles*, Madrid, Ediciones de Cultura Hispánica, 1958-1960, 3 vols.

Pino Iturrieta, Elías. *Ideas y Mentalidades de Venezuela*, Caracas, Academia Nacional de la Historia, 1998.

Ponte, Andrés. *La Revolución de Caracas y sus próceres*, Caracas, Concejo Municipal del Distrito Federal, 1960.

Quintero, Inés. *Antonio José de Sucre. Biografía Política.* Caracas, Academia Nacional de la Historia, 1998.

Quintero, Inés. «Autoridades en conflicto: el Cabildo y la Audiencia de Caracas» en *Anuario Colombiano de Historia Social y de la Cultura*, Bogotá, diciembre 1997.

Quintero, Inés. *La Conjura de los mantuanos.* Caracas, UCAB, 2002.

Quintero, Inés. *La criolla principal. María Antonia Bolívar, hermana del Libertador.* Caracas, Fundación Bigottt, Caracas 2003.

Quintero, Inés. «Honor, riqueza y desigualdad en la provincia de Venezuela, siglo XVIII» en B*eneméritos, aristócratas y empresarios. Identidades v estructuras sociales de las capas altas urbanas en América Hispánica*, Bernd Scroter y Christian

Büschges (eds), Colonia, Vervuert, Iberoamericana, 1999, pp. 183-198.

Rodríguez, Jaime. *La independencia de la América española*. México, Fondo de Cultura Económica, 1998.

Rodríguez Jiménez, Pablo. (Coordinador). *La Familia en Iberoamérica*, Bogotá, Universidad Externado de Colombia, Convenio Andrés Bello, 2004.

Straka, Tomás. *La visión de los vencidos*, Caracas, Coordinación de Postgrado, Facultad de Humanidades y Educación, 2000.

Vicens Vives, J. *Historia de España y América. Social y Económica*, Barcelona 1974, Volumen IV.

Weber, Max. *Economía y Sociedad: esbozo de sociología comprensiva*, México, Fondo de Cultura Económica, 1949, 2 vols.

Obras de referencia

Archivo General de Simancas. *Catálogo de privilegios y mercedes de hidalguía recopilado por el jefe del establecimiento D. Mariano Alvarez y Martínez*, Valladolid, Imprenta de la Casa Social Católica, 1927.

Atienza, Julio. *Titulos Nobiliarios Hispanoamericanos*, editorial M. Aguilar, Madrid, 1947.

Capriles, Alejandro Mario. *Coronas de Castilla en Venezuela*, Madrid, 1967.

Diccionario de Autoridades. Real Academia de la Lengua Española, Madrid, Editorial Gredos, 1976. [Edición original de 1726]

Diccionario de Historia de Venezuela, Caracas, Fundación Polar, 1997, 4 vols.

García Carrafa, Alfredo y Arturo. *Diccionario heráldico y genealógico de apellidos españoles y americanos,* Madrid, Hauser y Amat, 1968, 88 vols.

Guía Nobiliaria de España. Madrid, Imprenta Marina, 1919.

Índice de pruebas de los Caballeros de la Real y Distinguida Orden Española de Carlos III desde su institución hasta el año de 1847 publicado por el Archivo Histórico Nacional, Madrid, 1904.

Páginas web

www.geocities.com/torrecarcela/medidas.htm

http://webs.sinectis.com.ar/mcagliani/medidas.htm.

http:// nuevomundo.revues.org

www.ingramcontent.com/pod-product-compliance
Lightning Source LLC
Chambersburg PA
CBHW022115080426
42734CB00006B/141